NODERER 1978

# COMPTE RENDU

## AU ROI

DE L'EXÉCUTION DES LOIS DES 18 ET 19 JUILLET 1845

SUR

## LE RÉGIME DES ESCLAVES

LA CRÉATION

D'ÉTABLISSEMENTS AGRICOLES PAR LE TRAVAIL LIBRE, ETC.

MINISTÈRE DE LA MARINE ET DES COLONIES

# COMPTE RENDU

## AU ROI

DE L'EXÉCUTION DES LOIS DES 18 ET 19 JUILLET 1845

SUR

## LE RÉGIME DES ESCLAVES

LA CRÉATION
D'ÉTABLISSEMENTS AGRICOLES PAR LE TRAVAIL LIBRE, ETC.

PARIS
IMPRIMERIE ROYALE

MARS 1847

# RAPPORT AU ROI.

Paris, le 21 mars 1847.

SIRE,

Deux lois d'une haute importance pour nos colonies ont été rendues en 1845. L'une, sans aborder directement la question de l'abolition de l'esclavage, a cependant modifié d'une manière sensible l'état de la population esclave, en améliorant sa condition matérielle, en lui conférant le droit de propriété et celui de l'affranchissement par rachat, et enfin en lui assurant des moyens de moralisation et de progrès intellectuel, par l'enseignement religieux et par l'instruction élémentaire. La seconde loi a mis à la disposition du Gouvernement des fonds spéciaux, pour fournir aux esclaves les plus méritants des moyens de pécule et de rachat, pour introduire dans les colonies un certain nombre de travailleurs européens, et pour créer des établissements agricoles par voie de travail libre et salarié, établissements destinés en même temps à servir d'ateliers de travail à l'effet de prévenir le vagabondage.

Bien qu'il n'y ait pour le Gouvernement de Votre Majesté obligation expresse de rendre compte aux Chambres de ces dispositions qu'en ce qui regarde l'emploi des crédits affectés à leur application, j'ai cru devoir, il y a un an, mettre sous les yeux du Roi, et rendre ensuite public, un premier rapport dans lequel, remontant jusqu'à 1839, époque de la création du patronage des esclaves et des premières allocations spécialement attribuées à leur instruction religieuse et élémentaire, j'ai fait connaître, aussi complétement que je le pouvais alors, tout ce qui avait été prescrit ou préparé pour la réalisation des principes ou des mesures consacrés par la législation nouvelle.

Une année de plus s'est écoulée, pendant laquelle le Gouvernement de Votre Majesté a poursuivi sans relâche, et avec les plus persévérants efforts, l'accomplissement de l'œuvre désormais confiée à la puissance exécutive. Pour la continuation de cette œuvre, les Chambres sont appelées à voter le maintien des subsides jusqu'à présent accordés : je crois donc le moment venu de faire succéder à mon rapport du 31 mars 1846 un exposé plus général et plus complet de l'état où se trouve amenée, au commencement de 1847, l'application des diverses parties du régime de préparation et de transition dont la société coloniale a été dotée par la commune sollicitude du Gouvernement et des Pouvoirs législatifs.

Je prie Votre Majesté d'approuver que ce second rapport, comme le premier, soit imprimé et distribué aux Chambres.

§ 1ᵉʳ. Effets généraux de la loi du 18 juillet 1845 (1).

Je suis heureux, Sire, d'avoir à commencer par confirmer ici tout ce que déjà, l'année dernière, j'annonçais à Votre Majesté, sur l'état de tranquillité générale au milieu duquel la loi a été mise en vigueur et a reçu ses développements successifs. L'agitation isolée de quelques ateliers, promptement et facilement ramenés à l'ordre, n'a fait que mieux ressortir le calme et la sécurité qui, dans les villes et sur l'immense majorité

(1) Voir le texte de cette loi dans les annexes, 1ʳᵉ série.

des habitations rurales, ont caractérisé la conduite de la population noire et l'attitude des propriétaires, pendant cette période d'épreuve et de transition signalée d'avance comme devant être marquée par une crise générale. La facilité avec laquelle cette épreuve a été traversée ne s'est pas fait seulement remarquer pendant les premiers temps qui ont suivi l'application de la loi, époque à laquelle la faculté du rachat et les nouvelles garanties judiciaires étaient à peu près tout ce qu'il y avait d'immédiat dans l'effet de cette législation; elle a été constatée aussi pendant une seconde phase dont on s'était surtout attaché à prédire les dangers, je veux parler du moment qui a suivi la publication des ordonnances rendues par Votre Majesté en 1846, et spécialement de celle qui a introduit une première et décisive réforme dans le régime disciplinaire.

J'annexe à mon rapport des extraits de la correspondance de MM. les gouverneurs et des principaux magistrats du ministère public (1). Ils sont importants à consulter pour la saine et impartiale appréciation des résultats généraux d'un régime accueilli d'abord, par la classe des propriétaires et par leurs représentants, avec des appréhensions et des manifestations publiques dont l'effet devait être, nécessairement, de porter les idées et les espérances des noirs au delà de ce que la loi avait réellement à leur donner. C'était surtout dans les illusions ainsi inspirées aux esclaves, et dans la réaction qui devait s'ensuivre, que pouvait se rencontrer l'écueil contre lequel seraient venus se briser les efforts de l'autorité publique : ce danger s'est évanoui avant de se manifester. Si, du côté des noirs, une émotion passagère s'est produite en quelques endroits, elle a tenu surtout à des notions erronées répandues dans les ateliers sur la portée des dispositions de la loi, quant au travail et à la nourriture. Votre Majesté remarquera, d'ailleurs, avec satisfaction, que dans la soumission à la loi qui a été obtenue de part et d'autre, les administrations coloniales font la part de la sagesse d'esprit et de la modération d'un grand nombre de propriétaires. En ce qui regarde l'île Bourbon, ces attestations officielles s'arrêtent en quelque sorte au lendemain de la publication des ordonnances de Votre Majesté de mai et juin 1846; mais j'ai la con-

(1) Voir les annexes, 2ᵉ série.

fiance que la correspondance subséquente de M. le gouverneur ne fera que confirmer, sous ce rapport, l'analogie de situation entre cette colonie et les trois autres, analogie d'autant plus remarquable que l'île Bourbon est celle où le régime des ateliers se trouve le plus profondément modifié par la législation nouvelle.

§ 2. ORDONNANCE SUR LA NOURRITURE ET L'ENTRETIEN DES ESCLAVES.

Le premier point sur lequel l'article 1<sup>er</sup> de la loi du 18 juillet 1845 avait attribué au pouvoir royal le soin de statuer, était le règlement à faire sur la nourriture et l'entretien des esclaves, et sur le remplacement de la nourriture par la concession d'un jour de chaque semaine.

Cette ordonnance était encore en élaboration lorsque j'ai soumis au Roi mon rapport du 31 mars 1846. Votre Majesté l'a depuis lors approuvée le 5 juin. Je ne rappellerai pas ici toutes les dispositions de cet acte, dont le texte, ainsi que celui des instructions qui l'ont accompagné, prendra place dans les annexes du présent rapport (1). Il n'a pas apporté d'innovations considérables dans le règlement de la nourriture, tel qu'il avait été fixé pour les Antilles et pour la Guyane par les actes de l'ancienne législation; mais ces fixations d'autrefois ont été augmentées et complétées de manière à garantir aux noirs un bon régime alimentaire; quant à ceux de l'île Bourbon, ils ont obtenu sous ce rapport une amélioration comparativement très-sensible. Les prescriptions relatives aux vêtements, aux cases, au traitement des malades, ont à la fois étendu et mieux défini, au profit des esclaves, les obligations des maîtres, et ont pourvu d'une manière suffisante aux besoins de l'entretien des noirs, tels que les font le climat colonial et les habitudes de la race africaine. Votre Majesté, qui s'est attachée avec une si vive sollicitude à tous les détails de ce régime, a voulu ne s'arrêter qu'à la limite au delà de laquelle les dépenses imposées aux maîtres auraient, sans profit réel pour l'humanité, excédé les ressources de la plupart d'entre eux.

(1) Voir les annexes, 3<sup>e</sup> série.

Les conditions qui doivent présider au remplacement de la nourriture par la libre disposition d'un jour de chaque semaine, étaient particulièrement délicates à régler, car il fallait maintenir intact le principe de la loi qui a entendu attribuer à l'esclave l'option entre l'un ou l'autre, de ces régimes, et il importait en même temps de ne pas mettre absolument et indistinctement à la disposition de tous les noirs une faculté qui, pour quelques-uns d'entre eux, ne serait qu'un moyen de se procurer un jour d'oisiveté, en faisant retomber à la charge du maître le soin de leur subsistance. Il fallait aussi placer les habitants à l'abri de changements fréquents et capricieux, de la part de leurs ateliers, dans le mode de leur nourriture. L'intervention des juges de paix et le droit d'arbitrage qui leur a été attribué dans ces matières, a permis de concilier ces diverses nécessités d'une manière satisfaisante. A la Guyane, un bienfait particulier est résulté pour les esclaves de cette partie de la loi nouvelle; car dans cette colonie, en vertu d'un arrêté de 1803, ce n'était pas d'un jour par semaine, mais seulement de deux jours par mois, qu'ils disposaient en échange de leur nourriture, en sorte que l'ordonnance du 5 juin y a doublé le temps réservé au profit de ceux qui préfèrent pourvoir par eux-mêmes à leur subsistance.

L'ordonnance de Votre Majesté avait délégué aux gouverneurs le soin de statuer, par des arrêtés rendus en conseil privé, sur divers points accessoires qui avaient tout à gagner à être l'objet de dispositions purement locales, prises en toute connaissance des détails secondaires du régime des habitations. Tels étaient : 1° les exceptions et les compensations à prévoir dans la composition de la nourriture; 2° le mode de distribution des vivres; 3° le mobilier et la distribution intérieure des cases à nègres; 4° les époques de livraison des vêtements aux esclaves; 5° les moyens d'assurer l'emploi des vêtements de la part des noirs; 6° l'indication des médicaments dont les habitations doivent être pourvues.

Le texte des règlements adoptés sur ces différents objets par MM. les gouverneurs des Antilles et de la Guyane figure parmi les annexes de ce rapport (1). Leur rapprochement et leur comparaison peuvent suggérer

---

(1) Voir les annexes, 3ᵉ série.

diverses observations, qui ne seront toutefois complètes et auxquelles je me propose de ne donner suite que quand j'aurai reçu les actes analogues qui ont dû être émis par l'administration de Bourbon.

L'exécution de l'ordonnance du 5 juin et des règlements qui la complètent, est d'ailleurs trop récente dans nos colonies d'Amérique, et leurs effets n'ont pas encore pu être constatés d'assez près, pour que je puisse en rendre compte à Votre Majesté avec quelque développement. Je comprends cependant parmi les pièces jointes à ce rapport (1) des extraits intéressants de la première correspondance de MM. les gouverneurs et des rapports des magistrats en ce qui regarde cette partie des règlements nouveaux. J'y trouve dès à présent l'assurance qu'il y a, chez la généralité des propriétaires, disposition à se conformer exactement à cette partie de leurs obligations, pour l'accomplissement desquelles il faut d'ailleurs admettre qu'il y aura eu nécessairement une période de transition : ainsi, pour la construction des cases et pour la délivrance des vêtements d'après les nouvelles prescriptions, les moyens matériels de s'y conformer instantanément ont pu et dû manquer à un grand nombre de propriétaires. Du reste, la forme nouvelle et très-détaillée dans laquelle seront constatés désormais, ainsi que je le dirai plus loin, les résultats des visites de patronage, permettra bientôt de porter sur l'application de cette partie du régime actuel, comme sur toutes les autres, l'investigation la plus complète.

### § 3. ORDONNANCE SUR LE RÉGIME DISCIPLINAIRE.

Le régime disciplinaire des esclaves, sur lequel aussi, d'après la loi du 18 juillet 1845, il devait être statué par ordonnance de Votre Majesté, était une des parties de l'ancienne législation qui offrait aux améliorations le champ le plus large. Non-seulement il y avait à faire disparaître toute trace écrite d'anciennes dispositions rigoureuses, excessives, incohérentes, déjà à peu près atteintes d'abrogation ou de désuétude; le moment était en outre venu de faire un pas décisif dans la réforme

---

(1) Voir les annexes, 3ᵉ série.

des moyens coercitifs employés envers les noirs, en ôtant aux châtiments corporels le pouvoir d'atteindre les femmes, les enfants, les vieillards; en donnant au maintien de ces châtiments, à l'égard des hommes, les limites les plus restreintes et le caractère le plus transitoire; en restreignant le droit disciplinaire du maître à certains cas déterminés, et en rendant tous autres manquements ou délits de la part des esclaves exclusivement justiciables des tribunaux; en soumettant à des garanties sévères le droit de détention laissé aux maîtres; enfin, en proscrivant, dans l'emploi des noirs au travail comme dans leur emprisonnement, le recours aux chaînes, aux ferrements, et à ces appareils de gêne que les visites des magistrats, jusqu'à ces derniers temps, avaient encore trouvés en usage sur plusieurs ateliers. L'obligation imposée aux propriétaires de tenir des registres de discipline a été aussi une innovation salutaire, qui complétera les garanties dont toute cette partie des règlements nouveaux entoure la personne de l'esclave.

Votre Majesté a réglé tous ces points dans un esprit d'humanité qu'elle savait ne devoir rien enlever d'essentiel à l'autorité des bons maîtres; ceux-là, et ils sont nombreux, on le sait, parmi les habitants de nos colonies, n'ont rien perdu dans ces réformes: ils y ont gagné, au contraire, d'être dégagés moralement de toute solidarité dans des excès, dans l'emploi de moyens rigoureux que les règlements autorisaient, et auxquels ils avaient presque tous renoncé d'avance.

Tels sont les principaux caractères de l'ordonnance de Votre Majesté, du 4 juin 1846, sur le régime disciplinaire des esclaves (1). Je dois aussi attendre les rapports de patronage de la fin de 1846 et des premiers mois de 1847 pour me former une idée bien arrêtée sur l'exécution et les résultats de cet acte; mais, dès à présent, la correspondance de MM. les gouverneurs des Antilles et de la Guyane m'autorise à dire à Votre Majesté que la réforme essentielle, c'est-à-dire la modification introduite dans le régime des châtiments, a été généralement suivie d'une soumission immédiate, sur laquelle chacun sent qu'il ne peut plus être question pour personne de revenir. Les femmes, soustraites les pre-

---

(1) Voir les annexes, 4ᵉ série.

mières par les ordres du Roi à un genre de châtiment qui, appliqué à ce sexe, exprimait surtout l'abaissement moral de la population noire, ont compris et apprécié, à ce dernier point de vue comme à celui d'un adoucissement matériel de leur condition, la portée du bienfait qu'elles ont obtenu de Votre Majesté. La même impression a été partagée par toutes les classes de la population coloniale, et, sur quelques habitations, la suppression spontanée du fouet à l'égard des hommes a été l'une des conséquences les plus immédiates de l'ordonnance. Si quelques maîtres, ou plutôt leurs géreurs, ont essayé de recourir encore au châtiment prohibé, les poursuites dont ils ont été l'objet ont en même temps averti ceux qui auraient été tentés de suivre cet exemple, que la justice veille et ne souffrira aucune infraction ni exception à cette mesure d'humanité.

Il importe aussi de remarquer que le résultat si redouté des colons, l'abandon ou le relâchement du travail, qui avaient été prédits comme conséquence inévitable de la réforme du régime disciplinaire, s'est à peine fait entrevoir dans les premiers temps sur quelques ateliers, sous l'influence de notions incomplètes ou inexactes quant à diverses dispositions de la loi : ces troubles, très-partiels, n'ont pas tardé à faire place au maintien général de la discipline, du bon ordre et des mêmes services que par le passé, dans les ateliers ruraux comme dans les villes. Il est aujourd'hui permis de compter que les résultats de la récolte qui se prépare seront de nature à dissiper, sous ce rapport, toute inquiétude sérieuse dans un grand nombre d'esprits, qui avaient été jusqu'à présent portés à croire que cette réforme, si vivement exigée par l'humanité, serait nécessairement achetée au prix de sacrifices sensibles du côté du travail et de la production.

L'ordonnance de Votre Majesté, reproduite dans les annexes de mon rapport avec les instructions qui l'ont accompagnée et avec les arrêtés d'exécution des gouverneurs (1), me dispenserait d'entrer ici, au sujet de cet acte, dans de plus grands développements, si je n'avais à rendre compte à Votre Majesté de son inexécution sur un point essentiel. En

---

(1) Voir les annexes, 4ᵉ série.

limitant à quinze jours consécutifs le droit conféré aux colons de mettre leurs esclaves en détention dans les salles de police des habitations, l'ordonnance du Roi a décidé qu'au delà de ce terme, les mêmes esclaves pourraient être envoyés par leurs maîtres à des ateliers de discipline établis dans chaque chef-lieu de canton, et où ils pourraient être retenus, pendant trois mois au plus, par ordre des juges de paix.

Cette partie de l'ordonnance n'a fait que reproduire des dispositions déjà consacrées par une ordonnance de Votre Majesté, du 16 septembre 1841; mais celle-ci était restée à peu près sans exécution. A cette époque, on s'était contenté d'établir des ateliers de discipline dans les villes principales, ou plutôt on avait considéré les geôles et les chaînes de police déjà existantes comme pouvant suffire à cette destination, en sorte qu'en 1846 l'institution des ateliers disciplinaires restait réellement à créer. J'avais eu soin de signaler leur organisation à MM. les gouverneurs comme devant être le résultat d'un concert immédiat entre eux et les conseils coloniaux. L'ordonnance attribuait à l'autorité locale le soin de régler par arrêté l'organisation de ces ateliers; les moyens financiers applicables à ce but étaient, à toutes sortes de titres, ainsi que l'expliquait ma circulaire du 13 juin 1846, dans le domaine des dépenses de service local à voter par les conseils coloniaux. Enfin, j'avais eu soin de rappeler à toutes les colonies, comme utiles à consulter pour les règlements à faire, les différents actes de la législation des colonies étrangères entrées avant les nôtres dans le système des établissements pénitentiaires.

J'ignore encore quel aura pu être à l'île Bourbon le résultat de mes instructions. A la Guyane, le conseil colonial, malgré les faibles ressources que présentent les finances de la colonie, a voté la somme de 77,400 francs, à laquelle a été évaluée la création d'ateliers de discipline pour les deux cantons les plus importants, ceux de Cayenne et d'Approuague. Quant aux conseils coloniaux des Antilles ils n'ont pas admis la première demande de fonds qui leur a été soumise, et ils ont invoqué, à cet effet, une interprétation tout à fait inexacte de la loi du 19 juillet 1845, qui a mis au compte de l'État *la création des ateliers de travail libre destinés à la répression du vagabondage*.

Je vais charger MM. les gouverneurs de faire à cet égard aux deux conseils une nouvelle communication, en y joignant les explications et observations nécessaires; car l'exécution de cette partie du régime disciplinaire ne doit pas demeurer davantage en suspens. L'exemple donné par la Guyane n'est pas à citer seulement sous le rapport de l'empressement de la colonie à voter les crédits demandés; il est à consulter aussi en ce qui touche au régime auquel l'établissement disciplinaire doit être soumis. L'arrêté rendu par M. le gouverneur Pariset(1), arrêté sujet à révision en ce qui regarde les peines applicables aux esclaves envoyés à l'atelier de discipline, a combiné d'une manière favorable la détention des noirs et leur emploi à des travaux extérieurs; et c'est dans ce système que je recommanderai à MM. les gouverneurs de la Martinique et de la Guadeloupe d'établir les bases des propositions qu'ils auront à faire derechef aux deux conseils coloniaux, dans leur plus prochaine session.

§ 4. ORDONNANCE SUR L'INSTRUCTION RELIGIEUSE ET ÉLÉMENTAIRE DES ESCLAVES; ORDONNANCE ET DÉCRET SUR LES MARIAGES.

COMPTE DE L'EMPLOI DES FONDS D'INSTRUCTION ET DE MORALISATION POUR 1844, 1845 ET 1846.

L'ordonnance que Votre Majesté avait à rendre sur l'instruction religieuse et élémentaire des esclaves était un des actes les plus importants qui devaient suivre la promulgation de la loi du 18 juillet 1845; cette ordonnance a été adoptée par le Roi le 18 mai 1846, et envoyée à MM. les gouverneurs avec des instructions que je crois devoir comprendre, en même temps que cet acte, dans les pièces jointes à mon rapport (2).

Avant d'entrer dans l'exposé de ce qui a été fait pour l'exécution de l'ordonnance de Votre Majesté et de ses premiers résultats, je dois reprendre et continuer ici, en ce qui regarde l'emploi des fonds alloués pour l'instruction religieuse et élémentaire des esclaves, le compte que j'ai déjà soumis au Roi dans mon rapport du 31 mars 1846.

(1) Voir les annexes, 4ᵉ série.
(2) Voir les annexes, 5ᵉ série.

Je me référerai principalement aux tableaux qui accompagnent le présent rapport (1). Ils constatent les faits relatifs à 1844 et 1845, qui n'ont pu alors être présentés que sous forme d'appréciation sommaire, et ceux de l'année 1846, sur lesquels, à cette époque, il n'y avait encore que des prévisions.

On y a mis en regard :

1° Les crédits ouverts aux trois exercices, et l'affectation qu'ils ont reçue.

2° Les effectifs prévus, quant au personnel des prêtres, des frères et des sœurs, et les effectifs réalisés.

Ces justifications ne sont toutefois fournies entièrement que pour la Martinique et la Guadeloupe. Les administrations de la Guyane et de Bourbon n'ont pas encore pu faire parvenir à mon département les documents spéciaux qui leur ont été demandés à cet égard et auxquels les comptes administratifs, parvenus d'ailleurs seulement pour 1844, ne peuvent que très-imparfaitement suppléer.

Il résulte de ces comptes qu'il y a eu en 1846, comparativement à 1844 et 1845, accroissement dans une partie du personnel; ce mouvement a continué en 1847, et, avant la fin de la présente année, le cadre général de 170 prêtres et de 100 sœurs d'école sera au complet; quant à celui des frères, nous réaliserons aussi dans le courant de 1847 l'effectif prévu (110), autant que pourront le permettre les moyens de recrutement de l'institut de Ploermel. Le zèle du respectable supérieur de cet institut paraît devoir surmonter les difficultés et les causes de lenteur qu'il trouve à réunir et à former des néophytes, lorsqu'il s'agit de les destiner aux fatigues et aux dangers d'une mission coloniale.

A la différence des dépenses du personnel, les crédits affectés au matériel des écoles ont été généralement employés, et même dépassés, ce qui s'explique par la cherté comparative des matériaux comme de la main-d'œuvre dans toutes nos possessions d'outre-mer.

Les travaux des chapelles aux Antilles sont restés fort en retard,

(1) Voir les annexes, 6ᵉ série.

ainsi que je l'avais déjà exposé à Votre Majesté dans mon rapport de l'année dernière ; mais j'attends, des pressantes recommandations que j'ai adressées à MM. les Gouverneurs, de tous autres résultats, à compter de 1847. Je sais que c'est là un complément indispensable des mesures qui doivent mettre l'instruction religieuse à la portée des esclaves, et je veillerai à ce que les retards éprouvés soient réparés le plus tôt possible.

Du reste, en ce qui regarde le matériel comme en ce qui concerne le personnel, les règlements financiers s'opposent à ce que les fonds restés sans emploi à la fin de chaque exercice soient reportés sur l'exercice subséquent. Tous les excédants de crédits que constatent les comptes ci-annexés sont donc destinés à faire retour au Trésor, à mesure que les comptes d'exercice seront réglés législativement ; et c'est ce qui explique comment j'ai été conduit, quant aux constructions de chapelles, à prévoir la continuation des dépenses dans une proportion qui ne paraîtra pas exagérée, si on considère qu'il s'agit en grande partie du réemploi des crédits de 1844, 1845 et 1846.

A la Guyane (1), sur un crédit total de 45,000 francs pour 1846, il avait été fait emploi, au 1ᵉʳ septembre dernier, d'une somme de 30,000 francs, et le reliquat de 15,000 francs avait reçu, dès lors, une affectation qui a dû très-probablement se réaliser au 31 décembre.

Enfin, en ce qui concerne Bourbon, bien que cette colonie n'ait pu encore envoyer aucun document afférent à l'exercice 1846, je me crois pleinement autorisé, d'après les faits antérieurs, à admettre que le gouverneur aura pourvu au complet emploi des 90,000 francs qui ont été mis à sa disposition pour les travaux des chapelles.

Tel était, en résumé, l'état des choses dans nos colonies, vers l'époque où y a été promulguée et mise en vigueur l'ordonnance royale du 18 mai 1846.

Trois ordres de dispositions sont indispensables pour que le système consacré reçoive une exécution d'abord satisfaisante, et ultérieurement complète : il faut assurer dans la proportion convenable l'accroissement

---

(1) Voir les annexes, 5ᵉ série.

du clergé colonial, augmenter le personnel des frères instituteurs et des sœurs d'écoles, et multiplier les chapelles rurales à l'usage des habitations les plus éloignées des communes.

En ce qui touche le clergé, je viens de dire que, dès le commencement de 1847, les cadres vont être partout portés au complet : je n'ai pas dû attendre, pour réaliser ce résultat, que l'organisation à intervenir, et qui doit statuer, entre autres points, sur la constitution des supérieurs ecclésiastiques, soit définitivement adoptée; les nouveaux missionnaires dont les rangs du clergé de nos quatre colonies se sont, en conséquence, accrus en dernier lieu par les soins du séminaire du Saint-Esprit, ont été choisis avec le plus grand scrupule, et contribueront à donner à l'œuvre de la moralisation une efficace impulsion : mais il ne faut pas se dissimuler que ce personnel est encore numériquement insuffisant. Toutefois, pour aller plus loin et pour agrandir les cadres du clergé colonial, il faut que la construction des chapelles soit plus avancée, et il est nécessaire aussi que la question même de l'organisation du culte aux colonies soit résolue. Quand cette double condition sera remplie, et que je pourrai me rendre compte du développement définitif à donner au corps ecclésiastique, je n'hésiterai pas à demander aux Chambres, s'il y a lieu, les suppléments de crédit nécessaires pour atteindre ce but.

Quant à la construction des chapelles, les lenteurs du passé vont, je viens de le dire, être sérieusement réparées, et je considère l'emploi complet des allocations de 1847 et de celles qui sont demandées pour 1848, comme devant être le résultat de mes pressantes instructions, et comme devant pourvoir aux principaux besoins qui se rattachent à l'exécution de l'ordonnance.

Dès à présent, d'ailleurs, les prévisions de cette ordonnance m'ont conduit à modifier la forme des états périodiques destinés à faire connaître la situation et les progrès de l'instruction religieuse dans les diverses paroisses. La circulaire que j'ai adressée à ce sujet à MM. les gouverneurs le 18 septembre dernier, et qui est insérée à la suite du présent rapport (1), est d'une date trop récente pour que mon département

---

(1) Voir les annexes, 5ᵉ série.

en ait déjà obtenu un commencement d'exécution ; en attendant, j'ai fait apporter à l'examen des documents transmis par les administrations coloniales, d'après les anciens errements, le même soin et le même intérêt que par le passé. Ces documents, au milieu des difficultés et des incertitudes inséparables d'un régime transitoire, constatent en général du zèle chez le clergé, un concours actif de la part des corporations religieuses; enfin, sur beaucoup de points, de la bonne volonté et de l'empressement du côté des maîtres à faciliter à leurs noirs les moyens d'assister aux instructions religieuses. Mais il en résulte aussi que beaucoup de ces noirs, assez disposés à se rendre aux instructions dans les heures précédemment consacrées au travail, préfèrent, le dimanche et pendant les autres moments qui leur appartiennent, aller cultiver leurs jardins ou vendre leurs denrées. Des obstacles de cette nature de la part des intéressés eux-mêmes seraient trop en désaccord avec l'esprit comme avec le texte de l'ordonnance, et trop contraires au but des mesures qu'elle consacre, pour qu'il ne faille pas y opposer tous les moyens dont l'autorité et les maîtres eux-mêmes pourront disposer, et j'y consacrerai des instructions spéciales.

Parmi les meilleurs résultats que commence déjà à obtenir l'œuvre de moralisation entreprise, je dois mentionner l'augmentation du nombre des mariages religieux entre les noirs, unions auxquelles les propriétaires paraissent se prêter en général plus volontiers. Plusieurs motifs contribuent encore à empêcher que ces unions soient aussi fréquentes et aussi régulières que cela serait à désirer; ils disparaîtront successivement par l'effet, 1° de l'ordonnance réglementaire que mon département prépare en exécution de l'article 1$^{er}$, n° 4, de la loi du 18 juillet 1845 ; 2° des décrets mentionnés au dernier paragraphe du même article. J'espère pouvoir soumettre prochainement l'ordonnance à Votre Majesté, et son envoi aux colonies sera pour MM. les gouverneurs l'occasion de saisir les conseils coloniaux du décret complémentaire prévu par la loi.

Je passe à ce qui concerne l'instruction élémentaire. L'ordonnance du 5 janvier 1840 avait bien posé le principe de l'admission des jeunes esclaves dans les écoles gratuites; mais elle s'était arrêtée là, et n'avait rien prévu quant aux moyens de rendre cette disposition impérative et d'en faciliter l'exécution, tant à l'administration coloniale qu'aux maîtres eux-mêmes. J'ai déjà exposé à Votre Majesté, par mon rapport du 31 mars 1846, comment, dans cet état de choses, il était arrivé que la portion libre de la population noire avait exclusivement profité jusqu'alors du bienfait de l'enseignement gratuit. Les colonies sont entrées, sous ce rapport, dans une voie mieux tracée, depuis l'émission de l'ordonnance du 18 mai 1846. Cette ordonnance elle-même avait besoin d'être suivie d'arrêtés d'application dans lesquels seraient prises en considération les convenances et les nécessités locales. Je mets sous les yeux du Roi les règlements que MM. les gouverneurs de la Martinique, de la Guadeloupe et de la Guyane française ont respectivement rendus à ce sujet en conseil privé.

Celui de la Guyane française se borne, quant à présent, à ce qui concerne l'enseignement à Cayenne même et dans sa banlieue, attendu que les moyens d'exécution manquaient encore pour étendre le système aux divers quartiers ruraux de la Guyane. Les deux autres arrêtés embrassent d'avance (sous réserve de réalisation successive, selon le personnel disponible) tout le système d'enseignement élémentaire dans l'ensemble des communes des deux colonies.

En définitive, c'est seulement à compter du mois de janvier dernier qu'on doit considérer comme réellement exécutoire l'ordre d'envoyer les jeunes esclaves dans les écoles communales le plus à la portée des habitations, et je croirais prématuré d'entretenir ici VOTRE MAJESTÉ des effets d'une mesure aussi récente.

Du reste, le nombre des écoles ouvertes est jusqu'à présent fort inférieur à ce qu'il devra être pour assurer à l'ordonnance une exécution complète.

Il ne m'a pas même encore été possible, ainsi que je l'ai fait observer tout à l'heure, de porter à l'effectif déjà prévu par le budget le personnel des frères, attendu l'insuffisance des moyens de recrutement dont l'institut de Ploermel peut en ce moment disposer : lorsque cet effectif sera atteint, comme l'est déjà celui des sœurs institutrices, il y aura évidemment encore un vide considérable à remplir, avant de parvenir à l'organisation générale de l'enseignement dans toutes les communes, même en ne tenant compte que de la catégorie des ateliers situés, comme le prévoit l'ordonnance, à moins de 2 kilomètres des villes et bourgs.

Ce qui contribuera inévitablement à accroître cette nécessité, c'est la difficulté qu'on éprouvera dans les premiers temps, et peut-être aussi par la suite, à réunir sur les mêmes bancs les jeunes esclaves et les enfants de la classe libre, difficulté qui résulte presque autant, si je suis bien informé, des répugnances de la population de couleur que de celles de la classe blanche. Quelque soin qu'on prenne pour surmonter ces obstacles, et tout en posant en principe que les écoles primaires sont avant tout instituées pour les esclaves, il faut bien prévoir qu'à moins de priver du bienfait de ces institutions la population libre, si grandement intéressée à en profiter, il conviendra d'organiser les classes de manière à pouvoir les rendre distinctes, toutes les fois qu'on ne pourra pas s'en dispenser : de là un accroissement à prévoir dans le personnel et dans les mesures d'installation.

Pour donner à la création de l'ensemble des écoles primaires des deux sexes des bases bien étudiées, j'ai demandé à MM. les gouverneurs de m'envoyer, à l'appui des arrêtés par eux rendus, une sorte de programme de cette organisation générale, avec prévision du personnel complet à affecter à l'enseignement élémentaire, et de la dépense à prévoir, tant pour le nombre total des frères et des sœurs que pour les dépenses courantes et pour les dépenses premières du matériel et de l'installation des écoles. Je n'ai encore à cet égard que des documents trop partiels pour qu'il me soit possible d'en aborder l'examen, et il faut admettre, d'ailleurs, qu'aucune disposition financière ou autre ne peut plus en ressortir que relativement à l'année 1848. C'est donc un sujet dont je dois me réserver d'entretenir ultérieurement Votre Majesté.

L'ordonnance du 18 mai 1846 contient, en matière d'enseignement primaire, deux autres dispositions : 1° la faculté pour certaines habitations de remplacer l'envoi des jeunes esclaves aux écoles par des leçons à domicile ; 2° l'autorisation au ministre d'accorder à des écoles laïques des subventions pécuniaires sur les fonds du service général.

En ce qui concerne le premier objet, j'annonce à Votre Majesté que, sur la demande spontanée d'un colon de la Martinique qu'on est habitué à voir s'associer avec empressement aux idées de progrès, je me dispose à envoyer dans la colonie, pour être installées sur son habitation, deux sœurs institutrices de Saint-Joseph, et qu'une demande d'envoi analogue vient de m'être faite par M. le gouverneur de la Guadeloupe au nom du maire d'une des communes de la colonie; je crois utile de donner la publicité du présent rapport à la lettre de cet honorable magistrat : elle permet d'espérer le renouvellement et l'extension d'expériences dont on peut attendre d'excellents résultats.

Quant aux écoles laïques, Votre Majesté ayant jugé qu'elles ne devaient pas être exclues de toute participation aux encouragements spéciaux de la métropole, j'ai adressé des instructions en ce sens à MM. les gouverneurs, et j'y ai formellement insisté sur la nécessité de ne faire participer aux encouragements projetés que des écoles dans lesquelles l'élément esclave serait admis effectivement dans une proportion plus ou moins forte.

§ 5. DÉCRETS COLONIAUX. — TERRAINS À METTRE À LA DISPOSITION DES ESCLAVES. — RÈGLEMENTS SUR LE TRAVAIL ORDINAIRE ET EXTRAORDINAIRE. — MINIMUM DU SALAIRE.

Les matières que les articles 2 et 3 de la loi du 18 juillet 1845 ont laissées à régler par voie de décrets coloniaux, offraient la plus étroite connexité non-seulement entre elles, mais encore avec celles qui étaient réservées au domaine des ordonnances. Ainsi, d'une part, la concession des terrains aux esclaves touchait par plusieurs points aux règlements sur le travail et sur la nourriture, et les règlements sur le travail devaient eux-mêmes être combinés avec les dispositions à prendre pour l'instruction religieuse et élémentaire des noirs, et pour le remplacement de la nourriture des esclaves par la libre disposition d'un jour de chaque semaine. Cet enchaînement m'a conduit à faire coïncider avec l'émission des diverses ordonnances dont je viens d'entretenir Votre Majesté, la préparation et l'envoi aux colonies des projets de décrets destinés à être soumis aux conseils coloniaux afin de compléter, en ce qui dépendait du concours de ces assemblées, la mise à exécution de la loi. J'avais, d'ailleurs, laissé à MM. les gouverneurs la latitude de réviser ces projets et de les conformer, autant que possible, aux circonstances locales, avant de les soumettre aux conseils coloniaux.

Je suis en ce moment en possession des décrets votés par les trois conseils de la Martinique, de la Guadeloupe et de la Guyane française, en ce qui regarde les terrains et le travail ordinaire (1).

Quant aux décrets relatifs au travail extraordinaire et au minimum des salaires, ils ont été votés à Cayenne et à Bourbon à l'époque même de la publication de la loi ; à la Martinique et à la Guadeloupe, ils ont été votés une première fois alors, mais de nouveau soumis aux deux conseils qui ont émis, en dernier lieu, un second vote.

Je mets sous les yeux de Votre Majesté, avec les principaux textes présentés aux conseils coloniaux, les décrets sortis de leurs délibérations (2). Je prendrai incessamment les ordres du Roi sur la suite à donner à ces différents actes.

§ 6. PÉCULE DES ESCLAVES. — RACHATS FORCÉS. — AFFRANCHISSEMENTS. — ENGAGEMENTS DE TRAVAIL. — CONCOURS DES FONDS DE L'ÉTAT AU RACHAT DES ESCLAVES.

*1° Pécule des esclaves.*

J'ai déjà annoncé à Votre Majesté, par mon rapport de l'année dernière, que l'article 4 de la loi du 18 juillet 1845, qui a déclaré les esclaves aptes à posséder des biens mobiliers et immobiliers, était un de ceux dont la mise en vigueur avait coïncidé avec la publication même de cette loi. Aucun incident digne d'être remarqué n'a signalé depuis lors l'application des dispositions libérales de cet article. Elles n'ont soulevé encore aucune contestation judiciaire de quelque importance, et il ne m'a point été rendu compte que les magistrats aient eu, jusqu'à présent, à recourir à la faculté qui leur est ouverte de nommer aux esclaves des

---

(1) Le travail du conseil colonial de Bourbon, retardé par une dissolution suivie d'élections et d'une convocation nouvelle, a dû commencer dans les derniers jours de 1846, et le résultat en parviendra sans doute bientôt au département de la marine.

(2) Voir les annexes, 7ᵉ, 8ᵉ et 9ᵉ séries.

curateurs autres que les maîtres eux-mêmes, investis de ces fonctions par leur propre qualité, à défaut de désignation contraire. J'ai demandé à MM. les gouverneurs de se faire rendre et de me transmettre un compte spécial de la manière dont cette disposition s'exécute, et de veiller à ce que l'exception prévue par la loi soit réalisée dans tous les cas où l'intérêt de l'esclave l'exigera. Je fais d'ailleurs préparer, et je compte soumettre bientôt à Votre Majesté, l'ordonnance dont la loi a prévu l'émission, à l'effet de régler le mode d'administration des biens des esclaves mineurs.

Quant à l'importance des pécules possédés par les esclaves, elle se révélera surtout quand mon département aura pu fonder sur des bases sérieuses, dans les colonies, l'institution des caisses d'épargne, question dont la solution ne laisse pas de présenter des difficultés assez grandes. Je m'occupe de la préparation de cette mesure; mais, dès à présent, la situation de la population esclave, sous ce rapport, peut être, jusqu'à un certain point, appréciée d'après les données que fournissent les documents transmis des colonies, et dont je présenterai plus loin le résumé à propos de l'emploi des fonds de l'État consacrés au rachat des esclaves. On y voit, en effet, que, depuis la fin de 1845 jusqu'au 31 décembre 1846, 456 esclaves en instance de rachat aux Antilles et à Cayenne (déduction faite des enfants compris dans les demandes de rachat) ont justifié de pécules montant ensemble à la somme de 316,000 francs,

Savoir :

| | | |
|---|---|---|
| A la Martinique............ | 148 esclaves, | 105,000 fr. |
| A la Guadeloupe........... | 291 *idem*, | 203,000 |
| A la Guyane française....... | 17 *idem*, | 8,000 |
| Total.......... | 456 | 316,000 fr. |

Si l'on ajoute à ces sommes celles qui ont été consacrées à cinquante-huit rachats forcés, sans concours des fonds de l'État, soit environ 60,000 fr. et le montant des rachats amiables auxquels les fonds de l'État n'ont pas participé, on reconnaîtra que les anciens pécules mis en évidence par la première application de la loi se sont élevés au moins à 400,000 fr. dans les trois colonies d'Amérique. Je puis ajouter, d'après les informations transmises à mon département, qu'au commencement de 1847 la manifestation des pécules par les demandes de rachat, au lieu de se ralentir, paraissait, au contraire, prendre un développement plus marqué. M. le gouverneur de la Martinique écrit notamment qu'à cette époque plus de mille individus s'étaient fait inscrire à fin d'estimation par la commission des rachats, ce qui indique que tous ces esclaves étaient en possession de tout ou partie de la somme destinée à la rédemption de leur liberté.

Je ne suis point encore en mesure de fournir des renseignements analogues, en ce qui regarde Bourbon.

2° *Rachats forcés. — Rachats amiables. — Affranchissements.*

Les effets du rachat forcé, depuis la publication de la loi, ont été de trois sortes.

Il y a eu, parmi les affranchissements dont les formalités ont été spontanément remplies par les maîtres, un certain nombre de libertés obtenues par rachat amiable, d'après les conventions intervenues de gré à gré entre les maîtres et les esclaves. Ces affranchissements peuvent être en grande partie considérés comme le résultat indirect du droit conféré aux esclaves, et qui a dû nécessairement amener bien des maîtres à ces sortes de transactions. Elles ont été, en effet, beaucoup plus nombreuses en 1846 que dans les années précédentes, si l'on en juge par l'accroissement total du nombre des manumissions qui sera constaté plus loin.

D'autres rachats ont eu le caractère forcé prévu par la loi. Ils se divisent en deux catégories : ceux, en petit nombre, qui ont été obtenus par les esclaves exclusivement avec le produit de leurs épargnes ; ceux, beaucoup plus nombreux, dont le prix a été réalisé avec le concours des fonds alloués à cet effet par la loi du 19 juillet 1845.

Sous ce triple rapport, comme en ce qui regarde le mouvement général des affranchissements sous l'empire de la législation nouvelle, je ne puis offrir à Votre Majesté de plus sûrs éléments d'appréciation des résultats obtenus, que les résumés numériques qui vont suivre, et dont je renvoie les développements parmi les annexes de mon rapport (1).

A la Martinique, le gouverneur a prononcé, du 1<sup>er</sup> janvier au 31 décembre 1846, 1,010 affranchissements, divisés ainsi qu'il suit :

Manumissions volontaires. (Ordonn. du 12 juillet 1832.)....... 637
Affranchissements par suite de voyage en France. (Ordonn. du 29 avril 1836.)............................................ *
Affranchissements de droit. (Ordonn. du 11 juin 1839.)........ 78
Rachats forcés sans concours des fonds de l'État............. 14
————————— avec idem................................ 281 (2)

Total....... 1,010

Parmi les manumissions volontaires figurent 60 rachats amiables.

Les 14 affranchissements par rachat forcé sans concours des fonds de l'État ont donné lieu, de la part de la commission des rachats, à des évaluations dont le maximum a été de 2,300 francs, le minimum de 100 francs, le total de 11,050 francs, et la moyenne de 790 francs.

Les 281 affranchissements avec concours des fonds de l'État ont donné lieu, de la part de la même commission, à des évaluations dont le total a été de 280,723 francs, et la moyenne de 1,000 francs (3).

Enfin, un renseignement plus général et plus étendu résulte d'un

---

(1) Voir les annexes, 11<sup>e</sup> série.
(2) Sur les 281 affranchissements classés ici comme rachats forcés, parce qu'ils ont tous été précédés d'une comparution devant la commission des rachats, il y en a eu 128 qui ont été ensuite le résultat d'arrangements de gré à gré, et ont été accompagnés, de la part des maîtres, d'une remise totale de 60,000 f. sur le montant des prix fixés. (Voir le tableau A dans la 3<sup>e</sup> série des annexes.) Ainsi il y a eu en réalité 188 rachats amiables et 167 rachats forcés, en réunissant les cas où les fonds de l'État ont concouru à l'affranchissement et ceux où ils n'ont rien fourni.
(3) Le maximum et le minimum de ces évaluations ne peuvent pas être exactement indiqués, attendu que, pour certaines familles, les estimations ont eu lieu en bloc, y compris les enfants. Voir, au surplus, l'état détaillé de ces évaluations dans les annexes, 11<sup>e</sup> série.

dernier rapport émané de M. le procureur général à la Martinique, en date du 19 janvier 1847. On y voit que, depuis son institution jusqu'au 31 décembre 1846, la commission des rachats a statué sur 432 demandes d'estimation formées par des esclaves ou par leurs maîtres, que le total des estimations a été de 463,991 francs, ce qui élève la moyenne générale de l'année à 1,074 francs. Ce magistrat fait remarquer que ce chiffre est de 126 francs au-dessous de celui de 1,200 francs, que la commission coloniale avait adopté comme base de l'appréciation de l'indemnité de dépossession, en cas d'émancipation générale; mais il ajoute que, parmi les 432 esclaves sur lesquels portent les évaluations, il se trouve 170 enfants au-dessous de quatorze ans.

Si on rapproche le chiffre total des affranchissements de la Martinique en 1846, soit................................... 1,010
de la moyenne des affranchissements des six années antérieures, soit............................................... 749
on voit qu'il y a eu en 1846 augmentation de............ 261

A la Guadeloupe il a été prononcé par le gouverneur, du 1$^{er}$ janvier au 31 décembre 1846, 1,115 affranchissements, savoir :

| | |
|---|---|
| Manumissions volontaires........................... | 978 |
| Voyages en France................................. | 7 |
| Affranchissements de droit......................... | 80 |
| Rachats forcés, { sans concours des fonds de l'État......... | 16 |
| { avec idem...................... | 34 |
| Total............................... | 1,115 |

Parmi les 978 manumissions volontaires, les rachats à l'amiable (en grande partie avec le concours des fonds de l'État) figurent pour un chiffre de 266.

Les 16 affranchissements par rachat forcé sans concours des fonds de l'État ont donné lieu, de la part de la commission, à des évaluations dont le détail manque, mais dont la moyenne a été de 907 fr. (1).

Il résulte, en outre, des documents transmis de la colonie, que jusqu'au 31 décembre 1846, la commission de rachat avait eu à statuer sur 199 demandes, dont un grand nombre a été évidemment suivi d'arrangements de gré à gré entre les maîtres et les esclaves, ainsi que l'indique plus haut le chiffre comparativement très-élevé des rachats amiables. Ces 199 demandes (formées pour 85 hommes, 67 femmes et 74 enfants) ont donné lieu à des estimations dont la moyenne générale est de 1,136 fr.

Si on rapproche le chiffre total des affranchissements de la Guadeloupe en 1846, soit.................................... 1,115
de la moyenne des six années antérieures, soit............. 577
on trouve une augmentation, en 1846, de................ 538

A la Guyane française on a compté, en 1846 (pendant les onze premiers mois), 177 affranchissements, savoir :

| | | |
|---|---|---|
| Manumissions volontaires........................... | | 135 |
| Voyages en France................................. | | » |
| Affranchissements de droit......................... | | 10 |
| Rachats forcés { sans concours des fonds de l'État........ | | 26 |
| avec..... idem........................ | | 6 |
| TOTAL................ | | 177 |

Le nombre des rachats amiables, compris dans les manumissions volontaires, n'a pas été indiqué par la colonie. Sur les 26 affranchissements forcés obtenus sans concours des fonds de l'État, 13 ont été précédés d'estimations dont le taux maximum a été de 2,000 francs.

(1) Quant aux évaluations auxquelles ont donné lieu les 34 affranchissements opérés avec le concours des fonds de l'État, il n'y a pas d'indication distincte dans les documents envoyés de la Guadeloupe.

le minimum de 100 francs, le total de 7,850 francs, et la moyenne de 604 francs. Les détails relatifs aux 13 autres ne sont pas encore parvenus à mon département. Je n'ai pas, quant à présent, d'autres informations sur les opérations de la commission des rachats.

Si l'on compare au chiffre ci-dessus indiqué de............ 177
La moyenne des affranchissements prononcés à la Guyane pendant les six années précédentes, soit.................. 70

On trouve, pour 1846, une augmentation de............ 107

Cet accroissement est considérable, eu égard au chiffre restreint de la population esclave, qui ne s'élève maintenant qu'à 13,800 individus.

Enfin, à Bourbon, colonie pour laquelle, à raison de la lenteur des communications, je n'ai encore reçu que des renseignements incomplets, il a été prononcé, pendant les neuf premiers mois de l'année 1846, 233 affranchissements, ce qui permet de calculer pour l'année sur un total d'environ 300 libérations de toute nature. La moyenne des années antérieures étant de 280, il y aura eu une certaine augmentation sous l'empire de la loi nouvelle. Du reste, les effets du rachat forcé ont été très-lents à se produire dans cette colonie. Parmi les 233 affranchissements constatés, il n'y a que 2 rachats sans concours des fonds de l'État et 1 affranchissement forcé avec subvention sur ces fonds. La commission des rachats n'avait encore eu à statuer que sur 7 cas d'évaluation (plusieurs autres déjà portés devant elle s'étant terminés par arrangement entre les maîtres et les esclaves) : dans ces 7 estimations, le maximum a été de 4,500 francs, le minimum, de 1,750 francs, et la moyenne de 2,742 francs, chiffres très-élevés, même en tenant compte de la différence comparative du prix des esclaves dans nos colonies d'Amérique et à Bourbon.

En résumé, d'après les faits déjà connus, il y a eu dans les quatre colonies, sous l'empire de la législation nouvelle :

1° Justification, de la part des esclaves, de pécules, montant ensemble à une somme de 400,000 francs.

2° Accroissement d'environ un tiers dans le nombre des affranchissements de toute nature (1);

3° 58 rachats forcés sans concours des fonds de l'État;

4° 193 rachats forcés avec concours des fonds de l'État;

5° 454 rachats par arrangement de gré à gré entre les maîtres et les esclaves, avec ou sans concours des fonds de l'État;

6° 664 demandes d'estimations suivies de décisions de la part des commissions de rachat.

### 3° *Engagements de travail.*

L'article 5 de la loi du 18 juillet 1845 a établi pour les esclaves qui, à partir de cette loi, seraient affranchis par rachat ou autrement, l'obligation de justifier pendant cinq années d'un engagement de travail, dont la validité est soumise à l'appréciation de la commission de rachat. Dans quelques-unes de nos colonies, on avait pensé que l'accomplissement de cette obligation devait être exigé préalablement à la consommation finale du rachat par la délivrance du titre de liberté.

Ainsi que je l'ai exposé à Votre Majesté dans mon rapport du 31 mars 1846, j'ai dû, par des instructions, rappeler aux administrations coloniales que cette manière d'appliquer la loi serait contraire à son texte comme à son esprit, et que le noir doit être pleinement mis en état

---

(1) NOMBRE DES AFFRANCHISSEMENTS:

| | |
|---|---:|
| Martinique | 1,010 |
| Guadeloupe | 1,115 |
| Guyane française | 177 |
| Bourbon | 300 |
| | 2,602 |
| MOYENNE des années antérieures | 1,676 |
| AUGMENTATION | 926 |

Cet accroissement est d'autant plus digne d'attention, qu'en ce qui touche aux affranchissements volontaires, il y a eu, il faut le reconnaître, une cause de ralentissement aux dispositions libérales des maîtres, dans la manière dont l'article 47 du Code noir, relatif à l'indivisibilité des familles, est appliqué d'après la jurisprudence de la Cour de cassation.

d'affranchissement avant d'être apte à contracter l'engagement prévu. Ces instructions sont partout exécutées; mais il m'a été représenté que l'autorité n'avait pas les pouvoirs nécessaires pour contraindre à justifier de l'engagement prescrit les affranchis qui s'y refuseraient, ou que du moins la sanction de cette disposition législative ne pouvait se trouver efficacement que dans la création des ateliers de travail, prévus comme obstacle au vagabondage par l'article 16 de la loi. D'après cet article, les ateliers dont il s'agit doivent être organisés par une ordonnance de Votre Majesté, et j'exposerai plus loin quelles sont les circonstances indépendantes de la volonté du Gouvernement qui n'ont pas permis de pourvoir encore à cette organisation. Jusque-là, je reconnais qu'il ne peut être suppléé que très-imparfaitement aux moyens que les ateliers à créer doivent mettre à la disposition des administrations locales, à l'effet de placer les affranchis dans l'obligation d'accepter des engagements pour le service public, lorsqu'ils n'en ont pas avec les particuliers. J'ai cependant signalé à MM. les gouverneurs quelques dispositions provisoires à prendre dans ce but, et j'ajouterai que désormais, sans doute, le moment n'est pas éloigné où il pourra être donné, sous ce rapport, à l'intérêt de l'ordre et du travail dans les colonies, toute la satisfaction que la loi comporte.

*4° Emploi des fonds destinés à concourir au rachat des esclaves.*

Le compte que j'ai à rendre, aux termes de la loi du 19 juillet 1845, de l'emploi de la subvention de 400,000 francs allouée par cette loi pour faire concourir les fonds de l'État au rachat des esclaves, trouve naturellement sa place à la suite de l'exposé que je viens de faire des premiers effets de la mesure du rachat forcé.

Ainsi que je l'ai expliqué dans mon rapport au Roi du 31 mars 1846, cette subvention, d'abord partagée entre les exercices 1845 et 1846, a été ensuite reportée tout entière sur la seconde de ces années, comme la loi l'avait prévu et permis. Quant au partage qui en a été fait entre les quatre colonies intéressées, il ne pouvait avoir de base plus équitable que la proportion numérique de la population esclave de chacune d'elles.

La répartition a eu lieu, en conséquence, ainsi qu'il suit :

| | |
|---|---|
| Martinique (75,736 esclaves).................. | 122,000 fr. |
| Guadeloupe et dépendances (92,323 *idem.*)..... | 149,000 |
| Guyane française (13,988 *idem.*)............. | 23,000 |
| Bourbon (65,915 *idem.*)..................... | 106,000 |
| TOTAL....... | 400,000 |

Les documents qui me sont parvenus de la Martinique, de la Guadeloupe et de la Guyane française font connaître dans les détails les plus complets l'emploi qui a été fait, dans ces trois colonies, des allocations dont je viens d'indiquer le chiffre. Les relevés fournis par les administrations coloniales figurent en entier dans les annexes de mon rapport (1). Je me bornerai ici à en mettre le résumé sous les yeux de Votre Majesté.

*Martinique.* Les 122,000 fr. formant la part de cette colonie dans la subvention ont été distribués à 284 individus esclaves, savoir :

> 100 appartenant à la classe des cultivateurs ;
> 76 à celle des domestiques ;
> 108 à diverses professions (y compris les métiers exercés sur les habitations rurales).
>
> 284

Ces 284 individus se composent de 62 hommes, 87 femmes, 135 enfants.

Les sujets admis à participer à la distribution des fonds ont été choisis parmi ceux qui étaient dans les conditions suivantes (en comprenant les 135 enfants dans les classifications respectivement assignées à leurs parents) :

(1) Voir les annexes, 11ᵉ série.

| | |
|---|---:|
| Bonne conduite; moralité; industrie et travail............ | 217 |
| Mariages; réunions de famille; légitimation d'enfants....... | 45 |
| Libertés litigieuses............................... | 20 |
| Rachats forcés pour cause de sévices................. | 2 |
| | 284 |

Parmi ces 284 esclaves, 2 seulement ont dû attendre pour être affranchis qu'ils eussent réuni le complément de pécule nécessaire pour acquitter le prix de leur évaluation. Pour tous les autres, la libération a pu suivre immédiatement les allocations qu'ils avaient obtenues, et pour un assez grand nombre d'entre eux ce résultat a été dû en partie aux remises quelquefois assez fortes que les maîtres ont consenties sur le montant des évaluations faites par les commissions de rachat. Ces remises se sont élevées en totalité à 60,687 francs, et ont eu pour effet de convertir en rachats amiables 128 demandes de liberté d'abord engagées sous forme d'affranchissements forcés (1).

*Guadeloupe.* Les 149,000 fr. attribués à cette colonie ont été répartis ainsi qu'il suit :

| | |
|---|---:|
| 1° Entre 462 individus esclaves, une somme de...... | 146,110$^f$ |
| 2° Frais divers pour la commission des rachats et pour des taxes à témoins. (*Ordonnance du 26 octobre 1845.*) (2)... | 2,890 |
| TOTAL................ | 149,000$^f$ |

Les 462 esclaves qui ont pris part au fonds de rachat se composaient de 137 hommes, 169 femmes, 156 enfants.

Divisés par professions, ces 462 esclaves en comprenaient

    129 de la classe des cultivateurs.
    105 domestiques,
    228 de professions diverses (y compris les métiers exercés sur les habitations rurales).
    ———
    462

---

(1) Voir, à cet égard, l'explication consignée ci-dessus, page 21, note 2.

(2) Dans ces frais figure une somme de 1,922 fr. pour une dépense dont la suppression a été ordonnée à compter de 1847.

Parmi ces 462 esclaves, 230 sont immédiatement arrivés à la liberté; les 232 autres étaient en voie d'y parvenir dans le courant de 1847.

Sous le rapport des motifs qui ont déterminé les allocations, les 462 intéressés étaient représentés par 291 demandeurs, divisés en trois catégories principales, savoir :

| | |
|---|---:|
| Bonne conduite; moralité; industrie et travail | 158 |
| Mariages et légitimations | 60 |
| Réunions de familles et libertés litigieuses | 73 |
| TOTAL | 291 |

*Guyane française.* A la date des derniers documents parvenus, une somme de 21,300 fr. avait été dépensée sur le fonds des rachats; elle a été distribuée entre 20 esclaves, savoir : 9 hommes, 7 femmes, 4 enfants, répartis, quant aux professions, ainsi qu'il suit :

    16 individus appartenant à la classe rurale,
    1 domestique,
    3 de professions diverses.

TOTAL. 20

Les motifs des allocations accordées ont été :

| | |
|---|---:|
| Bonne conduite; moralité; travail et industrie | 12 |
| Mariages | 3 |
| Libertés litigieuses | 1 |
| Rachat par suite de sévices | 4 |
| TOTAL | 20 |

*Bourbon.* Renseignements insuffisants quant à présent.

Votre Majesté voit, par l'exposé qui précède, qu'envisagées dans leur ensemble, les décisions prises par MM. les gouverneurs ont répondu aux intentions qui avaient présidé à la création du fonds de rachat. Il y a lieu, toutefois, de reconnaître que, sur plusieurs points, cet emploi comporte des observations que j'ai déjà pris soin de transmettre aux administrations coloniales, ou que je vais leur adresser, dans le but d'assurer à cette subvention toute la variété de destinations qu'a voulu y attacher le législateur, et d'empêcher aussi qu'elle ne puisse être quelquefois détournée de son but. Ainsi, il y a lieu de signaler à la Martinique la rareté des allocations, à la Guadeloupe leur absence totale, en ce qui regarde les rachats forcés au profit d'esclaves victimes de sévices de la part de leurs maîtres. Il convient aussi de recommander de nouveau d'accroître le nombre des esclaves auxquels l'administration alloue, non le complément de pécule nécessaire à leur rachat immédiat, mais seulement un commencement ou une amélioration de pécule à titre d'encouragement, en vue de l'accroissement ultérieur de leurs épargnes par leur propre travail.

D'un autre côté, sans interdire absolument le recours aux fonds de rachat pour régulariser, moyennant dédommagement aux maîtres, certaines libertés litigieuses, il importe de tenir la main à ce que ce moyen ne serve pas à détourner d'une solution judiciaire, suivie d'affranchissement gratuit, les questions de liberté dans lesquelles le droit de l'esclave serait évident, et serait de nature à lui assurer par les voies légales une libération prochaine.

J'ajouterai que l'émission de l'ordonnance sur le mariage des esclaves viendra fournir, pour l'emploi du fonds de rachat à des fins de cette nature, une base sur laquelle les administrations coloniales ne manqueront pas de s'appuyer plus largement.

### § 7. APPLICATION DES PÉNALITÉS POUR SÉVICES. — RÉSULTAT DE LA COMPOSITION SPÉCIALE DES COURS D'ASSISES DANS CERTAINS CAS DÉTERMINÉS.

Deux ordres de dispositions importantes, en ce qui concerne la justice répressive, ont été introduits dans la loi du 18 juillet 1845 : 1° les pénalités contre les maîtres pour faits de sévices plus ou moins graves envers leurs esclaves; 2° la composition spéciale des cours d'assises dans ces cas, et dans ceux de crimes commis par des esclaves.

Quoique l'expérience de la loi, sous l'un et l'autre rapport, soit encore bien récente, je dois exposer à Votre Majesté les conséquences qu'elle a déjà eues. Et d'abord, je dois dire que la promulgation de la loi et les instructions qui en ont accompagné la notification dans les colonies y ont été le signal d'un redoublement de zèle de la part des fonctionnaires, tant administratifs que judiciaires, pour la découverte des mauvais traitements commis sur les esclaves et pour la poursuite des inculpés. C'est donc, je n'en doute pas, à cet accroissement d'activité, plutôt qu'à un sentiment d'irritation contre la nouvelle loi, que doit être attribué l'accroissement du nombre des affaires de cette nature qui ont, depuis lors, été suivies judiciairement dans plusieurs localités; et je devais consciencieusement consigner cette remarque en donnant, dans les annexes du présent rapport, un relevé numérique des poursuites légales pour sévices et de leurs résultats (1).

La loi de 1845, dans ses articles 8 à 10, dont le dernier renvoie au Code pénal colonial, établit une série de dispositions destinées à atteindre tous ces faits, depuis le délit le plus léger jusqu'au crime le plus grave.

Dans quelques colonies, on avait continué à énoncer, soit dans les arrêts des cours d'assises, soit dans ceux des chambres d'accusation, des textes de dispositions pénales où les anciens édits étaient cités concurremment avec les nouvelles pénalités, et même en l'absence de celles-ci. L'échelle de répression formulée dans la loi étant complète, j'ai fait connaître aux gouverneurs des colonies que ces citations devaient être évitées avec soin, autant qu'il dépendrait du ministère public, afin de faire divorce avec l'ancienne législation, en tout ce qui se trouve réglé par celle de 1845.

Les résultats que les poursuites ont obtenus ne sont sans doute pas toujours tels que devait le faire désirer l'intérêt de la vindicte publique et de l'humanité. Un arrêt d'acquittement rendu dans une de nos principales colonies, au profit de deux frères auxquels étaient imputés d'odieux sévices, est venu surtout frapper l'opinion publique, et dès lors on en a conclu que le changement de composition des assises (quatre magistrats et trois assesseurs colons, au lieu de quatre asses-

(1) Voir les annexes, 12ᵉ série.

seurs et de trois magistrats) était un palliatif impuissant, puisque la majorité nécessaire pour la condamnation étant de cinq sur sept, il suffisait encore du concert systématique des trois assesseurs pour paralyser l'action répressive. Sans me dissimuler la force de cet argument, je ne pense pas qu'il suffise, non plus que les fâcheux exemples dont il s'étaie, pour faire accuser dès aujourd'hui de stérilité à cet égard la loi du 18 juillet 1845.

Je me suis donc borné à inviter les gouverneurs à observer et à faire constater avec soin les nouveaux faits qui se produiraient, soit dans le sens de l'acquittement, soit dans celui de la condamnation. J'ajouterai que des exemples de condamnations qui ne sont pas sans gravité ont été donnés en ces derniers temps, comme l'indique le relevé ci-joint, et fortifient mon opinion sur la convenance qu'il y a à ne pas se hâter de répudier une combinaison qui est encore si récente.

Le relevé des affaires de sévices est suivi d'un tableau particulier des suicides d'esclaves, indicatif des causes auxquelles ils pouvaient être attribués. Ce tableau tend à démontrer, contrairement à certaines assertions qui m'avaient engagé à le faire établir, que ces suicides ne sont pas en aussi grand nombre que cela avait été énoncé, et ne doivent pas être attribués à des causes aussi défavorables aux propriétaires.

Je ne dois pas omettre de signaler, parmi les moyens secondaires de préparer une répression efficace des sévices contre les esclaves, les ordres que j'ai donnés pour organiser dans nos colonies, sur des bases régulières, le régime des *médecins aux rapports,* c'est-à-dire des médecins chargés de constater les blessures ou les traces de mauvais traitements sur les esclaves, et de comparaître soit dans les phases diverses de l'instruction, soit à l'audience pendant le procès. Plusieurs fois on avait remarqué, dans les déclarations des médecins appelés à remplir ces sortes de fonctions, de l'indulgence, de la faiblesse même, et il importait de faire en sorte que des témoignages destinés à avoir une si grande influence sur l'issue de procès semblables fussent désormais environnés de toutes les garanties de fermeté et d'impartialité désirables.

En résumé, la nouvelle législation pénale en matière de sévices s'exécute avec vigueur et activité de la part des magistrats coloniaux, notamment des juges d'instruction et des membres du parquet, auxquels revient une tâche si importante dans ces sortes de procès, et je considère cette législation dans son ensemble comme une des principales garanties de bien-être et de sécurité que la loi du 18 juillet 1845 est venue apporter à la population esclave.

§ 8. CRÉATION DE NOUVELLES JUSTICES DE PAIX. — EXTENSION DU PATRONAGE.

Les ordonnances de Votre Majesté, des 4 et 5 juin, sur la nourriture, l'entretien et le régime disciplinaire des esclaves, les décrets soumis aux conseils coloniaux, en ce qui concerne les terrains et le règlement du travail, ont fait une part étendue à l'intervention des juges de paix dans l'exécution des diverses mesures prévues par ces actes. L'accroissement du nombre des tribunaux de paix dans les quatre colonies, tel que l'avait autorisé la loi du 18 juillet 1845, devait donc naturellement coïncider avec l'application des ordonnances et avec la présentation des décrets dont je viens de parler : c'était aussi l'occasion de réaliser, dans le système du patronage, une importante amélioration, et d'exaucer un vœu unanimement exprimé par les gouverneurs et les procureurs généraux, en associant les juges de paix au service des tournées de visite et d'inspection prescrites, en ce qui regarde le régime des ateliers, par l'ordonnance royale du 5 janvier 1840. Les ordonnances que Votre Majesté a rendues dans ce but, les 23 août, 26 septembre et 2 décembre 1846, figurent parmi les pièces justificatives du présent rapport (1) : les nouveaux siéges ont été immédiatement pourvus de titulaires remplissant les conditions d'âge et d'aptitude prévues par les ordonnances royales constitutives de l'organisation judiciaire de nos colonies. On peut considérer aujourd'hui le vœu de la loi sur ce point important comme étant en plein cours d'accomplissement.

Je viens de parler du service du patronage. L'importance de l'attribution confiée sous ce rapport aux magistrats du ministère public res-

---

(1) Voir les annexes, 13ᵉ série.

sort surtout dans les circonstances actuelles, puisque de l'exécution ponctuelle et générale des nouveaux règlements dépend tout le succès que le Gouvernement et les Chambres ont le droit d'en attendre, et que la garantie de cette exécution réside surtout dans une surveillance active, continue et intelligente, exercée sur l'ensemble des ateliers, de manière à ne laisser aucune contravention ignorée, aucun abus sans poursuites et sans répression. Dans les premiers temps, il serait impossible aux procureurs généraux et aux procureurs du Roi de faire face, avec la composition actuelle de leurs parquets, à toutes les obligations qui leur sont imposées sous ce rapport, concurremment avec le service judiciaire proprement dit. L'utile et actif concours qu'ils vont recevoir des juges de paix les allégera, sans doute, d'une partie de leur tâche; mais, en présence de l'unanimité des demandes que j'ai reçues de MM. les gouverneurs, j'ai dû reconnaître qu'il fallait, en même temps, accorder aux parquets des cours royales et des principaux tribunaux de première instance une organisation un peu plus large, et les Chambres sont en ce moment saisies des demandes de crédits nécessaires pour satisfaire à ce besoin. Je prendrai à ce sujet les ordres de Votre Majesté, dès que les votes législatifs auront résolu la question, en ce qui touche à la dépense.

Je n'ai pas, d'ailleurs, attendu ce résultat pour soumettre à des formes beaucoup plus développées et plus complètes la rédaction des rapports périodiques de patronage, et j'ai arrêté pour ces documents un cadre d'après lequel ils devront présenter toutes les indications nécessaires pour justifier de l'exécution des règlements nouveaux sur tous les points, ou pour faire ressortir toutes les contraventions (1).

### § 9. RÉPRESSION DU VAGABONDAGE. — CRÉATION D'ATELIERS DE TRAVAIL. — FRMATION D'ÉTABLISSEMENTS AGRICOLES.

J'ai exposé à Votre Majesté, dans mon rapport de 1846, la connexité qu'il convient d'admettre, ou plutôt que la combinaison même des lois des 18 et 19 juillet 1845 a établie entre les ateliers de travail

---
(1) Voir les annexes, 13° série.

destinés, d'après la première, à prévenir le vagabondage, et les établissements agricoles dont la seconde a prévu et subventionné la formation. J'ai en même temps indiqué (1) les conditions générales d'après lesquelles me paraissaient devoir être conçues les mesures destinées à satisfaire, sous ce double rapport, aux prescriptions législatives. J'ajoutais que, pour entrer dans la voie de l'application, j'avais d'abord à résoudre, en ce qui regarde les habitations domaniales des Antilles, des difficultés assez graves, résultant, d'une part, de l'affectation jusqu'alors faite aux caisses coloniales du produit de ces propriétés, et, d'autre part, de l'existence de baux à ferme pour la plupart de ces immeubles.

Dans le cours de l'année 1846, ces difficultés, sans s'être entièrement aplanies, ont perdu une partie de leur gravité. Sous le rapport de la destination du revenu des habitations domaniales, la loi des finances du 3 juillet 1846, relative à l'exercice 1847, a fait disparaître toute cause d'embarras, en attribuant à l'État ce revenu, dont l'équivalent a été garanti aux caisses coloniales par la voie d'une subvention annuelle faite au service local sur les fonds du service général. En ce qui regarde le mode d'exploitation des établissements dont il s'agit, déjà l'administration de la Guyane est rentrée, par suite d'expiration de bail, dans la gestion directe de l'habitation *la Gabrielle*, à partir du 1$^{er}$ janvier dernier, et il en sera de même, au mois de mai prochain, de l'habitation *Dolé* à la Guadeloupe. A la Martinique, une instance en résiliation est ouverte, avec toute chance de succès, contre le fermier de l'habitation *Trouvaillant*, et déjà l'autorité locale a repris provisoirement la direction de ce domaine.

En attendant que les bases sur lesquelles doit être assise l'exécution de cette partie des lois de 1845 soient mieux préparées encore, il y avait à mettre à profit cet intervalle inévitable, pour réunir les autres éléments d'organisation et de succès que réclame l'accomplissement des mesures projetées. C'est dans cette vue que j'ai d'abord confié une mission pour les Antilles à un agronome distingué de la métropole, M. Boutan; il est chargé d'étudier sur les lieux mêmes toutes les ques-

---

(1) Pages 38 et suivantes du compte rendu au Roi, le 31 mars 1846.

tions qui se rattachent à la transformation des habitations domaniales en établissements agricoles exploités par le travail libre, et à la création des ateliers de travail prévus par l'article 16 de la loi du 18 juillet 1845. Sans être encore en mesure de me rendre entièrement compte des résultats de cette mission, je crois pouvoir compter dès à présent que le Gouvernement en obtiendra les résultats qu'il s'en était promis.

En même temps que je faisais faire cette étude préparatoire, je mettais le plus vif empressement à seconder les dispositions que les religieux de l'ordre de la Trappe avaient témoignées en faveur de la création d'un établissement de travail libre aux colonies par le régime et l'organisation qui leur sont propres, et qui, sur plusieurs points de la France et en Algérie même, ont obtenu de si remarquables résultats. La transformation du travail colonial et la régénération des travailleurs africains, sur une grande propriété confiée à ces religieux, seraient, sans contredit, un fait de la plus haute portée, et d'une influence peut-être décisive sur la solution générale du problème. Trois trappistes se sont récemment rendus à la Martinique par ordre du supérieur général, et ils y ont passé le temps nécessaire pour se rendre compte, avec le concours le plus empressé de la part de l'autorité locale et des colons, de tous les éléments dont ils auraient à disposer, si l'ordre auquel ils appartiennent se détermine à entrer en arrangements avec le Gouvernement pour l'exploitation d'une des propriétés qui appartiennent à l'État dans cette île. Leur retour coïncide avec la remise que je fais du présent Rapport à Votre Majesté; je ne puis donc ici ni dire ni faire pressentir quel sera le résultat des communications qui vont être échangées entre mon département et M. le supérieur général.

### § 10. AFFRANCHISSEMENT DES ESCLAVES DU DOMAINE.

À la solution de l'affaire des habitations domaniales se rattache aussi en grande partie l'accomplissement d'un engagement pris par le Gouvernement envers les Chambres, lorsque furent discutées les lois des 18 et 19 juillet 1845 : je veux parler de l'affranchissement général des noirs du Domaine dans un espace de cinq années, c'est-à-dire avant la fin de 1850. Je dis que l'exécution de cette mesure se rattache principalement à la conclusion des difficultés inhérentes à la reprise des habitations domaniales par l'État; car la majeure partie des esclaves appartenant au Domaine se trouve affectée aux habitations; et la libération de ces noirs, si elle ne coïncide pas avec une résiliation des baux, soulève une question de dommages-intérêts de la part des fermiers. Du reste, ainsi que je l'ai exposé tout à l'heure à Votre Majesté, les administrations coloniales, en 1847, sont rentrées ou rentreront en possession directe de plusieurs de ces propriétés : la mesure sera donc, de ce côté du moins, dégagée de toute objection de droit, et je pourrai bientôt prendre les ordres du Roi sur la libération d'un deuxième contingent d'esclaves, tant ruraux que non ruraux. Le premier contingent, libéré en 1846 (1), en a compris cent vingt-six, appartenant tous à la catégorie non rurale.

§ 11. TRAVAILLEURS EUROPÉENS. — INTRODUCTION D'ÉMIGRANTS DANS LES COLONIES. — COLONISATION DE LA GUYANE.

J'ai peu de développements à ajouter à ceux que contenait mon rapport de l'année dernière, sur l'emploi qui a été fait des fonds consacrés par la loi du 19 juillet 1845 à l'introduction de travailleurs européens aux Antilles. J'ai maintenu les dispositions que j'avais dès lors arrêtées pour l'application de ce crédit spécial (2), et qui, je dois le rappeler ici, tendaient uniquement à encourager les engagements pour compte direct des propriétaires colons, en réservant entièrement, jusqu'à solution de la question des établissements agricoles, tout ce qui peut se rattacher à l'enrôlement et à l'emploi des travailleurs européens, pour

---

(1) Voir dans les annexes, 1ʳᵉ série, l'ordonnance royale du 21 juillet 1846 et les documents qui l'accompagnent.

(2) Voir ces dispositions dans les annexes du compte rendu du 31 mars 1846, page 114. Voir aussi le rapport même, page 35.

le compte, ou du moins par l'intermédiaire de l'administration. Dans cet état de choses, la somme employée jusqu'au 31 décembre dernier, sur le fonds de 120,000 francs créé par la loi du 19 juillet 1845, ne s'est élevée qu'à 16,400 francs. Elle a servi à payer les frais de passage de cinquante-trois travailleurs, savoir : trois pour la Martinique et cinquante pour la Guadeloupe. La presque totalité de ces engagés a été destinée pour le service des usines centrales et pour le travail intérieur de ces établissements; je dois ajouter que l'épreuve faite jusqu'à ce jour de leur emploi, dans la seconde des deux colonies, n'a pas donné de résultats satisfaisants, et que beaucoup d'engagements ont déjà été résiliés et suivis de rapatriement. L'épreuve doit cependant être continuée, jusqu'à ce qu'elle s'accomplisse dans des conditions plus complètes et plus décisives; et le renouvellement du crédit de 1846, déjà consacré, pour 1847, par la loi de finances, est en partie demandé par mon département dans son budget de l'exercice prochain.

J'ai d'ailleurs été conduit, par le peu de succès de cette mesure et par des considérations d'un ordre plus général, à regretter plus d'une fois, depuis que le crédit dont il s'agit existe, que la loi de 1845 en eût si expressément réservé l'affectation à l'immigration européenne aux Antilles. Deux de nos colonies, la Guyane et Bourbon, qui éprouvent le besoin de l'immigration de la manière la plus pressante, sont ainsi restées en dehors de ces encouragements, et, aux Antilles même, il serait certainement plus utile de pouvoir puiser à des sources diverses, pour multiplier les essais de travail libre jusqu'à ce jour demeurés si timides. Je serai sans doute bientôt amené à soumettre, à cet égard, à Votre Majesté, des propositions tendant à élargir la voie ouverte par la loi du 19 juillet 1845.

Je m'y considère comme d'autant mieux fondé, qu'en rendant compte au Roi des considérations qui me paraissaient s'opposer à ce qu'il fût fait emploi du fonds de 50,000 francs alloué, par la loi du 19 juillet 1845, pour l'étude d'un projet de colonisation spécialement applicable à la Guyane, j'ai eu soin d'ajouter que le Gouvernement regardait cette détermination comme laissant subsister l'obligation de préparer, pour la transformation du travail dans cette colonie, des mesures que réclament particulièrement sa situation et l'amoindrissement de sa population ouvrière. Je n'ai certainement pas perdu de vue cet engagement, dans le sens duquel j'ai déjà reçu de M. le Gouverneur de la Guyane d'intéressantes communications, et qui pourra, j'espère, trouver bientôt un commencement de réalisation dans l'organisation nouvelle à donner à l'exploitation de l'habitation domaniale *la Gabrielle*. Je n'ai eu toutefois à comprendre encore, dans ce but, aucune prévision financière au budget de mon département; mais il est évident qu'en ce qui regarde la création des établissements agricoles, comme en ce qui touche à la question du recrutement des travailleurs libres, il n'est pas possible de laisser plus longtemps la Guyane en dehors des sages prévisions de la seconde des deux lois votées en 1845.

Je termine cet exposé, Sire, en renouvelant à Votre Majesté l'assurance que son Gouvernement a fait ce qui dépendait de lui pour assurer le prompt et régulier développement de tout le régime d'amélioration et de préparation créé par les deux lois de 1845. Deux années ne sont pas encore écoulées depuis que la mise en œuvre des principes consacrés par ces lois a été confiée au département de la marine, et, dans cet intervalle, des règlements d'une importance considérable ont été élaborés, adoptés et mis en vigueur; leur application a été secondée par le concours général des autorités locales et de la magistrature. La participation des conseils coloniaux à l'œuvre législative a été demandée; si elle n'a pas été obtenue aussi complétement que nous étions en droit de l'espérer, du moins il est permis de penser qu'un nouvel appel ne sera pas fait sans succès à l'entière coopération de ces assemblées. Enfin, et quoique l'effet de changements si essentiels et accomplis à de si grandes distances ne puisse être ni bien subit, ni d'abord bien caractérisé, il est visible que la société coloniale a senti et compris l'impulsion qui lui venait de la mère patrie; que cette société est en marche et en progrès, et que le mouvement régulier et pacifique dont elle est animée, au lieu de se ralentir, recevra du cours du temps et de la direction de votre Gouvernement une activité nouvelle. Il y a donc toute raison d'avoir confiance et de persévérer.

Je suis, avec un profond respect,

SIRE,

DE VOTRE MAJESTÉ,

Le très-humble, très-obéissant et très-fidèle serviteur

B<sup>on</sup> DE MACKAU.

# ANNEXES.

# ANNEXES.

## 1re SÉRIE.

### LOIS DES 18 ET 19 JUILLET 1845.

# LOIS DES 18 ET 19 JUILLET 1845.

A. *Loi du 18 juillet 1845, relative au régime des esclaves dans les colonies.*

LOUIS-PHILIPPE, Roi des Français,

A tous présents et à venir, salut :

Nous avons proposé, les Chambres ont adopté, nous avons ordonné et ordonnons ce qui suit :

### ARTICLE PREMIER.

Il sera statué par ordonnance du Roi :

1° Sur la nourriture et l'entretien dus par les maîtres à leurs esclaves, tant en santé qu'en maladie, et sur le remplacement de la nourriture par la concession d'un jour par semaine aux esclaves qui en feront la demande;

2° Sur le régime disciplinaire des ateliers;

3° Sur l'instruction religieuse et élémentaire des esclaves;

4° Sur le mariage des personnes non libres; sur ses conditions, ses formes et ses effets relativement aux époux entre eux, et aux enfants en provenant.

Pour les cas de mariage entre les personnes non libres et appartenant à des maîtres différents, un décret du conseil colonial, rendu dans les formes des articles 4 et 8 de la loi du 24 avril 1833, réglera les moyens de réunir soit le mari à la femme, soit la femme au mari.

### ART. 2.

L'article 2 de l'ordonnance royale du 15 octobre 1786, pour la Guadeloupe et la Martinique, portant *qu'il sera distribué, pour chaque nègre ou négresse, une petite portion de l'habitation, pour être par eux cultivée à leur profit, ainsi que bon leur semblera,* est déclaré applicable aux colonies de la Guyane et de l'île Bourbon et dépendances.

Un décret du conseil colonial, rendu dans les formes des articles 4 et 8 de la loi du 24 avril 1833, déterminera les exceptions que le paragraphe précédent peut recevoir.

### ART. 3.

La durée du travail que le maître peut exiger de l'esclave ne pourra excéder l'intervalle entre six heures du matin et six heures du soir, en séparant cet intervalle par un repos de deux heures et demie.

Un décret du conseil colonial, rendu dans les formes indiquées par l'article précédent, fixera la durée respective des deux parties du temps de travail, sans excéder le maximum ci-dessus déterminé, et pourra établir une durée moins longue de travail obligatoire, suivant l'âge ou le sexe des esclaves, leur état de santé ou de maladie, ou la nature des occupations auxquelles ils seront attachés.

Le maximum du temps de travail obligatoire pourra être prolongé de deux heures par jour à l'époque de la récolte et de la fabrication. A l'époque des travaux continus, les heures de travail obligatoires pourront être reportées du jour dans la nuit, à la charge de ne pas excéder le maximum fixé pour chaque période de vingt-quatre heures.

Un décret du conseil colonial, rendu dans les formes ci-dessus indiquées, déterminera les époques du travail extraordinaire de jour et de nuit.

L'obligation du travail extraordinaire ne s'applique ni aux esclaves attachés au service intérieur de la maison, ni aux enfants, ni aux malades.

Un décret du conseil colonial, rendu dans les formes précitées, fixera, suivant les différentes occupations de l'esclave, le minimum du salaire qui pourra être convenu entre le maître et lui pour l'emploi des heures et des jours pendant lesquels le travail n'est pas obligatoire.

### ART. 4.

Les personnes non libres seront propriétaires des choses mobilières qu'elles se trouveront posséder, à titre légitime, à l'époque de la promulgation de la présente loi, ainsi que de celles qu'elles acquerront à l'avenir, à la charge par elles de justifier, si elles en sont requises, de la légitimité de l'origine de ces objets, sommes ou valeurs.

La disposition qui précède ne s'applique ni aux bateaux, ni aux armes : ces objets ne pourront jamais être possédés par des personnes non libres.

Les esclaves seront habiles à recueillir toutes successions, mobilières ou immobilières, de toutes personnes libres ou non libres. Ils pourront également acquérir des immeubles par voie d'achat ou d'échange, disposer ou recevoir par testament ou par acte entre-vifs.

En cas de décès de l'esclave, sans testament ni héritiers, enfant naturel ni conjoint survivant, sa succession appartiendra à son maître.

Dans tous les cas, l'esclave ne pourra exercer, sur les objets à lui appartenant, que les droits attribués au mineur émancipé par les art. 481, 482, 484 du Code civil.

Le maître sera de droit le curateur de son esclave, à moins que le juge royal ne croie nécessaire de lui en nommer un autre.

Dans le cas où des biens viendraient à échoir à des esclaves mineurs, par succession ou donation, l'administration desdits biens appartiendra au maître, à moins qu'il ne juge convenable de provoquer, de la part du juge royal, la nomination d'un autre administrateur.

Toutefois, le juge royal pourra toujours, s'il le croit nécessaire, nommer un autre administrateur.

Une ordonnance royale réglera le mode de conservation et d'emploi des meubles et valeurs mobilières appartenant aux esclaves mineurs.

### ART. 5.

Les personnes non libres pourront racheter leur liberté, ou la liberté de leurs pères ou mères, ou autres ascendants, de leurs femmes et de leurs enfants et descendants légitimes ou naturels, sous les conditions suivantes :

Si le prix du rachat n'est pas convenu amiablement entre le maître et l'esclave, il sera fixé, pour chaque cas, par une commission composée du président de la cour royale, d'un conseiller de la même cour et d'un membre du conseil colonial; ces deux membres seront désignés annuellement, au scrutin, par leurs corps respectifs. Cette commission statuera à la majorité des voix et en dernier ressort.

Le payement du prix ainsi fixé devra toujours être réalisé avant la délivrance de l'acte d'affranchissement, qui en mentionnera la quittance, ainsi que la décision de la commission portant fixation du prix.

Une ordonnonnance du Roi déterminera les formes des divers actes ci-dessus prescrits, ainsi que les mesures nécessaires pour la conservation des droits des tiers intéressés dans le prix de l'esclave.

Toutefois, l'esclave affranchi, soit par voie de rachat, ou autrement, sera tenu, pendant cinq années, de justifier d'un engagement de travail avec une personne de condition libre. Cet engagement devra être contracté avec un propriétaire rural, si l'affranchi, avant d'acquérir la liberté, était attaché comme ouvrier ou laboureur à une exploitation rurale. Cet engagement ne sera valable qu'après avoir été approuvé par la commission instituée par le § 2 du présent article.

Si, pendant la durée de cette période de cinq ans, l'affranchi refuse ou néglige le travail qui lui est imposé par le paragraphe précédent, le maître se pourvoira devant le juge de paix, qui pourra condamner l'affranchi à tels dommages-intérêts qu'il appartiendra, lesquels seront toujours recouvrés par la contrainte par corps.

En cas de crimes ou délits envers son ancien maître, les peines prononcées contre l'affranchi ne pourront jamais être moindres du double du minimum de la peine qui serait appliquée, si le crime ou délit était commis envers un autre individu.

ART. 6.

Sera puni d'une amende de 101 francs à 300 francs tout propriétaire qui empêcherait son esclave de recevoir l'instruction religieuse, ou de remplir les devoirs de la religion.

En cas de récidive, le maximum de l'amende sera toujours prononcé.

ART. 7.

Tout propriétaire qui ferait travailler son esclave les jours de dimanches et de fêtes reconnus par la loi, ou qui le ferait travailler un plus grand nombre d'heures que le maximum fixé par l'article 3, ou à des heures différentes de celles prescrites conformément audit article 3, sera puni d'une amende de 15 francs à 100 francs.

En cas de récidive, l'amende sera portée au double.

Le présent article n'est pas applicable aux travaux nécessités par des cas urgents, qui seraient reconnus tels par les maires.

ART. 8.

Sera puni d'une amende de 101 francs à 300 francs tout propriétaire qui ne fournirait pas à ses esclaves les rations de vivres et les vêtements déterminés par les règlements, ou qui ne pourvoirait pas suffisamment à la nourriture, entretien et soulagement de ses esclaves infirmes par vieillesse, maladie ou autrement, soit que la maladie soit incurable ou non.

En cas de récidive, il y aura lieu de plus à un emprisonnement de seize jours à un mois.

### ART. 9.

Tout maître qui aura infligé à son esclave un traitement illégal, ou qui aura exercé ou fait exercer sur lui des sévices, violences ou voies de fait, en dehors des limites du pouvoir disciplinaire, sera puni d'un emprisonnement de seize jours à deux ans, et d'une amende de 101 francs à 300 francs, ou de l'une de ces deux peines seulement.

S'il y a eu préméditation ou guet-apens, la peine sera de deux ans à cinq ans, et l'amende de 200 francs à 1,000 francs.

### ART. 10.

S'il est résulté des faits prévus par l'article précédent la mort ou une maladie emportant incapacité de travail personnel pendant plus de vingt jours, la peine sera appliquée, dans chaque colonie, conformément au Code pénal colonial.

### ART. 11.

Sera punie des peines de simple police toute infraction aux ordonnances royales et aux décrets coloniaux qui seront rendus en vertu de la présente loi, et à toutes autres ordonnances concernant le patronage et le recensement, toutes les fois que ladite infraction ne sera pas punie de peines plus graves par des dispositions spéciales.

### ART. 12.

En cas de récidive pour des faits qui ne sont pas l'objet de dispositions particulières, les infractions à la présente loi seront punies, dans chaque colonie, suivant les règles du Code pénal colonial.

### ART. 13.

L'article 463 du Code pénal, concernant les circonstances atténuantes, sera applicable aux faits prévus par la présente loi.

### ART. 14.

Lorsque les cours d'assises seront appelées à statuer sur des crimes commis par les personnes non libres, ou sur ceux commis par les maîtres sur leurs esclaves, elles seront composées de quatre conseillers à la cour royale et de trois assesseurs.

### ART. 15.

Le nombre des juges de paix pourra être porté :

A 8 pour la Martinique ;
A 10 pour la Guadeloupe et dépendances ;
A 6 pour la Guyane française ;
A 8 pour Bourbon et dépendances.

La fixation des territoires formant le ressort de ces juges de paix sera faite par ordonnance du Roi.

ART. 16.

Tout individu âgé de moins de soixante ans qui ne justifiera pas, devant l'autorité administrative, de moyens suffisants d'existence, ou bien d'un engagement de travail avec un propriétaire ou chef d'entreprise industrielle, ou bien de son état de domesticité, sera tenu de travailler dans un atelier colonial qui lui sera indiqué.

En cas de refus de déférer à cette injonction, il pourra être déclaré vagabond, et puni comme tel, dans chaque colonie, suivant les lois qui y sont en vigueur.

Une ordonnance royale pourvoira à l'organisation desdits ateliers et aux autres mesures nécessaires pour l'exécution du présent article.

ART. 17.

Les conseils coloniaux ou leurs délégués seront préalablement consultés sur les ordonnances royales à rendre en exécution de la présente loi.

ART. 18.

La présente loi ne s'applique qu'aux colonies de la Guadeloupe, de la Martinique, de la Guyane et de Bourbon, et à leurs dépendances.

ART. 19.

La loi du 24 avril 1833, ainsi que les lois et ordonnances qui règlent l'administration de la justice aux colonies susmentionnées, et à leurs dépendances, continuera d'être exécutée dans toutes les dispositions auxquelles il n'est pas dérogé par la présente loi.

La présente loi, discutée, délibérée et adoptée par la Chambre des Pairs et par celle des Députés, et sanctionnée par nous cejourd'hui, sera exécutée comme loi de l'État.

Donnons en mandement à nos cours et tribunaux, préfets, corps administratifs, et à tous autres, que les présentes ils gardent et maintiennent, fassent garder, observer et maintenir, et, pour les rendre plus notoires à tous, ils les fassent publier et enregistrer partout où besoin sera ; et, afin que ce soit chose ferme et stable à toujours, nous y avons fait mettre notre sceau.

Fait à Paris, le 18 juillet 1845.

LOUIS-PHILIPPE.

Par le Roi :

*Le Vice-Amiral, Pair de France,*
*Ministre Secrétaire d'État de la Marine et des colonies,*

B<sup>on</sup> DE MACKAU.

B. *Loi du 19 juillet 1845, qui ouvre un crédit de 930,000 francs pour subvenir à l'introduction de cultivateurs européens dans les colonies, à la formation d'établissements agricoles, etc.*

LOUIS PHILIPPE, Roi des Français,

A tous présents et à venir, salut.

Nous avons proposé, les Chambres ont adopté, nous avons ordonné et ordonnons ce qui suit :

ARTICLE PREMIER.

Sont ouverts au ministre de la marine et des colonies les crédits suivants :

| | |
|---|---|
| Pour l'introduction d'ouvriers et cultivateurs européens aux colonies.. | 120,000 fr. |
| Pour la formation, par voie de travail libre et salarié, d'établissements agricoles servant d'ateliers de travail et d'ateliers de discipline........ | 360,000 |
| Pour l'évaluation des propriétés mobilières et immobilières à la Guyane française............................................................ | 50,000 |
| Pour concourir au rachat des esclaves, lorsque l'Administration le jugera nécessaire et suivant les formes déterminées par ordonnance royale à intervenir...................................................... | 400,000 |
| TOTAL...... | 930,000 |

ART. 2.

Il sera pourvu à cette dépense au moyen des ressources des exercices 1845 et 1846, savoir :

| | |
|---|---|
| Exercice 1845......................................................... | 300,000 |
| Exercice 1846......................................................... | 630,000 |

Les fonds affectés à chacun de ces deux exercices seront répartis proportionnellement entre les divers crédits ouverts par l'article 1er.

Les fonds non consommés pendant l'exercice 1845 pourront être reportés, par ordonnance royale, sur l'exercice suivant.

ART. 3.

Il sera rendu compte annuellement aux Chambres de l'emploi des crédits votés et des effets de l'exécution de la présente loi.

ART. 4.

A l'avenir, le Gouvernement devra également rendre compte de la répartition de la subvention annuelle affectée à l'intruction religieuse et élémentaire des esclaves par la loi du 25 juin 1839.

La présente loi, discutée, délibérée et adoptée par la Chambre des Pairs et par celle des Députés, et sanctionnée par nous cejourd'hui, sera exécutée comme loi de l'État.

Donnons en mandement à nos cours et tribunaux, préfets, corps administratifs, et tous autres, que les présentes ils gardent et maintiennent, fassent garder, observer et maintenir, et, pour les rendre plus notoires à tous, ils les fassent publier et enregistrer partout où besoin sera; et, afin que ce soit chose ferme et stable à toujours, nous y avons fait mettre notre sceau.

Fait à Paris, le 19 juillet 1845.

LOUIS-PHILIPPE.

Par le Roi :

*Le Vice-Amiral, Pair de France,*
*Ministre Secrétaire d'État de la marine et des colonies,*

B<sup>on</sup> DE MACKAU.

# ANNEXES.

## 2ᵉ SÉRIE.

### CORRESPONDANCE GÉNÉRALE
#### DE MM. LES GOUVERNEURS ET PROCUREURS GÉNÉRAUX
##### SUR L'EXÉCUTION DE LA LOI ET DES ORDONNANCES,
#### ET SUR LA SITUATION DES COLONIES.

Nota. Les extraits compris dans cette publication font immédiatement suite à ceux qui ont été publiés à la suite du Rapport au Roi du 31 mars 1846.

# CORRESPONDANCE GÉNÉRALE
## DE MM. LES GOUVERNEURS ET PROCUREURS GÉNÉRAUX.

### 1° MARTINIQUE.

*Lettre du Gouverneur, en date du 25 avril 1846.*

Le gouverneur annonce qu'il est de retour de la tournée qu'il a faite sur toute la côte du Vent de l'île, depuis la Capote jusqu'au Marin, parcourant les habitations des communes de la Grande-Anse, de la Trinité, du Robert, du François et du Vauclin; et, après avoir incidemment fait connaître qu'il doit ouvrir la session du conseil colonial le 14 mai, il résume ainsi ses observations sur les quartiers visités par lui :

« Je m'empresse de vous annoncer, monsieur le ministre, combien j'ai lieu d'être « satisfait de ce que j'ai vu et entendu. Partout règnent la plus grande tranquillité et un « ordre parfait. Les prescriptions de la loi s'accomplissent sans froissement; les ateliers « fonctionnent bien; pas une plainte ne m'a été portée, ni par les maîtres ni par les escla-« ves. Chacun est satisfait, les uns de la bonté paternelle des chefs, les autres de la sou-« mission et de la bonne volonté des esclaves. Sur l'habitation de M. Brière de l'Ile, gérée « par son fils Ludovic, la sécheresse désolait le canton, et M. Brière témoignait devant son « atelier le chagrin de voir sa récolte diminuer. « Ne vous inquiétez pas, maître, lui « dirent-ils, nous travaillerons davantage, la récolte sera la même, et l'habitation n'aura « rien perdu de sa vieille réputation. »

« Des traits semblables honorent le maître et l'esclave, et ne peuvent exister que par « de bons procédés mutuels.

« Au François, où j'arrivai un dimanche après midi, la population entière du canton « m'attendait et m'a reçu avec les cris les plus répétés et les plus énergiques de *vive le* « *Roi!* La foule était si compacte, que, pressé de toute part, mon cheval pouvait à peine « avancer.

« Je me suis entretenu longuement avec les maires, les conseils municipaux, les prin-« cipaux habitants; je leur ai expliqué les intentions bienveillantes du Gouvernement, « celles, en particulier, du ministre de la marine. Mes paroles ont été accueillies avec « reconnaissance. Partout j'ai trouvé les habitants animés du meilleur esprit, et protes-« tant qu'ils ne partageaient pas l'opinion exagérée de quelques membres du conseil « colonial, qui ne représentaient nullement la pensée du pays. »

*Extrait du discours prononcé par le Gouverneur à l'ouverture de la session du conseil colonial, le 14 mai 1846.*

Messieurs les conseillers coloniaux, les prévisions rassurantes que je vous exprimais avec une intime conviction, lors de l'ouverture de votre dernière session, se réalisent.

La loi nouvelle sur le régime législatif des colonies, protectrice de tous, régularisant un mode général et uniforme, étant bien expliquée et bien comprise, a reçu son exécution sans trouble et sans secousse. Je ne saurais m'arrêter à quelques manifestations rares et isolées, dépourvues de consistance, réprimées sans effort dès qu'elles ont apparu, et qui ne se sont plus renouvelées.

La tranquillité la plus complète règne dans la colonie. Le travail est bien organisé, et un échange mutuel de bienveillance de la part du maître, et de soumission ainsi que de dévoûment de la part de l'esclave, consolide l'ordre et lui donne une nouvelle force.

Je viens de parcourir presque toute la Martinique. C'est avec consolation pour moi et fierté pour le pays que j'ai constaté par moi-même ces heureux résultats.

Je me plais à reconnaître, messieurs, qu'ils sont dus à la sagesse et au patriotisme des habitants, au concours franc et loyal que vous m'aviez promis.

*Adresse du Conseil colonial de la Martinique, en date du 19 mai 1846.*

Monsieur le gouverneur, la loi du 8 juillet 1845, telle qu'elle a été promulguée l'année dernière, a reçu, sans secousses générales, son exécution; mais, on ne peut se le dissimuler, cette exécution n'a encore eu lieu que dans celles de ses dispositions qui ont eu pour but de faire passer dans le droit ce que la philanthropie véritable des colons avait déjà consacré en fait depuis un temps immémorial.

Vous avez pu, monsieur le gouverneur, nous parler d'espérances, si le Gouvernement du Roi vous a laissé ignorer les ordonnances dont les projets ont été communiqués à la délégation coloniale; mais ces projets nous sont connus, et nous n'avons plus qu'un espoir, c'est d'en voir changer les fatales dispositions.

Nous étions loin de supposer que ce complément de la loi, laissé au libre arbitre et à la prudence du ministre, seul défenseur institué des colonies, dût consommer leur ruine par la désorganisation du travail.

Si quelque chose venait à troubler l'ordre que vous avez vu régner sur presque toutes nos habitations, loin de nous, monsieur le gouverneur, le blâme qui pourrait en résulter! C'est sans notre concours, sans notre participation, que le Gouvernement précipite la marche des choses et la destruction des colonies.

Malgré nos instances réitérées, malgré les justes représentations de nos délégués, on n'a pas jugé convenable de nous consulter sur des mesures désastreuses, puisqu'elles ne maintiennent le système colonial que pour en laisser la charge au propriétaire, en lui enlevant tout moyen suffisant de conserver l'ordre et le travail.

Ces mesures ne sont donc, en réalité, qu'une émancipation déguisée; et pouvions-nous nous y attendre, alors que le ministre lui-même déclarait qu'il n'y aurait pas de transformation sociale dans les colonies sans une préalable et large indemnité? Pouvions-nous croire, quand la France proclamait qu'elle était assez riche pour payer sa gloire, qu'elle consentirait à la spoliation de ses propres enfants.

En face d'un pareil avenir, monsieur le gouverneur, nous ne déserterons pas notre poste; nous prêterons, autant qu'il nous sera possible, notre concours à votre administration, pour assurer les besoins du service, et nous attendrons avec anxiété les conséquences funestes de la loi, contre lesquelles le pays tout entier ne peut manquer de protester lui-même.

*Réponse du Gouverneur.*

Vous m'exprimiez de vives craintes l'année dernière; elles ne se sont pas réalisées.

Il en sera de même, j'aime à le penser, des inquiétudes que vous inspirent des projets de mesures que vous dites vous-mêmes être en discussion, et sur lesquelles on ne saurait ainsi rien préjuger.

J'ai pour garant de l'avenir la haute pensée qui a présidé à la loi du 18 juillet et la sagesse des vues du Gouvernement, qui, départissant à tous une égale justice, confond dans une même affection et un même intérêt les Français du continent et les Français d'outre-mer.

---

*Suite des lettres du Gouverneur de la Martinique.*

*26 juillet 1846.* — J'ai reçu, le 12 juillet, par la voie d'Angleterre, les ordonnances royales concernant:

1° L'instruction religieuse et élémentaire;

2° Le régime disciplinaire;

3° La nourriture et l'entretien des esclaves;

Le 13, j'ai rendu mon arrêté de promulgation; il a paru, ainsi que les ordonnances, dans le Journal officiel du 15.

Pour préparer les communes à cette promulgation, j'avais eu soin, dès le lundi 13, de faire prévenir les maires.

Cent exemplaires de chacune des ordonnances ont été imprimés en forme de placard, et envoyés dans les communes pour y être affichés.

Enfin j'en fais tirer mille exemplaires destinés à être distribués aux fonctionnaires publics et aux habitants.

Jusqu'ici, il n'y a eu de manifestation d'aucune sorte.

*10 août 1846.* — Des manifestations regrettables, mais sans graves conséquences, ont eu lieu sur quelques habitations, depuis ma lettre du 26 juillet..................

On ne peut considérer ces mouvements comme ayant eu pour cause le désir de se soustraire au travail, puisque celui du jour n'a été refusé nulle part. On conçoit que les esclaves, surtout lorsque les maîtres ou les gérants n'ont pas eu le soin de leur faire connaître la nouvelle législation, aient pu, égarés peut-être par de fâcheuses suggestions, être induits en erreur sur l'étendue de leurs droits et de leurs devoirs, et qu'ils montrent quelquefois de la défiance.

A part les faits que je viens de signaler, et que l'on peut considérer comme des faits isolés, l'ordre et la tranquillité publics n'ont pas cessé de régner dans la colonie. Ma sollicitude et la vigilance de l'administration sont incessantes.

*10 octobre 1846.* — L'état des ateliers continue de ne rien offrir d'alarmant. Il semble même se calmer. Les manifestations deviennent un peu plus rares, depuis la mesure prise à l'égard de l'atelier de l'acajou. Cependant, le refus de travail s'est encore présenté sur l'habitation de M. de Villarron et sur l'habitation Robert. L'ordre a été rétabli sans difficulté, à Sainte-Anne par le juge de paix, au Saint-Esprit par le maire de la commune, assisté de la gendarmerie.

A la case Pilote, une tentative d'évasion a eu lieu sur l'habitation du fonds Layette. Dans la nuit du 21 septembre dernier, huit esclaves de cette habitation étaient parvenus à enlever de la case, où elle était renfermée, une grande embarcation qu'ils allaient mettre à la mer, lorsque le gardien, réveillé par le bruit, appela au secours. Les esclaves ont été arrêtés.

Le ralentissement des travaux paraît réel; toutefois, il ne se fait pas également remarquer dans toutes les communes.

La crainte des châtiments avant les ordonnances agissait puissamment sur l'esprit des noirs; il n'en est plus de même aujourd'hui. C'est dans l'habileté de l'administrateur, dans la puissance morale qu'il peut exercer sur l'atelier que réside sa force, son autorité réelle. Sous ce rapport, beaucoup d'administrateurs et surtout de géreurs ont une étude nouvelle à faire. Les esclaves, de leur côté, ont besoin de modifier leurs idées et les conseils qu'ils reçoivent quelquefois ne sont pas de nature à leur en inspirer de conformes à leurs devoirs.

Telle est, je crois, la véritable cause de la situation actuelle.

J'estime qu'il est heureux pour la colonie que cette première impression, conséquence inévitable de la nouvelle législation, se soit produite à cette époque de l'année. Lorsque les ordonnances ont été promulguées, la récolte était fort avancée, il n'en existait plus que de partielles et dans certains quartiers de l'île. Le refus de travail (qui s'est toujours appliqué au travail de nuit) ne donnait donc lieu qu'à des manifestations isolées, qu'il était plus facile, dès lors, de comprimer. Il est permis d'espérer que les maîtres et les esclaves, arrivant, à l'époque de la prochaine récolte, mieux préparés au régime nouveau, nous éviterons une secousse. Cependant, je ne puis rien affirmer à ce sujet. Le concert entre les ateliers ne s'est pas présenté jusqu'ici. Rien ne l'annonce, mais s'il venait à exister, la situation serait embarrassante et grave. La force d'inertie, qui est bien celle qui paraît être conseillée aux esclaves, est un élément puissant de désordre, d'autant plus à craindre qu'il offre peu de prise à l'action du Gouvernement. C'est celui que je redoute le plus.

On ne peut se dissimuler que dans les circonstances actuelles, ce qui doit préoccuper le Gouvernement, comme les propriétaires d'esclaves, c'est d'acquérir ou de conserver sur ces derniers la puissance morale, sans laquelle, désormais, on ne saurait maintenir l'ordre et le travail.

Dans toutes les mesures que je prendrai, ce sera l'objet que je me proposerai constamment. Si le temps de la récolte se passe sans grave désordre, le Gouvernement aura déjà fait un grand pas dans la voie nouvelle où il est entré.

*Rapport du Procureur général de la Martinique, en date du 10 octobre 1846.*

Conformément aux désirs que vous avez bien voulu m'exprimer, répondant, d'ailleurs, au vœu de la lettre que M. . . . . . . . m'écrivait, et dont j'ai l'honneur de vous transmettre copie, je me suis rendu le 28 septembre dernier sur l'habitation importante que ce propriétaire possède au . . . . . . . . . . , et qu'il me signalait comme étant, depuis plusieurs jours, en proie à une fermentation à laquelle il importait de mettre un terme le plus tôt possible.

Ma présence sur les lieux était en outre motivée par une circonstance à laquelle cet habitant fait allusion dans sa lettre, circonstance où, répondant à un discours dans lequel M. Huc, conseiller colonial, représentait sous le jour le plus sombre la situation de la colonie, j'affirmais que, quel que fût le lieu où le désordre viendrait à éclater, l'autorité ne tarderait pas y accourir, et qu'elle avait la conviction que la moindre démonstration de sa part aurait assez de puissance pour tout apaiser.

Mes prévisions se sont réalisées; la présence sur les lieux du procureur du Roi de Saint-Pierre, qui, averti, s'y est rendu dès le dimanche 27; les exhortations que, le jour suivant, j'ai adressées à l'atelier, composé de plus de deux cents personnes, et qui, quoique je fusse seul, m'a écouté dans le plus respectueux silence, ont suffi pour rétablir le travail extraordinaire auquel il a été immédiatement procédé, et qui a continué sous mes yeux jusqu'à huit heures du soir : c'est le moment où j'ai cru pouvoir quitter l'habitation.

Des renseignements que, sous la date du 7 de ce mois, m'a fait parvenir mon substitut près le tribunal de Saint-Pierre, en qui j'ai trouvé dans cette circonstance, comme dans toutes, l'auxiliaire le plus utile et le plus sagement zélé, des lettres du propriétaire lui-même, d'où il résulte que, depuis, cet atelier, qui a l'habitude de vivre dans les conditions les plus heureuses sous l'administration paternelle du maître, est sérieusement rentré dans la bonne voie dont il s'était momentanément écarté.

Je continue de croire que le désordre est dû à des instigations venues du dehors, et dont l'action se conçoit d'autant plus facilement, que l'habitation est voisine de Saint-Pierre, et que, par la nature de leurs travaux, un grand nombre d'esclaves qui en dépendent sont journellement appelés à se rendre dans cette ville. Je n'ai pu, au surplus, réunir, en ce qui concerne les auteurs de ces instigations, des données suffisantes pour servir de base à une conviction.

Je ne saurais omettre de dire que j'ai lieu d'être très-satisfait de l'attitude du maître, qui, quoique n'abandonnant pas la cause qu'il a si longtemps défendue, et qui a peut-être d'autant plus ses sympathies qu'il la regarde comme perdue, donne, par sa soumission aux lois nouvelles et aux conséquences qui en découlent, un exemple dont il est permis de tirer le meilleur augure pour l'avenir et la tranquillité du pays.

*Rapport du Procureur du Roi de Saint-Pierre, du 3 novembre 1846.*

J'ai l'honneur de vous informer que je suis arrivé hier au soir de la Trinité. J'ai profité, pour effectuer mon retour en cette ville, de la goëlette de l'État *la Mésange*, à bord de laquelle son commandant, M. Armand, m'a permis de prendre passage.

Après la clôture des opérations auxquelles la commission dont je faisais partie avait à se livrer sur l'habitation coloniale Saint-Jacques, j'ai fait une tournée d'inspection, soit à Sainte-Marie même, soit à la Trinité. J'ai visité, dans ces deux communes, dix habitations, trois à Sainte-Marie, et sept à la Trinité. J'aurai bientôt à vous transmettre le

Si le prix du rachat n'est pas convenu amiablement entre le maître et l'esclave, il sera fixé, pour chaque cas, par une commission composée du président de la cour royale, d'un conseiller de la même cour et d'un membre du conseil colonial; ces deux membres seront désignés annuellement, au scrutin, par leurs corps respectifs. Cette commission statuera à la majorité des voix et en dernier ressort.

Le payement du prix ainsi fixé devra toujours être réalisé avant la délivrance de l'acte d'affranchissement, qui en mentionnera la quittance, ainsi que la décision de la commission portant fixation du prix.

Une ordonnonnance du Roi déterminera les formes des divers actes ci-dessus prescrits, ainsi que les mesures nécessaires pour la conservation des droits des tiers intéressés dans le prix de l'esclave.

Toutefois, l'esclave affranchi, soit par voie de rachat, ou autrement, sera tenu, pendant cinq années, de justifier d'un engagement de travail avec une personne de condition libre. Cet engagement devra être contracté avec un propriétaire rural, si l'affranchi, avant d'acquérir la liberté, était attaché comme ouvrier ou laboureur à une exploitation rurale. Cet engagement ne sera valable qu'après avoir été approuvé par la commission instituée par le § 2 du présent article.

Si, pendant la durée de cette période de cinq ans, l'affranchi refuse ou néglige le travail qui lui est imposé par le paragraphe précédent, le maître se pourvoira devant le juge de paix, qui pourra condamner l'affranchi à tels dommages-intérêts qu'il appartiendra, lesquels seront toujours recouvrés par la contrainte par corps.

En cas de crimes ou délits envers son ancien maître, les peines prononcées contre l'affranchi ne pourront jamais être moindres du double du minimum de la peine qui serait appliquée, si le crime ou délit était commis envers un autre individu.

ART. 6.

Sera puni d'une amende de 101 francs à 300 francs tout propriétaire qui empêcherait son esclave de recevoir l'instruction religieuse, ou de remplir les devoirs de la religion.

En cas de récidive, le maximum de l'amende sera toujours prononcé.

ART. 7.

Tout propriétaire qui ferait travailler son esclave les jours de dimanches et de fêtes reconnus par la loi, ou qui le ferait travailler un plus grand nombre d'heures que le maximum fixé par l'article 3, ou à des heures différentes de celles prescrites conformément audit article 3, sera puni d'une amende de 15 francs à 100 francs.

En cas de récidive, l'amende sera portée au double.

Le présent article n'est pas applicable aux travaux nécessités par des cas urgents, qui seraient reconnus tels par les maires.

ART. 8.

Sera puni d'une amende de 101 francs à 300 francs tout propriétaire qui ne fournirait pas à ses esclaves les rations de vivres et les vêtements déterminés par les règlements, ou qui ne pourvoirait pas suffisamment à la nourriture, entretien et soulage-

# LOIS DES 18 ET 19 JUILLET 1845.

A. *Loi du 18 juillet 1845, relative au régime des esclaves dans les colonies.*

LOUIS-PHILIPPE, Roi des Français,

A tous présents et à venir, salut :

Nous avons proposé, les Chambres ont adopté, nous avons ordonné et ordonnons ce qui suit :

### ARTICLE PREMIER.

Il sera statué par ordonnance du Roi :

1° Sur la nourriture et l'entretien dus par les maîtres à leurs esclaves, tant en santé qu'en maladie, et sur le remplacement de la nourriture par la concession d'un jour par semaine aux esclaves qui en feront la demande ;

2° Sur le régime disciplinaire des ateliers ;

3° Sur l'instruction religieuse et élémentaire des esclaves ;

4° Sur le mariage des personnes non libres ; sur ses conditions, ses formes et ses effets relativement aux époux entre eux, et aux enfants en provenant.

Pour les cas de mariage entre les personnes non libres et appartenant à des maîtres différents, un décret du conseil colonial, rendu dans les formes des articles 4 et 8 de la loi du 24 avril 1833, réglera les moyens de réunir soit le mari à la femme, soit la femme au mari.

### ART. 2.

L'article 2 de l'ordonnance royale du 15 octobre 1786, pour la Guadeloupe et la Martinique, portant *qu'il sera distribué, pour chaque nègre ou négresse, une petite portion de l'habitation, pour être par eux cultivée à leur profit, ainsi que bon leur semblera,* est déclaré applicable aux colonies de la Guyane et de l'île Bourbon et dépendances.

Un décret du conseil colonial, rendu dans les formes des articles 4 et 8 de la loi du 24 avril 1833, déterminera les exceptions que le paragraphe précédent peut recevoir.

### ART. 3.

La durée du travail que le maître peut exiger de l'esclave ne pourra excéder l'intervalle entre six heures du matin et six heures du soir, en séparant cet intervalle par un repos de deux heures et demie.

Un décret du conseil colonial, rendu dans les formes indiquées par l'article précédent, fixera la durée respective des deux parties du temps de travail, sans excéder le maximum ci-dessus déterminé, et pourra établir une durée moins longue de travail obligatoire, suivant l'âge ou le sexe des esclaves, leur état de santé ou de maladie, ou la nature des occupations auxquelles ils seront attachés.

Le maximum du temps de travail obligatoire pourra être prolongé de deux heures par

*Réponse du Gouverneur.*

Vous m'exprimiez de vives craintes l'année dernière; elles ne se sont pas réalisées.

Il en sera de même, j'aime à le penser, des inquiétudes que vous inspirent des projets de mesures que vous dites vous-mêmes être en discussion, et sur lesquelles on ne saurait ainsi rien préjuger.

J'ai pour garant de l'avenir la haute pensée qui a présidé à la loi du 18 juillet et la sagesse des vues du Gouvernement, qui, départissant à tous une égale justice, confond dans une même affection et un même intérêt les Français du continent et les Français d'outre-mer.

---

*Suite des lettres du Gouverneur de la Martinique.*

*26 juillet 1846.* — J'ai reçu, le 12 juillet, par la voie d'Angleterre, les ordonnances royales concernant :

1° L'instruction religieuse et élémentaire;
2° Le régime disciplinaire;
3° La nourriture et l'entretien des esclaves;

Le 13, j'ai rendu mon arrêté de promulgation; il a paru, ainsi que les ordonnances, dans le Journal officiel du 15.

Pour préparer les communes à cette promulgation, j'avais eu soin, dès le lundi 13, de faire prévenir les maires.

Cent exemplaires de chacune des ordonnances ont été imprimés en forme de placard, et envoyés dans les communes pour y être affichés.

Enfin j'en fais tirer mille exemplaires destinés à être distribués aux fonctionnaires publics et aux habitants.

Jusqu'ici, il n'y a eu de manifestation d'aucune sorte.

*10 août 1846.* — Des manifestations regrettables, mais sans graves conséquences, ont eu lieu sur quelques habitations, depuis ma lettre du 26 juillet....................

On ne peut considérer ces mouvements comme ayant eu pour cause le désir de se soustraire au travail, puisque celui du jour n'a été refusé nulle part. On conçoit que les esclaves, surtout lorsque les maîtres ou les gérans n'ont pas eu le soin de leur faire connaître la nouvelle législation, aient pu, égarés peut-être par de fâcheuses suggestions, être induits en erreur sur l'étendue de leurs droits et de leurs devoirs, et qu'ils montrent quelquefois de la défiance.

A part les faits que je viens de signaler, et que l'on peut considérer comme des faits isolés, l'ordre et la tranquillité publics n'ont pas cessé de régner dans la colonie. Ma sollicitude et la vigilance de l'administration sont incessantes.

*10 octobre 1846.* — L'état des ateliers continue de ne rien offrir d'alarmant. Il semble même se calmer. Les manifestations deviennent un peu plus rares, depuis la mesure prise à l'égard de l'atelier de l'acajou. Cependant, le refus de travail s'est encore présenté sur l'habitation de M. de Villarron et sur l'habitation Robert. L'ordre a été rétabli sans difficulté, à Sainte-Anne par le juge de paix, au Saint-Esprit par le maire de la commune, assisté de la gendarmerie.

A la case Pilote, une tentative d'évasion a eu lieu sur l'habitation du fonds Layette. Dans la nuit du 21 septembre dernier, huit esclaves de cette habitation étaient parvenus à enlever de la case, où elle était renfermée, une grande embarcation qu'ils allaient mettre à la mer, lorsque le gardien, réveillé par le bruit, appela au secours. Les esclaves ont été arrêtés.

Le ralentissement des travaux paraît réel; toutefois, il ne se fait pas également remarquer dans toutes les communes.

La crainte des châtiments avant les ordonnances agissait puissamment sur l'esprit des noirs; il n'en est plus de même aujourd'hui. C'est dans l'habileté de l'administrateur, dans la puissance morale qu'il peut exercer sur l'atelier que réside sa force, son autorité réelle. Sous ce rapport, beaucoup d'administrateurs et surtout de gérears ont une étude nouvelle à faire. Les esclaves, de leur côté, ont besoin de modifier leurs idées et les conseils qu'ils reçoivent quelquefois ne sont pas de nature à leur en inspirer de conformes à leurs devoirs.

Telle est, je crois, la véritable cause de la situation actuelle.

J'estime qu'il est heureux pour la colonie que cette première impression, conséquence inévitable de la nouvelle législation, se soit produite à cette époque de l'année. Lorsque les ordonnances ont été promulguées, la récolte était fort avancée, il n'en existait plus que de partielles et dans certains quartiers de l'île. Le refus de travail (qui s'est toujours appliqué au travail de nuit) ne donnait donc lieu qu'à des manifestations isolées, qu'il était plus facile, dès lors, de comprimer. Il est permis d'espérer que les maîtres et les esclaves, arrivant, à l'époque de la prochaine récolte, mieux préparés au régime nouveau, nous éviterons une secousse. Cependant, je ne puis rien affirmer à ce sujet. Le concert entre les ateliers ne s'est pas présenté jusqu'ici. Rien ne l'annonce, mais s'il venait à exister, la situation serait embarrassante et grave. La force d'inertie, qui est bien celle qui paraît être conseillée aux esclaves, est un élément puissant de désordre, d'autant plus à craindre qu'il offre peu de prise à l'action du Gouvernement. C'est celui que je redoute le plus.

On ne peut se dissimuler que dans les circonstances actuelles, ce qui doit préoccuper le Gouvernement, comme les propriétaires d'esclaves, c'est d'acquérir ou de conserver sur ces derniers la puissance morale, sans laquelle, désormais, on ne saurait maintenir l'ordre et le travail.

Dans toutes les mesures que je prendrai, ce sera l'objet que je me proposerai constamment. Si le temps de la récolte se passe sans grave désordre, le Gouvernement aura déjà fait un grand pas dans la voie nouvelle où il est entré.

*Rapport du Procureur général de la Martinique, en date du 10 octobre 1846.*

Conformément aux désirs que vous avez bien voulu m'exprimer, répondant, d'ailleurs, au vœu de la lettre que M. . . . . . . m'écrivait, et dont j'ai l'honneur de vous transmettre copie, je me suis rendu le 28 septembre dernier sur l'habitation importante que ce pro-

### ART. 16.

Tout individu âgé de moins de soixante ans qui ne justifiera pas, devant l'autorité administrative, de moyens suffisants d'existence, ou bien d'un engagement de travail avec un propriétaire ou chef d'entreprise industrielle, ou bien de son état de domesticité, sera tenu de travailler dans un atelier colonial qui lui sera indiqué.

En cas de refus de déférer à cette injonction, il pourra être déclaré vagabond, et puni comme tel, dans chaque colonie, suivant les lois qui y sont en vigueur.

Une ordonnance royale pourvoira à l'organisation desdits ateliers et aux autres mesures nécessaires pour l'exécution du présent article.

### ART. 17.

Les conseils coloniaux ou leurs délégués seront préalablement consultés sur les ordonnances royales à rendre en exécution de la présente loi.

### ART. 18.

La présente loi ne s'applique qu'aux colonies de la Guadeloupe, de la Martinique, de la Guyane et de Bourbon, et à leurs dépendances.

### ART. 19.

La loi du 24 avril 1833, ainsi que les lois et ordonnances qui règlent l'administration de la justice aux colonies susmentionnées, et à leurs dépendances, continuera d'être exécutée dans toutes les dispositions auxquelles il n'est pas dérogé par la présente loi.

La présente loi, discutée, délibérée et adoptée par la Chambre des Pairs et par celle des Députés, et sanctionnée par nous cejourd'hui, sera exécutée comme loi de l'État.

Donnons en mandement à nos cours et tribunaux, préfets, corps administratifs, et à tous autres, que les présentes ils gardent et maintiennent, fassent garder, observer et maintenir, et, pour les rendre plus notoires à tous, ils les fassent publier et enregistrer partout où besoin sera ; et, afin que ce soit chose ferme et stable à toujours, nous y avons fait mettre notre sceau.

Fait à Paris, le 18 juillet 1845.

LOUIS-PHILIPPE.

Par le Roi :

*Le Vice-Amiral, Pair de France,*
*Ministre Secrétaire d'État de la Marine et des colonies,*

B<sup>on</sup> DE MACKAU.

ment de ses esclaves infirmes par vieillesse, maladie ou autrement, soit que la maladie soit incurable ou non.

En cas de récidive, il y aura lieu de plus à un emprisonnement de seize jours à un mois.

### ART. 9.

Tout maître qui aura infligé à son esclave un traitement illégal, ou qui aura exercé ou fait exercer sur lui des sévices, violences ou voies de fait, en dehors des limites du pouvoir disciplinaire, sera puni d'un emprisonnement de seize jours à deux ans, et d'une amende de 101 francs à 300 francs, ou de l'une de ces deux peines seulement.

S'il y a eu préméditation ou guet-apens, la peine sera de deux ans à cinq ans, et l'amende de 200 francs à 1,000 francs.

### ART. 10.

S'il est résulté des faits prévus par l'article précédent la mort ou une maladie emportant incapacité de travail personnel pendant plus de vingt jours, la peine sera appliquée, dans chaque colonie, conformément au Code pénal colonial.

### ART. 11.

Sera punie des peines de simple police toute infraction aux ordonnances royales et aux décrets coloniaux qui seront rendus en vertu de la présente loi, et à toutes autres ordonnances concernant le patronage et le recensement, toutes les fois que ladite infraction ne sera pas punie de peines plus graves par des dispositions spéciales.

### ART. 12.

En cas de récidive pour des faits qui ne sont pas l'objet de dispositions particulières, les infractions à la présente loi seront punies, dans chaque colonie, suivant les règles du Code pénal colonial.

### ART. 13.

L'article 463 du Code pénal, concernant les circonstances atténuantes, sera applicable aux faits prévus par la présente loi.

### ART. 14.

Lorsque les cours d'assises seront appelées à statuer sur des crimes commis par les personnes non libres, ou sur ceux commis par les maîtres sur leurs esclaves, elles seront composées de quatre conseillers à la cour royale et de trois assesseurs.

### ART. 15.

Le nombre des juges de paix pourra être porté :

A   8 pour la Martinique ;
A  10 pour la Guadeloupe et dépendances ;
A   6 pour la Guyane française ;
A   8 pour Bourbon et dépendances.

La fixation des territoires formant le ressort de ces juges de paix sera faite par ordonnance du Roi.

de se ralentir, recevra du cours du temps et de la direction de votre Gouvernement une activité nouvelle. Il y a donc toute raison d'avoir confiance et de persévérer.

Je suis, avec un profond respect,

SIRE,

DE VOTRE MAJESTÉ,

Le très-humble, très-obéissant et très-fidèle serviteur

B<sup>on</sup> DE MACKAU.

Toutes les mesures prescrites par la loi étaient connexes dans la pensée de ses auteurs et devaient s'exécuter simultanément.

Ainsi, en consacrant la faculté du rachat, elle avait imposé à l'affranchi un engagement de travail pendant cinq ans, et, pour assurer l'exécution de cette disposition, elle avait ouvert immédiatement au ministre un crédit de 360,000 francs destiné à la formation d'ateliers de travail et d'ateliers de discipline.

Mais ces sages prescriptions ont été méconnues; aussi les engagements ne sont pas contractés ou ne sont pas sérieusement exécutés; et au lieu d'arriver à la création du travail libre et à la répression du vagabondage (ce qui était le but qu'on voulait atteindre), on n'a fait qu'agrandir cette dernière plaie.

Dira-t-on qu'il n'était pas possible que l'intervalle d'une session suffit à accomplir toutes ces mesures?... Mais alors pourquoi tout abattre avec précipitation, quand on n'était pas prêt à tout réparer? C'est cette dangereuse précipitation qui a amené l'affranchissement de cent vingt-six noirs du domaine, sans même que les conseils coloniaux ou le conseil des délégués aient été consultés, et sans que la question de propriété, réservée par les Chambres, ait été préalablement résolue.

La loi avait aussi fixé la durée du travail appartenant au maître. Cette limite, une fois définie, pouvait-elle être restreinte par un autre pouvoir? L'espace de temps accordé à l'esclave en dehors de cette limite devait suffire à des enseignements, soit religieux, soit élémentaires; et l'ordonnance du 18 mai, en affectant à l'instruction élémentaire des jeunes esclaves de huit à quatorze ans une partie du temps réservé au maître, commet une usurpation de propriété que la loi même ne peut accomplir sans indemnité.

Aussi, le pays n'a pas tardé à ressentir les tristes effets de ce nouvel état de choses. Si les symptômes de désordre qui s'étaient manifestés ont été promptement étouffés, grâce à la vigilance du maître et au concours de l'autorité; si quelques cas graves d'insubordination et de vengeance, poussés jusqu'au crime, ont été sévèrement réprimés par les tribunaux, la colonie est restée impuissante en présence du relâchement remarqué dans la discipline des ateliers et de la diminution du travail constatée sur les habitations.

Tels ne devaient pas être les fruits de la nouvelle législation. Elle a voulu sans doute améliorer le sort de l'esclave, sans anéantir l'autorité du maître; se montrer bienveillante envers l'un sans être injuste envers l'autre; elle a voulu enfin allier les progrès réclamés par les idées modernes aux garanties attachées à l'ordre établi.

C'est en nous plaçant à ce point de vue, monsieur le gouverneur, que nous examinerons, avec un esprit dégagé de toute préoccupation, les nouveaux projets de décrets qui doivent nous être présentés; et, en concourant avec vous à la préparation des mesures propres à garantir l'ordre public et à assurer le maintien du travail, nous aurons acquis le droit d'obtenir les modifications que notre expérience est apte à signaler.

Si des réclamations fondées....., plusieurs fois réitérées, étaient de nouveau rejetées, il resterait alors au conseil à examiner si, à une position où tout serait compromis, il ne faudrait pas préférer une mesure définitive, dont l'accomplissement, par les pouvoirs du royaume, ne pourrait avoir lieu qu'au prix de compensations revendiquées par la justice...., garanties par des promesses solennelles!

Le conseil colonial, dans la mission qu'il est appelé à remplir, ne laissera pas éclater les regrets stériles du passé. Il veut marcher dans les voies qui lui sont tracées, et donner l'exemple du respect et de la soumission à la loi. Mais il ne serait pas digne de son mandat, s'il ne s'empressait de signaler et de combattre les actes et les mesures qui sont destructifs de l'ordre et du travail.

*Réponse du Gouverneur.*

Messieurs, l'empressement que le conseil colonial a mis à répondre à ma convocation prouve sa sollicitude pour les intérêts que lui a confiés le pays. J'ai vu avec satisfaction cet empressement.

Le département de la marine se préoccupe vivement de la création des ateliers de travail et des moyens de contraindre les nouveaux affranchis à contracter l'engagement de cinq années prévu par la loi du 18 juillet. Ces ateliers seraient déjà créés, s'il avait été possible de disposer des habitations domaniales, et de les approprier à leur nouvelle destination. Vous savez comme moi, messieurs, les obstacles que le Gouvernement du Roi éprouve dans la réalisation de cette mesure dont il reconnaît l'importance, et à laquelle il donnera, j'ose l'assurer, toute la suite désirable. Jusqu'à présent, il est à remarquer qu'en l'absence de moyens de coërcition, la moitié des nouveaux libres a contracté des engagements, et que beaucoup d'autres en auraient contracté aussi s'ils avaient pu s'arranger avec leurs anciens maîtres, ou trouver au dehors des engagistes. Si la nouvelle législation n'a pas, sous le rapport des engagements, atteint complètement le but qu'on s'était proposé, les inconvénients qui en résultent sont à peu près insensibles, et ne peuvent tarder à disparaître en présence de la résolution d'exécuter la loi du 18 juillet dans toutes ses parties.

Il était difficile, messieurs, que les modifications qu'a reçues le régime de l'esclavage ne produisissent pas quelque émotion parmi les ateliers. L'esclave, incertain sur la position que la nouvelle législation venait de lui faire, a pu, un instant, se montrer exigeant; mais quelques explications, quelques avis, soit de la part des maîtres, soit de la part des magistrats, ont suffi pour éclairer les ateliers, et pour faire cesser des incertitudes toujours contraires au bon ordre. Nulle part il n'a fallu faire emploi de la force. Quant aux cas graves d'insubordination et de vengeance, il est notoire qu'ils n'ont pas été plus nombreux sous la législation actuelle. Dans tous les temps, à toutes les époques, des crimes ont été commis.

Je reçois avec bonheur et avec confiance l'assurance que le conseil colonial, dans la mission qu'il est appelé à remplir, et dans le concours que j'attends de ses lumières, se montrera dégagé de toute préoccupation.

*Lettre du Gouverneur de la Guadeloupe, du 11 septembre 1846.*

Depuis le 26 du mois dernier, jour où j'entretenais, la dernière fois, Votre Excellence de l'état de la colonie et de l'embarras que venait de me susciter le conseil colonial en ne se rendant pas à ma convocation, il n'y a eu de remarquable que la tranquillité dont n'a cessé de jouir le pays, contrairement aux prévisions de ceux qui croyaient à des troubles graves, par suite de la mise à exécution des ordonnances. J'ai la satisfaction de dire à Votre Excellence qu'aucune de ces prévisions ne s'est réalisée, que la tranquillité de la colonie n'a pas été un seul instant troublée, et que rien n'indique qu'elle puisse l'être sous les nouvelles institutions. Il y a eu sur certaines habitations (et ces habitations sont en très-petit nombre) de l'hésitation, de l'incertitude, peut-être de l'exigence de la part des esclaves; mais de simples explications ont suffi pour faire comprendre à chacun ses droits. C'est à peine si les officiers du ministère public ont paru parmi quelques ateliers, et nulle part la force armée n'a eu à faire la plus petite démonstration. En vérité, il était difficile de traverser avec plus de calme une époque de transition, une époque où des changements notables étaient introduits dans le régime de l'esclavage. J'avais raison lorsque, le 17 août dernier, en ouvrant la session extraordinaire du conseil colonial, je disais que la colonie était tranquille. J'étais également fondé à prédire la continuation de cette tranquillité. Rien depuis cette époque n'est venu contredire ni mes assertions, ni mes prévisions. Les ateliers n'ont pas changé d'attitude depuis la promulgation des ordonnances, et le travail se soutient partout. Les colons, alarmés d'abord, se sont exagéré l'état d'esprit où étaient les esclaves. La plus légère dissidence entre un maître et son atelier était considérée, par le premier, comme une hostilité; de là ces inquiétudes auxquelles on a été en proie, et qu'on a fait partager si facilement au reste de la colonie, et surtout à ceux qui, par leur position, ne savent jamais exactement ce qui se passe. Je n'étais pas dans ce cas là. Parfaitement renseigné de tous côtés, j'étais à même de ne découvrir aucune gravité dans les faits tronqués, dénaturés, que chacun s'empressait de grossir selon ses intérêts et ses préventions. Voilà, Monsieur le Ministre, ce qui s'est passé. Il n'y a donc eu rien de grave, rien de sérieux à la Guadeloupe. Je dirai plus, c'est que l'ombre de la gravité n'a existé nulle part. Seulement les colons étaient inquiets, et, dans leur inquiétude, les choses qui, auparavant, auraient passé inaperçues, prenaient dans leur esprit des proportions exagérées. Je n'ai pas partagé leurs alarmes; je ne pouvais pas les partager. Aujourd'hui les esprit se calment, la réflexion vient, et les choses reparaissent dans leur état habituel. Voilà l'état du pays au moment où j'écris. Pour moi, cet état est satisfaisant, très-satisfaisant, et rien n'indique qu'il puisse changer.

### 3° GUYANE FRANÇAISE.

*Lettre du Gouverneur intérimaire, en date du 19 février 1846.*

Le pays est tranquille, et les nouvelles lois y suivent le cours de leur exécution sans trop de difficultés.

Le mouvement de concentration des ateliers, qui se poursuit sur les sucreries d'Approuague et du canal Torcy, n'est pas, d'un autre côté, sans amener de la part des esclaves des démonstrations de mécontentement qui se traduisent en marronnages et en plaintes au ministère public. Le droit du maître, dans cette question, ne saurait, sans doute, être contesté. Mais, si l'administration n'y peut rien, elle ne saurait se dissimuler que ces déplacements sont pénibles, qu'ils tendent à créer la désaffection des individus, et bien plus, on l'a déjà fait observer, je crois, qu'ils deviennent une cause de plus grande mortalité et, par conséquent, d'une décroissance plus rapide du nombre des travailleurs dans la colonie. L'intervention de M. le procureur général, dans ces affaires, porte un caractère remarquable de prudence, de justice et d'esprit de conciliation, qui, jusqu'à présent, a réussi à prévenir tout désordre, et nous continuerons, je l'espère, dans cette voie.

*Extrait du discours prononcé par le Gouverneur de la Guyane française, à l'ouverture de la session du Conseil colonial, le 30 mai 1846.*

........La nourriture des noirs est aujourd'hui, dans quelques quartiers, un objet de grave sollicitude. Les fermes considérables prises par plusieurs habitants, la translation qu'ils ont faite de leurs nouveaux travailleurs sur leurs propriétés, dans un temps où l'on ne devait pas prévoir ce dérangement des saisons, augmentent la crise. Il a été pourvu, par une disposition exceptionnelle, à encourager l'importation à la Guyane des denrées alimentaires de première nécessité pour cette classe de consommateurs.

Dans ces moments pénibles, au surplus, le pays est calme. Les esprits sont préoccupés, mais c'est moins de cette situation, nécessairement passagère, que du fond des choses et de l'avenir, dans l'état de dépérissement qui mine la colonie. La plupart des productions du sol ont diminué en quantité et en valeur; la population décroît : là où existaient jadis la vie et de riches cultures, nous voyons la forêt et la nature sauvage envahir pied à pied les habitations à mesure que le travail de l'homme se restreint ou se retire. En vain, cédant au besoin de soutenir une industrie agricole qui offre encore quelques chances de succès, les propriétaires sucriers rallient des renforts parmi les anciens ateliers des terres hautes. Cette lutte dépose de leur courage et de leur énergie ; elle les honore. Mais ils sentent qu'à leur tour ils sont destinés à succomber sous l'effort; que dans leurs mains s'éteindront ces dernières espérances de la colonie, si le Gouvernement de la métropole ne vient à notre secours par une grande mesure.

Il y a là un sujet de profondes méditations pour le conseil colonial. Messieurs, nous sommes à une époque de transition, et ce n'est pas seulement dans le nouveau monde ; dans le monde ancien aussi les sociétés sont travaillées par bien des épreuves, par bien des besoins. En Europe, les gouvernements, la science, cherchent le nœud de cette situation, sa solution. Aux représentants du pays ici à juger de l'urgence, des dispositions des hommes et des choses. Il faut étudier les théories, en prendre les points applicables, y joindre les idées pratiques que la discussion peut amener, dans le sens de la situation nouvelle que les lois de juillet ont faite aux colonies, et de ce concours des lumières et des forces de tous se formera, avec le temps, le projet auquel doit s'attacher la réussite. Déjà ces combinaisons difficiles et importantes ont occupé le Conseil colonial ; il ne recule pas devant les nécessités que le temps entraîne dans sa marche; bien plus, il a compris que, d'une détermination énergique et du moment opportun de l'exécution, dépendait le salut du pays. Il continuera son œuvre. A côté de nous, se produit le succès inattendu de l'immigration dans une colonie voisine. Peut-être est-ce un enseignement; car, par l'introduction de travailleurs du dehors seulement, on peut penser à coloniser; et, à Cayenne, c'est la colonisation que nous avons besoin de voir reprendre dans ses éléments, en s'appuyant sur ce qui existe.

La métropole est bien pénétrée, vous le savez, de la position exceptionnelle de la Guyane. Dans les exposés du ministère aux Chambres, dans les débats, la chose est admise, c'est le fait dominant; reste à présenter en principe les mesures exceptionnelles aussi que cette position doit nécessiter, et les pouvoirs de l'État se sont réunis dans la pensée arrêtée d'en aider efficacement la mise en pratique. Sur les lieux, je n'ai pas besoin de vous assurer de la sollicitude de l'administration, de mon empressement à m'associer à vos vues et à tout ce que vous demanderez d'assistance pour redonner de la vie et de l'avenir à cette grande et fertile colonie.

En attendant, les lois sur le régime colonial, dont les améliorations dans le régime des esclaves sont inséparables, suivent le cours de leur exécution. Grâce au bon esprit de toutes les classes de la population, aucune difficulté, aucun froissement ne s'est manifesté. Ainsi s'est réalisée l'assurance que vous donniez, au nom de vos commettants, de la soumission que la loi rencontrerait chez tous.

Le ministère prépare les nouveaux actes qui doivent développer la loi du 18 juillet dans ses conséquences. Si nous les recevions, on aviserait à vous faire, en temps utile, les communications qu'ils pourraient exiger, de manière à ne pas trop prolonger une session que nous avons surtout voulu éviter de charger, après vos deux sessions si laborieuses de l'année dernière.

*Extrait de l'adresse votée par le Conseil colonial de la Guyane française, le 6 juin 1846.*

......... . L'état de dépérissement que vous avez reconnu nous préoccupe bien davantage. Les passions humaines qui détruisent sans compensation, voilà ce que nous redoutons.... Telle est la cause de cette anxiété que vous avez remarquée dans les esprits, et qui s'empare des populations à la veille d'une grande catastrophe.

Nous n'avons rien à ajouter au tableau que vous avez fait de la Guyane. Il faut que le mal soit bien sensible pour qu'en si peu de jours vous en ayez jugé toute l'énormité, et que le ministère ait pu dire, en le signalant dans l'exposé des motifs d'un projet de loi, que « notre colonie se trouve dans des conditions qui exigent impérieusement un « mode d'assistance immédiat de la part de la métropole. »

Cette situation est depuis longtemps l'objet de nos plus sérieuses méditations. Nous avons même porté nos doléances et nos vœux au pied du trône. Si les moyens indiqués n'ont pas obtenu l'assentiment de tous, au moins les actes du conseil colonial témoignent-ils que nous avons déjà sollicité le Gouvernement à venir associer ses lumières à notre expérience, pour entrer ensemble dans les voies de la réforme projetée, moyennant une juste indemnité. Que le Gouvernement réponde à l'appel que nous lui faisons encore, d'élaborer avec nous le projet définitif de la transformation sociale que nous devons subir, et de ce concours de théories et d'idées pratiques jaillira sans doute la solution du grand problème de la régénération de la Guyane.

Vous cherchez vainement, Monsieur le Gouverneur, à nous rassurer par la possibilité de voir se réaliser chez nous ce qui se passe chez nos voisins. Comme les Anglais nous tenterions l'essai de l'immigration, si notre Gouvernement nous en donnait les moyens et favorisait le prix de nos denrées.

La loi du 18 juillet 1845 s'exécute. Nous attendons, non sans quelques craintes, les actes que le ministère prépare pour la développer; car la tâche est difficile. Cependant, le pays a foi dans les pouvoirs qui font les lois et dans le Gouvernement qui les promulgue; ce qu'il appréhende, c'est cette loi occulte qui mine ce que la loi écrite édifie; ce sont ces injonctions qui réglementent l'opinion des subordonnés; c'est cette intimidation qui harcèle et régente le juge, en le plaçant constamment entre ses devoirs et ses intérêts; c'est cette alternative offerte à l'homme de compromettre sa fortune ou de sacrifier la chose publique.

*Réponse du Gouverneur.*

Messieurs, j'apprécie les préoccupations du pays; mais, comme tous ceux qui souffrent, il est disposé à s'exagérer les choses. De là ces appréhensions des actes qui doivent développer les lois de 1845, et cependant il a déjà des gages de la prudence et de la sincérité apportées dans les premiers débuts de leur application; de là cet appel que je viens d'entendre à l'indépendance nécessaire aux magistrats et aux fonctionnaires dans leur *for intérieur*, comme si le Gouvernement voulait autre chose. Ce que le Gouvernement veut, ce que nous voulons, comme vous, autant que vous, Messieurs, c'est que les uns et les autres, c'est que tous ceux qui participent à divers degrés aux services publics, puisent les inspirations de leur conduite dans la loi et dans leur conscience. Les influences de pouvoir occulte, d'intimidations secrètes, nous les repoussons; mais nous ne repoussons pas moins les influences qui s'exercent par les mille contacts de notre société avancée, et auxquelles les caractères les plus fermes n'ont pas toujours la force de résister, et celles si puissantes quelquefois, vous le savez, de l'égarement de l'opinion publique, qui ne permet pas l'entière liberté du jugement dans les affaires.

Sur ce point, comme sur tous les autres, vous avez encore dans le Ministère, croyez-le bien, messieurs, le gardien le plus vigilant et le plus sûr des intérêts de la cause coloniale. Mais son appui ne peut vous être complétement utile qu'en vous ralliant à ses vues. C'est par l'acceptation franche du présent que les colons de la Guyane prépareront l'avenir.

Vos paroles rappellent aujourd'hui les voies de progrès où s'est déjà, depuis longtemps, placé le conseil colonial. Pourquoi se découragerait-il? Le temps entre aussi dans les éléments de réussite des affaires humaines. Indemnité aux propriétaires, conservation du travail, ce sont les premières bases constamment posées par le Gouvernement et dans les Chambres à toute recherche du grand problème de la réforme sociale aux colonies. Nous n'avons pas à craindre qu'on y renonce, quand, chaque jour, la Guyane, comme les documents que vous citez en déposent, devient l'objet d'une plus vive sollicitude. Confiance donc dans ce concours, Messieurs ; confiance dans vos travaux. Je trouverai personnellement un nouveau motif de les seconder dans les sentiments que vous voulez bien m'exprimer.

*Lettres du Gouverneur de la Guyane française.*

*19 septembre 1846.* — Le 31 août 1846, j'ai signé les arrêtés de promulgation des trois ordonnances royale :

Du 18 mai, sur l'enseignement religieux et élémentaire des esclaves ;

Du 4 juin, sur le régime disciplinaire ;

Et du 5 juin, sur la nourriture et l'entretien des esclaves.

Dans le public, on était prévenu, et les esprits se sont montrés, dans le premier moment, fort agités. Peu à peu, cependant, on a envisagé la situation avec plus de sang-froid et de raison. Mais il ne faut pas se dissimuler que l'exécution rencontrera bien des difficultés.

Certaines dispositions exigent des dépenses, et le malaise de la plus grande partie des propriétaires est malheureusement un fait avec lequel, quoi qu'on en ait, il sera presque impossible, dans beaucoup de cas, de ne pas composer. D'un autre côté, d'autres obstacles sont inhérents au pays même, à son manque de population, à la dissémination des habitations aux distances qui les séparent.

*29 septembre 1846.* — J'ai eu l'honneur de rendre compte à Votre Excellence, par lettre du 19 du présent mois de septembre, de la promulgation dans la colonie des trois ordonnances du Roi, sur l'enseignement religieux, le régime disciplinaire et l'entretien des esclaves............................................................

.......... Un trop court laps de temps s'est écoulé depuis ce moment pour que les résultats des nouvelles dispositions puissent être bien sensibles.

Les habitants se plaignent des charges qu'elles leur imposent pour le logement des noirs, pour le mobilier à leur fournir, pour les distributions de vêtements, pour la construction d'hôpitaux et l'abonnement d'un médecin. Les modifications apportées au régime disciplinaire, restreignant dans leurs mains les moyens de coërcition, il faut prévoir, font-ils remarquer, que le travail diminuera, et il diminuera de plus en plus, à mesure qu'à l'épreuve journalière, l'esclave se convaincra de tout ce qu'on a retranché à l'autorité du maître ; alors, avec moins de revenus, ils ne pourront subvenir à des dépenses plus fortes.

Ce sont des appréhensions qui peuvent bien être fondées en principe, mais que jusqu'à présent rien ne justifie. De Kau, d'Approuague, des habitations du canal de Torcy, qui sont les points productifs du pays, rien ne m'est revenu sur le défaut de zèle des ateliers. A Approuague, un habitant en donnant les quatre samedis à ses noirs, par mois, a déclaré qu'il continuerait de leur délivrer la morue et le tabac comme auparavant, et il compte par ce moyen obtenir un supplément à leur tâche journalière des cinq jours ouvrables de la semaine, qui compensera pour lui le travail de leur jour de liberté. Cet arrangement ne sortant pas de l'ordre des conventions que l'esclave peut faire avec son maître, sous la surveillance des magistrats protecteurs, il ne m'a pas paru qu'il y eût lieu à en faire l'objet d'une observation. Un autre, au canal Torcy, pour obvier à une réduction de travail qu'il croit devoir arriver, a augmenté le personnel des noirs qu'il emploie à la journée, dans la proportion d'un cinquième. Il a voulu ainsi prévenir toute interruption, tout ralentissement dans les opérations de son exploitation, ce qui est surtout important à l'époque de la récolte; où il avait, avant les ordonnances, dix individus, il en a mis douze; cependant, en ayant soin de leur donner une occupation qui ne laissât pas deviner son intention, et il m'a dit que, *sauf les femmes*, il n'avait pas encore trop à regretter le rendement de travail.

En général, quand un système existe, quand, depuis longues années, les choses sont montées, réglées, ce n'est pas tout d'un coup qu'il se désorganise. Il se soutient par la seule cohésion des parties, et longtemps encore l'œil du maître suffit pour maintenir les habitudes prises et le faire fonctionner. C'est, je suppose, ce qui se produira. On doit bien se persuader que précédemment tout ne s'obtenait pas par les châtiments; et si, dans l'intervalle, les ateliers de discipline peuvent être établis, et qu'on les place sous un régime assez sévère, sans rigueur déplacée, pour qu'en définitive l'esclave paresseux, récalcitrant, craigne d'y être envoyé, les esprits raisonnables ne désespèrent pas que cette nouvelle période de transition ne se passe sans secousse.

Là donc, sauf en ce qui tient aux difficultés des localités, on pourra satisfaire aux prescriptions des ordonnances.

Ailleurs, les conditions ne sont pas les mêmes; mais ce n'est pas à la réduction du travail qu'on pourrait l'attribuer. A Oyapock et dans les quartiers de dessous le Vent, ainsi que je l'ai dit à Votre Excellence, l'esclavage est tellement mitigé, que l'ordonnance n'a rien à y modifier. Mais chez les petits propriétaires qui habitent ces localités, la production est nulle. Elle est nulle aussi dans les positions intermédiaires, qui se trouvent un peu partout, et qui sont de beaucoup les plus embarrassantes, parce que des ateliers relativement nombreux y sont encore attachés, et parce que les habitants, n'ayant plus la possibilité de les affecter à des travaux suivis et réguliers, l'ordre et la discipline s'y perdent. J'ai parlé de deux habitations où l'on avait signalé la mauvaise volonté des noirs à exécuter leurs travaux. Ce sont des propriétés dans cette catégorie. L'un des maîtres, qui tient une partie de ses nègres détachés dans un chantier d'exploitation de bois, a fait connaître que, pendant une semaine, ils avaient manqué à la tâche, et que, les ayant fait descendre pour prendre leurs vivres, il était menacé d'un refus général de travail le lundi. Il disait en même temps qu'il leur avait fait délivrer à chacun un panier de racines de manioc pour faire leur couac. En leur donnant leurs vivres sous cette forme, il devait leur donner aussi le temps de les manipuler, ce qui est une des charges du maître, puisqu'il est tenu de délivrer à ses esclaves de la farine de manioc, et non pas du manioc en racines. Le juge de paix lui a écrit à cet effet. L'autre est le sieur........, plusieurs fois signalé dans les rapports d'inspection du patronage, à cause de sa mauvaise administration, et c'est la suite de la mésintelligence qui existait déjà auparavant avec ses nègres. Il ne s'est pas adressé à l'autorité ; ses affaires n'ont rien de grave, la police domestique suffit à les réprimer. J'ai beaucoup à me louer du sang-froid, de l'expérience et de l'esprit de modération qui dirigent la conduite de MM. le procureur général Vidal de Lingendes et l'ordonnateur Joret dans ces circonstances.

*Discours prononcé par le gouverneur de la Guyane française, à l'ouverture de la session du conseil colonial, le 7 octobre 1846.*

Messieurs les conseillers coloniaux, depuis un an la loi du 18 juillet 1845 est promulguée à la Guyane française. En rendant à l'esclave certaines capacités, en l'élevant à la qualité de *personne*, le législateur a accompli une œuvre de progrès et d'humanité que chacun, dans la colonie, je dois le dire, a comprise et acceptée. Aussi les développements apportés par les ordonnances royales aux dispositions concernant l'enseignement religieux, le régime disciplinaire, la nourriture et l'entretien des ateliers, n'ont point excité de surprise. Les débats parlementaires de l'année dernière avaient préparé les esprits, et les améliorations constatées par MM. les magistrats protecteurs dans leurs inspections, prouvent que, sur plusieurs points, on s'est déjà mis en mesure, et qu'elles seront facilement généralisées.

C'est une situation, Messieurs, dont nous avons à nous féliciter et qui ne sera pas sans influence sur vos travaux dans cette session extraordinaire, où votre concours est appelé à compléter dans ces importantes matières l'acte des pouvoirs métropolitains.

Tandis que, sous l'empire d'une haute pensée civilisatrice, et par le fait du nouvel état de choses, la population noire est destinée à avancer en bien-être et en moralité (et son attitude en général la montre digne de ce bienfait), l'administration ne perd pas de vue la mission d'ordre et de prévoyance qui lui est imposée. A côté de la part faite à l'autorité du maître, dans ce qu'elle a de juste et d'essentiel au maintien des conditions ordinaires du travail, un moyen plus puissant de répression doit assurer par les voies légales le complément de l'action disciplinaire vis-à-vis des sujets paresseux, récalcitrants ou qui ne verraient dans l'intérêt et les mesures bienveillantes du Gouvernement qu'une occasion et un encouragement pour se soustraire à leurs obligations et à leurs devoirs.

Les projets préparés à cet égard vous seront présentés avec les demandes de crédits nécessaires pour l'exécution. Il s'agit d'une nouvelle dépense dont une partie viendra désormais s'inscrire sans forme permanente dans les budgets locaux. En présence de la situation financière du pays, vous aurez à examiner, Messieurs, les dispositions à prendre pour assurer ce service important, soit en augmentant le produit des impositions, soit en recherchant entre les dépenses celles sur lesquelles pourrraient porter les diminutions.

Conformément à la loi du 18 juillet, l'administration soumettra aussi à vos délibérations deux projets de décrets, l'un concernant le travail des esclaves, et l'autre relatif *au terrain* que le propriétaire est tenu de leur fournir sur l'habitation, aux termes des prescriptions de l'ancien édit de 1786. Le conseil colonial y reconnaîtra la consécration des usages et des soins humains et intelligents qu'a déjà introduits depuis longtemps à la Guyane l'initiative éclairée des colons.

Ces détails n'appelleront pas moins votre sérieuse attention, et vous les discuterez au point de vue de la délégation qui vous est faite, au point de vue du régime légal qui tend à pénétrer de plus en plus dans l'organisation coloniale, et qui doit y faire dominer l'uniformité et des règles fixes favorables à tous les intérêts.

Messieurs, l'ordre règne dans les ateliers. La récolte du girofle a répondu aux espérances conçues; celle du sucre, qui a été retardée par l'influence des saisons, s'annonce cependant d'une manière satisfaisante. Quelques planteurs ont apporté dans leur fabrication des procédés perfectionnés qui s'étendront, sans doute, quand on en aura reconnu les heureux résultats.

Ces éléments ont leur valeur, et, guidés par la prudence du conseil colonial, les habitants de la Guyane sauront s'en aider pour continuer à tirer parti du présent et pour préparer l'avenir.

Messieurs les conseillers coloniaux, votre session extraordinaire est ouverte.

*Vive le Roi!*

*Adresse votée par le Conseil colonial de la Guyane française le 19 octobre 1846.*

Monsieur le Gouverneur, nous subissons la loi du 18 juillet 1845; mais nous ne l'avons jamais acceptée comme un progrès. Les développements que les ordonnances viennent d'y apporter ont créé des difficultés insurmontables et justifié les craintes que nous avions manifestées.

Toute pensée civilisatrice doit avoir pour base la justice. La métropole eût suivi ce principe si, avant de porter atteinte à l'édifice colonial, elle eût fixé, comme l'Angleterre, l'indemnité formellement promise aux colons, et organisé le travail libre. Dans ces mesures, l'esclave eût trouvé un enseignement profitable à sa moralisation. Tout système, au contraire, qui tend à violer la propriété, ne peut être pour lui qu'un exemple funeste.

Loin d'avoir respecté l'autorité du maître, la loi de juillet l'a presque anéantie; elle a même interverti les rôles. Plus de contrainte pour l'esclave; pour le maître, de telles obligations, contre lui un tel arbitraire, de telles pénalités, qu'il n'est personne qui ne cherche à se soustraire au plus tôt à une situation aujourd'hui intolérable et compromettante.

L'ordre, dites-vous, règne dans les ateliers. Si l'ordre, M. le Gouverneur, est l'absence du trouble et de l'anarchie, cela est vrai; mais l'ordre bien compris n'existe plus; le travail a partout diminué; l'esclave, loin de se rendre digne de la liberté, comme vous le pensez, se soustrait de jour en jour aux devoirs d'une servitude qui s'éteint pour lui.

Dans de telles circonstances, nous demander un nouvel impôt, n'est-ce pas méconnaître notre détresse? Demander notre concours pour l'exécution de la loi de juillet, n'est-ce pas oublier le vœu formulé si souvent par le pays? Nous avons fait tout ce qui était en notre pouvoir, nous avons offert de seconder l'œuvre de l'émancipation suivant les promesses publiquement faites, aux seules conditions de l'indemnité et du maintien du travail.

Nous marchons à une ruine certaine; le Gouvernement seul peut nous sauver, s'il entre dans la voie d'une large indemnité, et s'il nous donne les moyens d'opérer un grand développement de nos cultures par l'immigration.

Mandataires d'une population malheureuse, nous accomplirons les devoirs que notre mission nous impose, et nous examinerons, avec le désir d'en rendre l'exécution possible, les projets de décrets que l'administration nous a présentés.

*Réponse du Gouverneur.*

Messieurs, si j'avais convoqué le conseil colonial au lendemain de la publication des ordonnances, que quelque doute s'élevât dans les esprits sur les résultats de leur mise à exécution, à la rigueur peut-être on le concevrait. Mais en présence des faits, quand après sept semaines d'expérience aucune difficulté ne s'est révélée, ces regrets d'un passé que le progrès des mœurs elles-mêmes tendait à faire disparaître ne s'expliquent pas. Je reçois des diverses parties de la colonie les meilleurs témoignages sur la tranquillité des ateliers, sur le travail : j'ai dû le dire. S'il y a eu des écarts particuliers, ce ne sont que des accidents dans l'ensemble, moins nombreux que sous le régime précédent, et, en définitive, le pouvoir du maître a suffi pour les réprimer.

Des manifestations imprudentes ne troubleront pas, je l'espère, ce bon état des choses. En répondant aux demandes de l'administration, vous nous mettrez à même de le maintenir, Messieurs, jusqu'au moment où le Gouvernement du Roi ouvrira la voie à ces mesures de transformation sociale et de développement du travail par l'immigration, auxquelles vous rappelez que vous avez engagé votre concours, où je place avec vous les espérances du pays.

*Suite des lettres du Gouverneur de la Guyane française.*

*14 décembre 1846.* — L'ordre et le calme règnent dans les ateliers. Peu à peu le maître s'explique que hors du temps de la tâche légale, s'il veut du travail de plus de son esclave, il faut qu'il en traite avec lui sur un certain pied d'égalité, et l'esclave, de son côté, sent le tort que pourrait lui faire une exigence mal placée. Il existe de l'un à l'autre des liens de bienveillance et d'attachement qui ne sont pas rompus, et qui doivent aider à surmonter le petit antagonisme auquel on devait s'attendre dans le premier temps. Comme me le dit M. le commissaire commandant du quartier d'Approuague, en m'écrivant, à la date du 6 du présent mois de décembre, au sujet du bon effet qu'a eu chez eux l'inspection de M. le procureur général, « il ne reste plus qu'à nous débarrasser d'un petit levain d'amour-« propre, qui rendrait nos relations difficiles avec les noirs, si le temps, qui fait justice de « tout, ne devait amener chacun à comprendre que le bien commun aux maîtres et aux « esclaves ne peut avoir lieu que par l'observance rigoureuse et bien comprise des pres-« criptions de la loi. Il faut beaucoup de patience de la part des uns, un peu de bonne « volonté et de reconnaissance pour les bienfaits de la part des autres. Avec ces conditions « essentielles et les éléments que nous possédons, les grandes propriétés continueront « sans doute un ordre de choses supportable. »

M. le procureur général m'a dit qu'il avait trouvé tout fort tranquille à Approuague et à Kaw; il se loue particulièrement du bon esprit et de la droiture du caractère des deux commissaires commandants de ces quartiers. Cependant, les ordonnances n'étaient pas partout bien exécutées, et il y a eu à constater, à Kaw, des contraventions à la prohibition faite d'infliger des châtiments corporels aux femmes. La chose lui a paru assez grave pour motiver des poursuites, et j'y ai donné mon assentiment. Tous les habitants sensés condamnent ces écarts; mais cette réprobation glisse, n'a pas de prise sur certains esprits. J'ai pensé qu'au commencement un exemple était nécessaire. L'efficacité en sera d'autant plus grande, que c'est le résultat d'une tournée de M. le procureur général lui-même.

*17 décembre 1846.* — Avant d'avoir été relevé dans ses fonctions de substitut de procureur du Roi à Cayenne, M. Jouannet a fait, à la fin de septembre et dans le courant d'octobre, une tournée d'inspection sur les habitations des quartiers de Montsinéry, Tonne-Grande et Roura...................................................

.......... C'était le moment de la transition de l'ancien régime des ateliers au nouvel ordre de choses établi par les ordonnances des 4 et 5 juin 1846; on ne pouvait guère espérer de trouver partout les nouvelles dispositions en cours d'exécution, bien complètes et bien régulières. Cependant, nulle part M. Jouannet n'a eu à constater de contraventions qui aient paru de nature assez grave pour motiver des poursuites. Point de châtiments excessifs, point de résistance à la loi. Les observations, à mesure qu'il a eu occasion d'en faire, ont été accueillies et on y a déféré........................

.......... Si les tournées n'obtiennent pas encore tous les résultats qui seraient désirables, on ne doit pas moins toutefois y attacher une grande importance. C'est le moyen le plus certain de faire pénétrer l'autorité de la loi dans l'esprit de la population. L'esclave met confiance dans le magistrat. La facilité qui lui est accordée de faire entendre ses plaintes retient le maître qui serait tenté d'excéder les limites du pouvoir dominical. Les faits sont recueillis sur les lieux mêmes, et peuvent être appréciés dans leur vérité.

---

### 4° BOURBON.

*Lettre du Gouverneur, du 30 novembre 1845.*

L'attention publique est vivement préoccupée de la prochaine promulgation de la loi. Mais l'activité des travaux de la récolte, tout en faisant mieux sentir l'embarras de la situation, ne permet pas aux intérêts politiques d'occuper la scène et aux ateliers de s'émouvoir. J'ai donc lieu d'espérer qu'aucune agitation fâcheuse ne se manifestera. Mais c'est dans l'assemblée que nous retrouverons le sentiment de la résistance, et que ses conséquences réagiront sur nos différentes propositions..........

*Extrait du discours prononcé par le Gouverneur à l'ouverture de la session du Conseil colonial, le 22 décembre 1845.*

.......... Aux profondes inquiétudes que faisait naître, depuis douze ans, chaque proposition nouvelle relative à l'esclavage, va succéder un état régulier et certain établi par la loi du 18 juillet, par les ordonnances qui en dérivent, par les décrets que vous aurez à rendre sur la matière. Deux de ces décrets vous seront soumis dès l'ouverture de cette session, et les actes qui doivent former le complément de la loi et assurer sa pleine exécution vous seront successivement présentés.

Entièrement basée sur le principe du travail, cette loi, en consacrant certains faits admis déjà, du moins en grande partie, par l'avancement des mœurs, doit triompher bientôt des préoccupations qui devaient naturellement l'accueillir. C'est, il n'en faut pas douter, du succès de cette grande expérience, de la sagesse avec laquelle elle sera conduite, que dépendent le repos et l'avenir des colonies.

J'ai la conviction que le conseil colonial de Bourbon entrera franchement avec nous dans les voies nouvelles qui lui sont ouvertes.

Messieurs, notre colonie a subi de longues et cruelles épreuves. L'admirable fécondité de son territoire et l'industrieuse activité des colons ont pu seuls, avec la protection divine, triompher de ces difficultés. Aujourd'hui vous allez entrer dans les premières phases d'une des œuvres les plus difficiles qui aient été inscrites dans les annales de la civilisation. Une profonde sagesse marquera tous les actes par lesquels le conseil colonial doit s'associer à cette œuvre. En résistant à tous les entraînements, le Gouvernement du Roi lui donne un mémorable exemple, et cet exemple ne sera pas perdu. C'est dans cette enceinte qu'il trouvera reconnaissance et sympathie.

*Extrait de l'adresse votée par le Conseil colonial, le 29 décembre 1845.*

La loi du 18 juillet 1845, non encore promulguée, est une atteinte vive à la discipline des ateliers et au système colonial, et nous ne saurions, sous ce rapport, partager la confiance qu'elle vous inspire; ce n'est pas là le commencement d'un état régulier et certain, c'est au contraire le point de départ d'une situation irrégulière et d'agitations successives : les représentants du pays ne sauraient donc s'empêcher d'être profondément émus à la vue du sombre avenir qui s'ouvre devant eux. Mais, quelle que soit la force des sentiments qui les pressent, ils sauront les contenir : la volonté nationale s'est manifestée ; ils s'inclinent devant elle. La loi trouvera obéissance et sera loyalement exécutée. Le conseil s'efforcera seulement d'apporter dans les détails d'application réservés au décret, le tribut de son expérience locale, et de rendre par là les effets des nouveaux actes législatifs moins désastreux pour la colonie.

Toutefois, Monsieur le Gouverneur, nous ne saurions vous le dissimuler, parce que le premier devoir des mandataires du pays est de vous dire toujours la vérité, des innovations aussi profondes ne se produiront pas dans la législation coloniale sans entraîner à leur suite les plus fâcheuses perturbations : déjà la discipline des ateliers s'ébranle, le crédit public s'affaiblit et les transactions se ralentissent. Nous ne serions même pas sans quelques inquiétudes d'une nature plus grave encore, si nous ne devions compter sur votre vigilance et votre énergie à maintenir, au besoin, l'ordre intérieur et la tranquillité publique.

La colonie s'est soumise à tous les sacrifices qui lui ont été imposés. Nous avions attendu en retour la confiance de la métropole : eh bien! nous l'avons déjà dit, et nous devons le répéter ici, cette confiance n'existe pas. Enveloppés dans une injuste solidarité, nous voyons tous nos actes mal appréciés; nos paroles mêmes ne sont pas entendues : une défiance injurieuse nous poursuit; et les personnes et les choses coloniales, incessamment livrées aux plus odieux soupçons, sont d'avance discréditées et condamnées. Aussi nous remercions M. le ministre de la marine pour le langage ferme, digne et vrai qu'il a tenu à la tribune nationale, lorsque récemment la magistrature coloniale a été en butte à des attaques aussi violentes qu'imméritées.

La colonie attend avec impatience la formation des instituts agricoles et des ateliers de discipline que vous lui annoncez. Mais nous devons, dès ce moment, en faire l'observation, la somme de 360,000 francs votée par la loi du 17 juillet 1844, pour toutes les colonies, est tout à fait insuffisante; des crédits nouveaux et plus considérables seront sans doute portés aux budgets subséquents. D'un autre côté, il ne faut pas le perdre de vue, les ateliers de discipline et les instituts agricoles ne relèvent pas de la même pensée. Ces établissements se repoussent même par les éléments qui les constituent; et loin de pouvoir se combiner utilement, ils doivent, au contraire, pour atteindre le but qu'on se propose, rester distincts et entièrement séparés.

Nous devons vous remercier aussi, Monsieur le Gouverneur, de l'intérêt tout particulier que vous avez constamment porté à la question de Madagascar : passionnés pour la gloire de la mère-patrie, les colons de Bourbon attendent impatiemment le jour où le drapeau de la France se déploiera de nouveau sur la grande île africaine : jamais plus vives acclamations ne l'auront accueilli; dès que le gouvernement en aura donné le signal, les volontaires de Bourbon seront debout et tout prêts à s'unir à nos concitoyens de la Métropole, pour punir cette horde barbare qui a égorgé et mutilé nos frères à Foulpointe et à Tamatave. Bientôt, nous aimons à le penser, délivrée de la tyrannie des Houvas, Madagascar, que la navigation à vapeur place désormais à trente jours de Marseille, livrera les inépuisables ressources de son territoire à l'industrie française, que sollicitent déjà les riches contrées de l'Abyssinie et les rivages encore inconnus d'Adel.

Au milieu de ces vives préoccupations de l'avenir, ce n'est qu'à regret que nous ramenons nos regards sur l'affligeant tableau du temps actuel; toutefois nous espérons qu'aidés de l'assistance divine, secondés par la sagesse de nos concitoyens qui a été si remarquable dans les dernières épreuves électorales, soutenus par l'appui ferme et éclairé du gouvernement, nous pourrons surmonter la plus redoutable crise à laquelle puisse être soumise une société aussi faible et aussi isolée que la nôtre.

*Extrait de la réponse du Gouverneur à l'adresse du Conseil colonial.*

Le Conseil colonial a compris la gravité des circonstances qui m'ont déterminé à faire appel aux suffrages électoraux. Je suis heureux de voir qu'au milieu des préoccupations, bien vives qui l'assiégent, la représentation du pays assure le Gouvernement local de son loyal concours dans l'exécution de la loi du 18 juillet. Cette assurance donnera au Gouvernement du Roi la juste mesure de ce qu'il peut fonder de confiance dans le dévouement éclairé des enfants de Bourbon.

Soyez convaincus que de son côté l'administration ne négligera aucun de ses devoirs, et qu'elle n'oubliera point que cette loi, toute de protection pour l'esclave, doit être aussi toute de garantie pour le maître..........

*Suite des lettres du Gouverneur de Bourbon.*

*7 janvier 1846.* — Monsieur le Ministre, j'ai eu l'honneur de vous adresser, avec ma lettre du 30 novembre 1845, le procès-verbal de la réunion des chefs d'administration, du 20 novembre, à laquelle avait été traitée la question de promulgation de la loi du 18 juillet 1845, concernant le régime des esclaves. Ce procès-verbal a pu vous faire juger des motifs réels et résultant de notre situation particulière, et de l'époque de l'année à laquelle arrivait cette loi, qui m'ont déterminé à en retarder la promulgation de quelques jours au delà du terme fixé par vos instructions.

Dans l'intervalle qui s'est écoulé entre cette lettre et la présente, le conseil colonial a été réuni le 22 décembre..................................

Dans cet intervalle, une sourde agitation s'était manifestée; les bruits les plus inquiétants circulaient. Les habitants, aussi prompts à s'alarmer qu'ils sont imprudents dans la manifestation de leurs craintes, faisaient parvenir à l'autorité des avis fâcheux sur les dispositions des noirs.

Je me hâtai de donner partout des ordres propres à les rassurer. M. le commandant militaire fit placer momentanément des brigades de gendarmerie dans les communes isolées, et ordonna de doubler partout les postes et les patrouilles de troupe de ligne et de milice. M. le directeur de l'intérieur invita le clergé de toutes les paroisses à ne pas dire la messe de minuit (du 24 au 25 décembre). M. le procureur général expédia l'inspecteur de police de l'arrondissement du Vent à Saint-André, où une information sommaire commençait à l'occasion de propos plus inconsidérés que coupables. Ces mesures combinées eurent le meilleur résultat. Les inquiétudes se dissipèrent peu à peu, et, bien que l'adresse du conseil colonial, à son quatrième paragraphe, indique la possibilité de plus sérieuses agitations, lorsqu'elle a été votée, le 29 décembre, le calme était rentré dans tous les esprits. Le jour de l'an, qui est ordinairement accompagné d'assez de désordres, s'est même passé plus tranquillement que d'habitude.

*13 octobre 1846.* — Les trois ordonnances des 18 mai, 4 et 5 juin, ont été promulguées en vertu de vos ordres exprès.

........ La promulgation de ces actes sera, sous peu de jours, répandue par la publication qu'en fera la feuille de demain. Mais, comme il importe que nul ne puisse prétexter de son ignorance, je vais faire imprimer en livret tous les actes relatifs à la loi de juillet, afin de les distribuer à tous ceux qui sont appelés à prendre part à leur exécution, et d'en faire déposer des exemplaires dans les mairies, où chacun pourra en réclamer....

Ces ordonnances arrivent dans un moment où tout n'est pas suffisamment préparé pour leur bonne exécution, et où, la gêne des habitants étant extrême, l'inquiétude a plus d'aliments et le pouvoir moins d'influence.

Je n'en ferai pas moins mon devoir jusqu'au bout, et j'ai lieu de croire que je serai énergiquement secondé dans l'exécution des ordres du Roi par MM. les chefs d'administration. Je tiendrai d'ailleurs exactement Votre Ecellence avisée de tout ce que présentera d'intéressant la phase nouvelle dans laquelle nous entrons.

*6 octobre 1846.* — Le 15 juillet, j'ai commencé ma tournée au vent de l'île en me rendant à Sainte-Marie, commune la plus voisine de Saint-Denis. Là, comme partout ailleurs, j'ai été frappé du bon esprit et de la mesure qu'on a généralement mis à me parler des institutions nouvelles, bien qu'elles apportent des changements considérables à l'ancien ordre des choses coloniales. C'est avec plaisir que je me vois en position de pouvoir assurer Votre Excellence que cette première inspection m'a donné une opinion favorable de la manière dont est comprise ici la loi de juillet 1845, sur le régime des esclave. Sans doute qu'il reste beaucoup à faire pour arriver à sa complète exécution; mais en agissant progressivement, et sans effaroucher les esprits, qui sont généralement bien disposés, il n'est pas douteux que vous arriverez aux résultats que la métropole se flatte d'obtenir, et, en définitive, à l'organisation du *travail libre,* comme heureuse conclusion des changements qui s'opèrent depuis plusieurs années.

*17 octobre 1846.* — Je n'ai pas voulu éloigner encore le moment de la convocation du conseil colonial, en présence des ordonnances et des projets de décrets qui me sont parvenus ces jours derniers, et dont la promulgation, en ce qui concerne les ordonnances, a eu lieu immédiatement, selon les intentions de Votre Excellence.

Je ne veux ici rien présumer relativement à l'effet que ces actes nouveaux doivent produire sur l'esprit des représentants du pays. J'espère qu'ils seront accueillis par le conseil colonial de Bourbon avec moins d'irritation qu'ils ne l'ont été dans d'autres colonies; mais je ne saurais taire l'impression pénible qu'ils ont déjà produite dans le public, déjà affecté douloureusement par l'état de gêne qui paralyse toutes les affaires et compromet la fortune des habitants..........

*10 novembre 1846.* — Tout n'est pas parfait, sans doute, dans les habitudes qui président encore au traitement et à la conduite des esclaves, mais beaucoup de mesures prescrites par les ordonnances nouvelles trouvent leur analogue dans la coutume des habitants, et la disposition générale des esprits promet à une administration bienveillante et paternelle un succès véritable dans l'application progressive des améliorations possibles résultant de la nouvelle législation. Le danger, à cet égard, serait dans une sévérité qui s'annoncerait comme venant brusquement bouleverser l'ordre actuel; car elle provoquerait des résistances d'autant plus insurmontables qu'elles auraient pour principe l'intérêt et l'amour-propre blessé............

# ANNEXES.

## 3ᵉ SÉRIE.

NOURRITURE ET ENTRETIEN DES ESCLAVES.

# NOURRITURE ET ENTRETIEN DES ESCLAVES.

A. *Ordonnance du Roi concernant la nourriture et l'entretien des esclaves.*

Neuilly, le 5 juin 1846.

LOUIS-PHILIPPE, Roi des Français,

Vu l'article 1$^{er}$ de la loi du 18 juillet 1845, portant : « Il sera statué par ordonnance « du Roi, 1° sur la nourriture et l'entretien dus par les maîtres à leurs esclaves, tant en « santé qu'en maladie, et sur le remplacement de la nourriture par la concession d'un « jour par semaine aux esclaves qui en feront la demande; »

Le conseil des délégués entendu, conformément à l'article 17 de ladite loi,

Sur le rapport de notre ministre secrétaire d'État au département de la marine et des colonies,

Nous avons ordonné et ordonnons ce qui suit :

### ARTICLE PREMIER.

La ration due par le maître à chacun de ses esclaves, pour sa nourriture, se compose, par semaine :

Pour les individus des deux sexes âgés de plus de 14 ans, de

Six litres de farine de manioc, ou six kilogrammes de riz, ou sept kilogrammes de maïs;

Un kilogramme et demi de morue ou de viande salée.

La ration sera de la moitié de ces quantités pour les individus des deux sexes de 8 à 14 ans; du tiers, pour ceux au-dessous de 8 ans.

Des arrêtés des gouverneurs régleront,

1° Les proportions dans lesquelles la farine de manioc ou le riz pourront être remplacés, en tout ou en partie, par les racines alimentaires;

2° Les cas dans lesquels la morue et la viande salée pourront entrer alternativement ou cumulativement dans la composition de la ration, ou être remplacées par d'autres viandes ou poissons.

### ART. 2.

Les distributions de nourriture seront hebdomadaires; des arrêtés des gouverneurs fixeront, dans chaque colonie, le jour où elles auront lieu, et détermineront les cas dans lesquels les maîtres, à charge d'en justifier auprès des magistrats chargés du patronage, seront autorisés à procéder, à l'égard de certains esclaves, par voie de distribution quotidienne.

### ART. 3.

Le mesurage et la distribution des aliments auront lieu au moyen de mesures et de balances poinçonnées et soumises à la vérification de l'autorité.

### ART. 4.

Tout esclave âgé de plus de 14 ans pourra, s'il en fait la demande, disposer d'un jour par semaine, à charge par lui de subvenir à sa nourriture.

L'arrangement à intervenir à cet effet entre le maître et l'esclave sera conclu verbalement, en présence de quatre esclaves adultes de l'atelier.

Tout propriétaire devra, immédiatement après la publication de la présente ordonnance, adresser au juge de paix de son canton la liste de ses esclaves, avec l'indication spéciale de ceux qui auront demandé la disposition d'un jour par semaine.

Le juge de paix pourra, soit d'office, soit sur la demande du maître, ordonner la suspension ou prononcer la nullité de l'arrangement intervenu, toutes les fois qu'il reconnaîtra que l'esclave est incapable de subvenir à sa nourriture par son propre travail, ou qu'il néglige la culture de son terrain, ou qu'il abuse du temps laissé à sa disposition.

L'arrangement ci-dessus prévu pourra aussi être suspendu ou annulé sur la demande de l'esclave, quand le juge de paix reconnaîtra qu'il y a motif suffisant de restituer à l'esclave le droit à la nourriture; dans ce cas, l'esclave ne pourra réclamer de nouveau l'usage de la faculté ci-dessus établie qu'après un délai de six mois.

L'esclave aura la faculté, aux jours qui lui seront réservés, de louer son travail, soit à son maître, soit à d'autres propriétaires de la commune, à la condition de justifier de l'entretien de son terrain en bon état de culture.

### ART. 5.

L'esclave qui disposera d'un jour par semaine ne sera tenu de pourvoir qu'à sa nourriture personnelle, et la ration sera due, conformément aux prescriptions ci-dessus, tant aux enfants qu'à la femme ou au mari et aux autres membres de la famille auxquels la même disposition ne serait pas appliquée, sauf les arrangements qui interviendraient entre le maître et le père ou la mère esclaves, à l'effet de remplacer, par une extension du temps qui leur sera laissé, la nourriture due à leurs enfants. Lesdits arrangements seront également soumis à l'autorité des juges de paix, et pourront être suspendus ou annulés, ainsi qu'il est établi à l'article précédent.

### ART. 6.

Le logement dû aux esclaves sera fourni par les propriétaires d'habitations ou de tous autres établissements hors des villes et bourgs conformément aux dispositions ci-après.

Les cases devront être construites en maçonnerie ou en bois. Leurs dimensions seront proportionnées au nombre des individus qui devront y loger, à raison d'un minimum de

3 mètres de longueur, 3 mètres de largeur et 2 mètres 50 centimètres de hauteur, pour chaque esclave adulte logé séparément, et de moitié pour les enfants.

Chaque case sera pourvue d'un foyer, et garnie du nombre de lits et de couvertures nécessaires, ainsi que du mobilier et des ustensiles de ménage dont la nomenclure sera déterminée par un arrêté du gouverneur. Le même arrêté réglera les dispositions de détail relatives à la réunion des familles, à l'isolement des sexes et à la dimension des cases, suivant le nombre d'individus qui pourront être réunis.

La construction des cases devra avoir lieu aux frais des propriétaires, et les esclaves ne pourront y être affectés qu'aux heures de travail obligatoire, sauf les arrangements qui interviendraient volontairement entre eux et le maître.

### ART. 7.

Il sera fait régulièrement, par chaque maître à ses esclaves, deux distributions de vêtements par an, l'une au commencement de la saison sèche, l'autre au commencement de la saison pluvieuse.

Ces époques seront fixées, dans chaque colonies, par un arrêté du gouverneur.

Ces distributions comprendront.

1° A la première époque :

Pour les hommes, deux chemises, un pantalon et une veste, en étoffe de coton, et un chapeau de paille;

Pour les femmes, deux chemises, une jupe et une camisole, en étoffe de coton, et un chapeau de paille;

2° A la seconde époque :

Pour les hommes, deux chemises et un pantalon, en étoffe de coton; une casaque en drap et un bonnet de laine;

Pour les femmes, deux chemises en étoffe de coton, une chemise de laine, une jupe de serge, un mouchoir de tête.

Ces vêtements ne peuvent entrer en compensation de tout ou partie de la nourriture, ni être compris dans l'échange qui sera fait entre la nourriture et la concession d'un jour par semaine, conformément aux dispositions ci-dessus établies.

Des arrêtés des gouverneurs établiront les prescriptions de police nécessaires pour que les esclaves, quel que soit leur âge, restent vêtus, tant aux champs que sur les habitations aussi bien que dans les villes et bourgs.

### ART. 8.

Outre la nourriture, le logement et les vêtements, les maîtres doivent à leurs esclaves entretien, secours et protection, tant en santé qu'en cas de maladies ou d'infirmités.

Dans les villes et bourgs et dans les habitations ou exploitations comprenant moins de 20 noirs, les soins dus aux malades et aux infirmes peuvent être donnés dans l'intérieur de la maison du maître ou dans les cases des esclaves.

Sur les habitations, ateliers ou exploitations comprenant 20 individus et au-dessus, y compris les travailleurs libres ou esclaves pris à loyer, une case ou maison spéciale doit être affectée, comme hôpital, aux soins à donner aux malades et aux infirmes.

L'hôpital d'habitation doit être construit en bois ou en maçonnerie. La salle d'hôpital doit être planchéiée, installée pour la séparation des sexes, et pourvue de lits et de couvertures dans la proportion d'un malade sur 20 travailleurs.

Tout propriétaire d'habitation recensant plus de 20 esclaves doit justifier d'un abonnement avec un médecin ou officier de santé dûment autorisé, et il est tenu d'entretenir une caisse de médicaments dont la composition, proportionnellement au nombre des esclaves, sera fixée par un acte de l'autorité locale.

Les médecins et officiers de santé sont astreints à annoter, sur un registre déposé chez le propriétaire, chacune de leurs visites; à constater une fois par mois l'état de la caisse de médicaments; à indiquer les noms des malades qu'ils ont à traiter, et la nature des maladies. Ce registre doit être représenté à toute réquisition aux magistrats chargés du patronage des esclaves.

### ART. 9.

Les esclaves qui, par leur âge ou leurs infirmités, sont dans le cas de l'exemption totale ou partielle de travail, ont droit à la nourriture, à l'entretien et aux soins du maître. Ceux qui seraient abandonnés, ou auxquels le maître ne donnerait pas l'entretien et les soins nécessaires, seront recueillis par l'administration, à charge de remboursement par les maîtres des dépenses qui seront faites par suite de cette disposition, et sans préjudice des pénalités prévues par l'article 8 de la loi du 18 juillet 1845.

### ART. 10.

Notre ministre secrétaire d'Etat au département de la marine et des colonies est chargé de l'exécution de la présente ordonnance, qui sera insérée au Bulletin des lois.

Donné à Neuilly, le 5 juin 1846.

LOUIS-PHILIPPE.

Par le Roi :

*Le Vice-Amiral, Pair de France,*
*Ministre Secrétaire d'État de la marine et des colonies*

B$^{on}$ DE MACKAU.

---

B. *Circulaire ministérielle du 13 juin 1846, adressée aux Gouverneurs de la Martinique, de la Guadeloupe, de la Guyane française et de Bourbon, relativement à l'exécution de l'ordonnance royale du 5 du même mois, concernant la nourriture et l'entretien des esclaves, la concession d'un jour par semaine, etc.*

Monsieur le Gouverneur, une ordonnance royale du 5 juin, dont vous trouverez ci-joint ampliaton, statue, aux termes de l'article 1$^{er}$ (paragraphe 1$^{er}$) de la loi du 18 juillet

1845, sur la nourriture et l'entretien des esclaves, et sur la concession d'un jour par semaine, en remplacement de la nourriture, à ceux qui en feront la demande.

Cette ordonnance devra, immédiatement après sa réception, être publiée et mise à exécution.

Dans la préparation de cet acte, j'ai accueilli sur quelques points les observations utiles que m'a présentées le conseil des délégués. Il est d'autres avis exprimés par lui auxquels je n'aurais pu déférer sans que l'ordonnance restât un acte incomplet et manquât en partie son but. En effet, à côté de l'inconvénient signalé par MM. les délégués, de créer pour les habitants des colonies certaines obligations plus étendues et d'accroître un peu leurs dépenses, il y aurait eu celui beaucoup plus grave de ne reproduire que d'anciennes prescriptions en quelque sorte contemporaines de l'institution de l'esclavage colonial, et de ne rien innover pour le bien-être d'une classe dont la loi de 1845 se propose d'améliorer sérieusement la condition matérielle et morale. C'était une œuvre de progrès et d'humanité qu'il s'agissait d'accomplir, et je n'ai pas besoin d'ajouter, Monsieur le Gouverneur, que les sentiments de S. M. auraient imprimé à l'ordonnance dont je viens vous entretenir ce double caractère, alors même qu'il ne lui aurait pas été imposé par la législation sur le nouveau régime des personnes non libres.

Les divers articles de l'ordonnance du 5 juin ne comportent qu'un petit nombre d'observations détaillées.

L'article 1$^{er}$, qui détermine les éléments de la ration hebdomadaire des noirs, est un de ceux que le conseil des délégués a acceptés sans demander aucune modification. La question de savoir si les fixations adoptées satisfont, dans une juste mesure, aux besoins des esclaves sera une de celles sur lesquelles les magistrats inspecteurs auront à porter principalement leurs premières investigations; ils s'attacheront surtout à bien examiner si le remplacement du manioc par le riz ou par le maïs a été prévu dans une juste proportion. Vous remarquerez, d'ailleurs, que l'efficacité de cet article dépendra en grande partie des dispositions de détail de l'arrêté que vous avez à rendre, et dont l'émission devra suivre d'aussi près que possible la publication de l'ordonnance.

Les dispositions que vous aurez à adopter, aux termes de l'article 2, pour régler les cas où les maîtres pourront faire des distributions quotidiennes de vivres au lieu de distributions hebdomadaires, n'auront pas besoin d'être consacrées par un acte spécial; elles trouveront naturellement place dans le règlement relatif à l'exécution de l'article 1$^{er}$.

Sur l'article 3, pas d'observations.

Art. 4. Deux principes sont la base de toutes les dispositions destinées à régler l'échange que le noir a le droit de faire de sa nourriture contre la libre disposition d'un jour par semaine :

D'une part, faculté générale et habituelle pour l'esclave de réclamer le bénéfice de cette disposition;

De l'autre, intervention légale du juge de paix pour surveiller l'usage de cette faculté et pour en suspendre l'exercice, soit d'office, soit sur la demande du maître, soit sur celle de l'esclave, dans les cas que l'ordonnance prévoit, et qui constituent les seules exceptions possibles au principe inscrit dans la loi.

Les juges de paix se trouvent donc investis en cette matière d'une attribution nouvelle et délicate, qu'ils devront considérer comme réclamant au plus haut point tout leur zèle, toute leur vigilance et toute leur impartialité. Ils seront d'ailleurs aidés, dans l'accomplissement des devoirs qu'elle leur impose, par les communications qu'ils échangeront avec les officiers du parquet, et par le droit qu'il auront bientôt eux-mêmes de se transporter sur les habitations pour assister ces derniers dans les visites de patronage.

La faculté donnée aux noirs de louer leur travail, hors de l'habitation, pendant les jours qui leur seront réservés, est une innovation aux règles actuelles, d'après lesquelles la sortie de l'esclave est, dans tous les cas, et même pour l'emploi du samedi, subordonnée à l'autorisation du maître. La connexité légale qui va exister désormais entre le libre usage du samedi et la formation du pécule exigeait que l'un comme l'autre fussent mis en dehors d'une action arbitraire de la part des maîtres. Sous ce rapport, il ne m'a pas été possible de prendre en considération le vœu qu'exprimaient MM. les délégués de voir maintenir le *statu quo*; mais en même temps j'ai admis comme fondées en grande partie les objections qu'ils ont faites, au point de vue de l'ordre public, contre une liberté illimitée de circulation pour les esclaves. Sans doute, l'obligation générale pour tous les esclaves d'exhiber un permis quand ils en seront requis sera maintenue comme mesure de police; mais il en résulte une obligation parallèle pour le maître de délivrer le permis de circulation quand il s'agira de l'emploi du samedi tel que le prévoit l'ordonnance, et ce laissez-passer ne serait plus une garantie suffisante contre la mauvaise conduite de l'esclave, s'il devait lui donner le droit de présence sur tous les points de la colonie, même les plus éloignés de la résidence du maître. Il m'a paru qu'on remédierait suffisamment à cet inconvénient en restreignant aux limites de la commune la faculté de circulation et de louage que l'esclave possédera aux jours qui lui seront réservés. En dehors de cette limite, il ne pourra se déplacer ou s'engager au travail qu'autant que le maître y consentira.

Art. 5. Cet article a pour but de compléter les garanties données à l'esclave pour sa nourriture, et d'empêcher, quant au remplacement de la ration par le samedi, un abus qu'on peut considérer comme assez fréquent aujourd'hui, et qui consiste à excepter plusieurs membres d'une même famille du régime de l'ordinaire, bien qu'ils ne soient pas tous au même degré en état de profiter du samedi qu'on leur laisse. L'exacte observation de ces dispositions dépendra aussi du concert habituel qui s'établira entre les juges de paix et les procureurs du Roi, et de la vigilance qu'ils apporteront respectivement ou collectivement à leurs investigations sur le régime des ateliers.

Art. 6. Dans cet article relatif au logement des esclaves, une disposition qui avait pour objet d'exiger que les cases fussent planchéiées, a été retranchée de l'ordonnance par suite des représentations du conseil des délégués, qui ont exposé que cette disposition aurait le double inconvénient d'être mal appropriée au climat des colonies, ainsi qu'aux habitudes des esclaves, et d'imposer à la généralité des propriétaires des dépenses que le plus grand nombre d'entre eux serait hors d'état de supporter. La première de ces objections ne m'aurait pas paru pouvoir être admise sans restriction, car il est certain que, sinon à titre de règle, au moins comme usage, le planchéiage des cases à nègres est loin d'être une nouveauté dans les colonies, et je remarque notamment que, dans son rapport sur Surinam (en ce moment inséré dans la *Revue coloniale*), M. le procureur général de la Guyane française cite ce genre d'appropriation comme étant général sur les habitations de la Guyane hollandaise, et comme étant très-favorable aux noirs. Toutefois cette amélioration, si c'en est une, ne présentait pas un caractère dominant d'urgence et de nécessité, et, d'un autre côté, l'observation relative aux frais dans lesquels elle entrainerait tous les colons, sans exception, m'a paru constituer un obstacle extrêmement sérieux. L'ordonnance a donc été modifiée sur ce point; mais il reste entendu que, dans l'inspection des cases, les magistrats veilleront et tiendront la main à ce que le sol en soit préparé de manière à présenter les conditions de salubrité désirables.

L'arrêté que vous aurez à rendre, pour compléter les dispositions de cet article, doit statuer, 1° sur la nomenclature du mobilier et des ustensiles de ménage dont chaque case devra être pourvue; 2° sur les emménagements intérieurs relatifs à la réunion des familles, à l'isolement des sexes, etc. Vous vous attacherez, dans la préparation de ce règlement, à satisfaire à tous les besoins essentiels des esclaves pour la conservation de leurs effets et pour la préparation et la consommation de leurs aliments, et à donner aux mœurs et à la décence les garanties nécessaires, sans cependant imposer aux maîtres des innovations trop grandes, et dont les frais dépasseraient les ressources de la généralité des propriétaires.

Art. 7. Les prescriptions concernant les vêtements sont le point où l'ordonnance élargit le plus les obligations jusqu'à ce jour imposées aux maîtres, obligations qui, d'ailleurs, pour beaucoup d'entre eux, paraîtront peut-être d'autant plus agrandies, que celles des règlements antérieurs étaient éludées sur un grand nombre d'habitations, par suite de l'usage qui s'était introduit de considérer la concession du samedi comme compensant à la fois la ration et le vêtement. Cette compensation était un abus, dont l'ordonnance défend formellement la continuation. Il ne faudra pas perdre de vue, non plus, que l'article le plus dispendieux compris dans les délivrances prescrites (la casaque de drap) figurait déjà, pour la Guadeloupe, dans un règlement de 1803. En définitive, il n'aurait pas été possible, sans ôter en grande partie à l'ordonnance le caractère de progrès et d'amélioration qu'elle devait avoir, de renfermer dans des bornes plus étroites les prestations de vêtements. J'ai regretté de ne pouvoir, sur ce point, tomber que partiellement d'accord avec le conseil des délégués, dont les objections à ce sujet m'ont paru dictées par une préoccupation exagérée, et trop exclusive, de l'intérêt pécuniaire des propriétaires.

Art. 8. Le conseil des délégués, tout en adhérant à l'obligation imposée à chaque maître de justifier d'un abonnement avec un médecin, aurait désiré que l'ordonnance fixât le tarif de ces abonnements, afin de ne pas mettre les habitants à la merci des exigences des médecins et officiers de santé de la colonie. Il ne m'a pas paru possible de déférer à ce vœu par l'ordonnance; vous pourrez examiner ce qu'il serait possible de faire par voie de mesure locale, et comme complément des règlements en vigueur au sujet de l'exercice de la profession médicale dans la colonie. Du reste, il semble résulter des rapports des magistrats chargés de la visite des habitations que, dès à présent, le système de l'abonnement est généralement adopté; de sorte qu'avant de se préoccuper de la crainte qui a été exprimée, il paraît convenable d'attendre que les effets de la prescription établie se soient manifestés. Vous aurez, au contraire, à pourvoir immédiatement à l'émission du règlement prévu quant à la composition de la caisse de médicaments dont doivent être pourvues les habitations recensant plus de vingt esclaves.

Art. 9. Pas d'observation.

Je terminerai ces instructions, Monsieur le Gouverneur, en appelant, d'une manière générale, votre attention sur la nécessité absolue de ne pas permettre qu'une seule des prescriptions de l'ordonnance que je vous notifie devienne sujette au plus fréquent de tous les inconvénients auxquels les règlements sont exposés dans les colonies : je veux parler des infractions partielles et progressives, qui, non constatées et non réprimées, engendrent promptement l'inexécution générale et amènent finalement la désuétude. Le succès, l'efficacité de la législation nouvelle, sont attachés surtout à l'exactitude et à la persévérance que les autorités coloniales, chacune dans sa sphère, mettront à en assurer l'exécution, à la faire pénétrer et respecter partout. Je compte que chacun comprendra ce devoir, et je vous transmettrai bientôt, pour les tableaux à joindre aux rapports de tournées des magistrats chargés du patronage, de nouveaux cadres conçus principalement dans le but de procurer à mon département un moyen sûr et méthodique d'apprécier tous les résultats qui seront constatés dans les inspections.

Recevez, etc.

*Le Vice-Amiral, Pair de France,*
*Ministre Secrétaire d'État de la marine et des colonies,*
B<sup>on</sup> DE MACKAU.

---

C. *Arrêtés du Gouverneur de la Martinique concernant la nourriture, l'entretien et le logement des esclaves, ainsi que les soins à leur donner en cas de maladie.*

1° Arrêté concernant la nourriture des esclaves.

Fort-Royal, le 1<sup>er</sup> octobre 1846.

Nous, Gouverneur de la Martinique,

Vu l'article 11 de la loi du 24 avril 1833, sur le régime législatif des colonies;

Vu l'article 1<sup>er</sup> de l'ordonnance royale du 5 juin 1846, concernant la nourriture et l'entretien des esclaves, ledit article portant :

« La ration due par le maître à chacun de ses esclaves, pour sa nourriture, se compose, par semaine,

« Pour les individus des deux sexes âgés de plus de quatorze ans, de :

« Six litres de farine de manioc, ou six kilogrammes de riz, ou sept kilogrammes de maïs ;

« Un kilogramme et demi de morue ou de viande salée.

« La ration sera de la moitié de ces quantités pour les individus des deux sexes de huit à quatorze ans, du tiers pour ceux au-dessous de huit ans.

« Des arrêtés des gouverneurs régleront,

« 1° Les proportions dans lesquelles la farine de manioc ou le riz pourront être remplacés, en tout ou en partie, par les racines alimentaires;

2° Les cas dans lesquels la morue et la viande salée pourront entrer alternativement ou cumulativement dans la composition de la ration, ou être remplacées par d'autres viandes ou poissons ; »

Vu le rapport du conseil de santé, en date du 14 août dernier ;

Sur le rapport du directeur de l'intérieur,

De l'avis du conseil privé,

Avons arrêté et arrêtons ce qui suit :

### ARTICLE PREMIER.

Le litre de farine de manioc et le kilogramme de riz pourront être remplacés par :

| | | |
|---|---|---|
| | Patates douces............................... | 3 kilogr. |
| ou : | { choux caraïbes....................... | 3 |
| | { ignames.............................. | 3 |

Les proportions dans lesquelles la farine de manioc ou le riz pourront être remplacés par les racines alimentaires ne devront pas, à moins qu'on ne puisse pas s'en procurer dans la colonie, excéder la moitié de la ration.

### ART. 2.

La morue pourra être remplacée par d'autres poissons salés, lorsqu'elle manquera dans la colonie.

La morue et la viande salée pourront toujours être remplacées par du poisson frais ou de la viande fraîche, à raison d'un demi-kilogramme par jour. Dans ce cas, il sera ajouté un demi-litre de sel par semaine.

### ART. 3.

Les distributions hebdomadaires de nourriture auront lieu le lundi de chaque semaine.

Il pourra être procédé par voie de distribution quotidienne à l'égard des esclaves employés dans les villes et bourgs comme domestiques, ouvriers ou à la journée; de ceux qui sont employés sur les bateaux, pirogues et gros-bois; et enfin, à l'égard de certains esclaves des habitations, lorsqu'il aura été reconnu que, dans leur intérêt, ce mode de distribution est nécessaire.

Le maître adressera au juge de paix de son canton la liste des esclaves de cette dernière catégorie, avec indication des causes qui ont motivé la distribution quotidienne.

ART. 4.

Sera punie des peines de simple police toute contravention au présent arrêté.

ART. 5.

Le directeur de l'intérieur et le procureur général du Roi sont chargés, chacun en ce qui le concerne, de l'exécution du présent arrêté, qui sera enregistré partout où besoin sera, et inséré au bulletin et journal officiels de la colonie.

Fait à Fort-Royal (Martinique), le 1er octobre 1846.

*Signé* A. MATHIEU.

Par le Gouverneur :

*Le Directeur de l'intérieur,* signé F. FRÉMY.

---

2° Arrêté fixant les époques de distribution des vêtements aux esclaves.

Fort-Royal, le 2 octobre 1846.

NOUS, GOUVERNEUR DE LA MARTINIQUE,

Vu l'article 11 de la loi du 24 avril 1833, sur le régime législatif des colonies ;

Vu l'article 7 de l'ordonnance royale du 5 juin 1846, concernant la nourriture et l'entretien des esclaves, ledit article portant :

« Il sera fait régulièrement, par chaque maître à ses esclaves, deux distributions de « vêtements par an, l'une au commencement de la saison sèche, l'autre au commence- « ment de la saison pluvieuse.

« Ces époques seront fixées, dans chaque colonie, par un arrêté du gouverneur ;

« . . . . . . . . . . . . . . . . . . . . . . . . . . . . . . . . . . . . . . . . . . . . . . . . . . . . . . . . . . . »

Sur le rapport du directeur de l'intérieur,

De l'avis du conseil privé,

AVONS ARRÊTÉ et ARRÊTONS ce qui suit :

ARTICLE PREMIER.

Les époques de distributions des vêtements aux esclaves sont fixées ainsi qu'il suit, pour chaque année :

1re ÉPOQUE.

Du 1er au 15 janvier.

2e ÉPOQUE.

Du 1er au 15 juillet.

ART. 2.

Sera punie des peines de simple police toute contravention au présent arrêté.

ART. 3.

Le directeur de l'intérieur et le procureur général du Roi sont chargés, chacun en ce qui le concerne, de l'exécution du présent arrêté, qui sera inséré aux bulletin et journal officiels de la colonie, et enregistré partout où besoin sera.

Fait à Fort-Royal (Martinique), le 2 octobre 1846.

*Signé* A. MATHIEU.

Par le Gouverneur:

*Le Directeur de l'intérieur,* signé F. FRÉMY.

---

3° Arrêté concernant le logement des esclaves sur les habitations.

Fort-Royal, le 1ᵉʳ octobre 1846.

Nous, Gouverneur de la Martinique,

Vu l'article 11 de la loi du 24 avril 1833, sur le régime législatif des colonies ;
Vu l'article 6 de l'ordonnance royale du 5 juin 1846, ledit article portant :

« Le logement dû aux esclaves sera fourni par les propriétaires d'habitations ou de
« tous autres établissements hors des villes et bourgs, conformément aux dispositions
« ci-après :

« Les cases devront être construites en maçonnerie ou en bois ; leurs dimensions seront
« proportionnées au nombre des individus qui devront y loger, à raison d'un minimum
« de 3 mètres de longueur, 3 mètres de largeur et 2 mètres 50 centimètres de hauteur
« pour chaque esclave adulte logé séparément, et de moitié pour les enfants.

« Chaque case sera pourvue d'un foyer et garnie du nombre de lits et de couvertures
« nécessaires, ainsi que du mobilier et des ustensiles de ménage dont la nomenclature
« sera déterminée par un arrêté du gouverneur. Le même arrêté réglera les dispositions
« de détail relatives à la réunion des familles, à l'isolement des sexes et à la dimension
« des cases, selon le nombre des individus qui pourront être réunis ;

« . . . . . . . . . . . . . . . . . . . . . . . . . . . . . . . . . . . . . . . . . . . . . . . . . . . . . . . . . . . . . . . »

Sur le rapport du directeur de l'intérieur,
De l'avis du conseil privé,

Avons arrêté et arrêtons ce qui suit :

ARTICLE PREMIER.

Les esclaves adultes, de famille et de sexe différents, auront des cases séparées ou logeront dans des cases communes divisées, au moyen de cloisons, en autant de compartiments qu'il y aura d'individus à loger.

Chaque case ou compartiment aura les dimensions prescrites par le deuxième paragraphe de l'article 6 de l'ordonnance royale du 5 juin.

La fille esclave adulte, non mariée, continuera, sur la demande de ses père ou mère, de loger, jusqu'à l'âge de vingt et un ans, dans la case commune à la famille.

ART. 2.

Les cases destinées à loger des familles auront, au minimum, les dimensions ci-après :

| | Longueur | Largeur |
|---|---|---|
| Pour les esclaves mariés, sans enfants ou avec un enfant.. | 4ᵐ | 4 |
| Avec deux ou trois enfants........................ | 5 | 4 |
| Avec quatre enfants et au-dessus.................. | 6 | 4 |
| Pour l'esclave non mariée ayant un ou deux enfants... | 4 | 4 |
| Avec trois enfants et au-dessus.................... | 5 | 4 |

La hauteur des cases sera de 2 mètres 50 centimètres, au moins.

Dans les cases réunissant une famille, l'isolement des sexes aura lieu à l'âge de douze ans.

ART. 3.

Le mobilier de chaque case se composera, indépendamment des lits et couvertures nécessaires, de

Une table,

Une chaise par individu, ou un banc,

Un coffre.

Les ustensiles de ménage ci-après désignés seront délivrés, savoir :

| | |
|---|---|
| A chaque individu adulte, logeant dans la case.......... | Une marmite en fonte ou en fer battu, de 20 centimètres de diamètre, Ou la valeur en canaris du pays; Quatre assiettes en terre ou faïence, ou une assiette en étain ou fer battu. |
| A chaque individu, quel que soit son âge............. | Une cuiller en fer étamé ; Un gobelet en fer-blanc ou étain. |

ART. 4.

Sera punie des peines de simple police toute contravention au présent arrêté.

ART. 5.

Le directeur de l'intérieur et le procureur général du Roi sont chargés, chacun en ce qui le concerne, de l'exécution du présent arrêté, qui sera enregistré partout où besoin sera, et inséré aux bulletin et journal officiels de la colonie.

Fait à Fort-Royal, le 1ᵉʳ octobre 1846.

*Signé* A. MATHIEU.

Par le Gouverneur :

*Le Directeur de l'intérieur,* signé F. FREMY.

4° Arrêté déterminant la composition des caisses de médicaments qui doivent être entretenues par les propriétaires d'habitations, conformément à l'article 8 (§ 5) de l'ordonnance royale du 5 juin 1846.

*Fort-Royal, le 1ᵉʳ octobre 1846.*

Nous, Gouverneur de la Martinique,

Vu l'article 11 de la loi du 24 avril 1833, sur le régime législatif des colonies;

Vu l'article 8 de l'ordonnance royale du 5 juin 1846, concernant la nourriture et l'entretien des esclaves, ledit article portant :

« ................................................

« § 5. Tout propriétaire d'habitation recensant plus de 20 esclaves doit justifier d'un
« abonnement avec un médecin ou officier de santé dûment autorisé, et il est tenu d'en-
« tretenir une caisse de médicaments dont la composition, proportionnellement au nombre
« des esclaves, sera fixée par un acte de l'autorité locale; »

Vu le rapport du conseil de santé, en date du 12 de ce mois;

Sur la proposition du directeur de l'intérieur,

De l'avis du conseil privé,

Avons arrêté et arrêtons ce qui suit :

### ARTICLE PREMIER.

La caisse de médicaments que les propriétaires d'habitations sont tenus d'entretenir sera composée conformément au tableau annexé au présent arrêté, et proportionnellement au nombre de leurs esclaves.

### ART. 2.

Sera punie des peines de simple police toute contravention au présent arrêté.

### ART. 3.

Le directeur de l'intérieur et le procureur général du Roi sont chargés, chacun en ce qui le concerne, de l'exécution du présent arrêté, qui sera enregistré partout où besoin sera, et inséré aux bulletin et journal officiels de la colonie.

Fait en l'hôtel du gouverneur, à Fort-Royal, le 1ᵉʳ octobre 1846.

*Signé* A. MATHIEU.

Par le Gouverneur :

*Le Directeur de l'intérieur, signé* F. FREMY.

Nomenclature et quantité des médicaments et objets de pansement devant entrer dans la composition des caisses destinées aux habitations, conformément à l'article 8 (§ 5) de l'ordonnance royale du 5 juin 1846.

| DÉNOMINATION des MÉDICAMENTS ET AUTRES OBJETS. | DE 20 à 50 esclaves. | DE 50 à 100 esclaves. | DE 100 à 200 esclaves. | DE 200 à 300 esclaves. | OBSERVATIONS. |
|---|---|---|---|---|---|
| | Kilogr. | Kilogr. | Kilogr. | Kilogr. | |
| Acétate de plomb liquide............ | 0,060 | 0,100 | 0,200 | 0,250 | |
| Ammoniaque liquide................ | 0,030 | 0,060 | 0,200 | 0,300 | |
| Camphre........................ | 0,100 | 0,125 | 0,200 | 0,250 | On n'a pas dû porter |
| Crême de tartre pulvérisé........... | 0,200 | 0,250 | 0,300 | 0,500 | sur cet état les objets tels |
| Éther sulfurique.................. | 0,050 | 0,125 | 0,200 | 0,250 | que casse, tamarins, subs- |
| Emplâtre diachylon gommé.......... | 0,060 | 0,100 | 0,125 | 0,200 | tances émollientes, etc., |
| Émétique........................ | 0,006 | 0,008 | 0,012 | 0,020 | que l'on peut se procurer |
| Huile de ricin.................... | 1,000 | 1,500 | 2,000 | 3,000 | sur les lieux. |
| Ipéca en racine................... | 0,030 | 0,060 | 0,120 | 0,200 | Les instruments de chi- |
| Jalap en poudre................... | 0,020 | 0,030 | 0,045 | 0,060 | rurgie sont à la charge du |
| Kermès minéral................... | 0,006 | 0,010 | 0,015 | 0,024 | médecin de l'habitation. |
| Laudanum liquide................. | 0,045 | 0,050 | 0,060 | 0,120 | |
| Mercure doux.................... | 0,016 | 0,016 | 0,020 | 0,030 | |
| Nitrate de potasse................. | 0,030 | 0,060 | 0,100 | 0,200 | |
| Quina en poudre.................. | 0,016 | 0,020 | 0,100 | 0,150 | |
| Rhubarbe en racine................ | 0,030 | 0,060 | 0,090 | 0,100 | |
| Sulfate de quinine................. | 0,004 | 0,008 | 0,016 | 0,030 | |
| Sulfate de magnésie............... | 0,100 | 0,200 | 0,300 | 0,500 | |
| Sulfate d'alumine (alun)............ | 0,050 | 0,060 | 0,100 | 0,150 | |
| Linge à pansements, bandes et compresses.. | 2,000 | 3,000 | 4,000 | 6,000 | |
| Emplâtre vésicatoire............... | 0,100 | 0,125 | 0,150 | 0,300 | |
| Charpie......................... | 1,000 | 1,500 | 2,000 | 3,000 | |
| Seringue à injection............... | 1 | 1 | 1 | 1 | |
| Idem à lavement.................. | 1 | 1 | 1 | 1 | |
| Trébuchet garni................... | 1 | 1 | 1 | 1 | |

Vu et approuvé en conseil privé, le 1er octobre 1846.

*Le Gouverneur*, signé A. MATHIEU.

Par le Gouverneur :

*Le Directeur de l'intérieur*, signé F. FREMY.

---

5° Arrêté prescrivant des mesures de police pour que les esclaves restent vêtus, tant aux champs que sur les habitations, aussi bien que dans les villes et bourgs.

Fort-Royal, le 2 octobre 1846.

Nous, Gouverneur de la Martinique,

Vu l'article 11 de la loi du 24 avril 1833, sur le régime législatif des colonies ;
Vu l'article 7 (§ 11) de l'ordonnance royale du 5 juin 1846, ledit article portant :
« Des arrêtés des gouverneurs établiront les prescriptions de police nécessaires pour
« que les esclaves, quel que soit leur âge, restent vêtus, tant aux champs que sur les ha-
« bitations, aussi bien que dans les villes et bourgs ; »
Sur le rapport du directeur de l'intérieur,
De l'avis du conseil privé,

Avons arrêté et arrêtons ce qui suit :

### ARTICLE PREMIER.

Les esclaves devront toujours être vêtus, tant aux champs que sur les habitations, aussi bien que dans les villes et bourgs.

Seront considérés comme en contravention à cette disposition :

1° Les esclaves du sexe masculin qui ne seront pas vêtus d'une chemise et d'un pantalon ; toutefois ils pourront, dans leurs travaux, n'être vêtus que d'un pantalon ;

2° Les esclaves du sexe féminin qui ne seront pas vêtues d'une chemise et d'une jupe.

Les enfants au-dessous de six ans pourront n'être vêtus que d'une chemise.

### ART. 2.

Sera punie des peines de simple police toute contravention au présent arrêté.

### ART. 3.

Le directeur de l'intérieur et le procureur général du Roi sont chargés, chacun en ce qui le concerne, de l'exécution du présent arrêté, qui sera inséré aux journal et bulletin officiels de la colonie, et enregistré partout où besoin sera.

Fait à Fort-Royal (Martinique), le 2 octobre 1846.

*Signé* A. MATHIEU.

Par le Gouverneur :

*Le Directeur de l'intérieur,* signé F. FREMY.

---

D. *Arrêté du Gouverneur de la Guadeloupe, concernant la nourriture, l'entretien et le logement des esclaves, ainsi que les soins à leur donner en cas de maladie.*

Basse-Terre, le 2 octobre 1846.

Vu l'article 1er de la loi du 18 juillet 1845, relative au régime des esclaves dans les colonies françaises ;

Vu les articles 1er, 2, 3, 6 (§ 3), 7, 8 (§ 5), de l'ordonnance royale du 5 juin dernier, concernant la nourriture et l'entretien des esclaves ;

Vu la dépêche ministérielle du 13 du même mois, numérotée 349 ;

Sur la proposition du directeur de l'administration intérieure,

De l'avis du conseil privé,

Avons arrêté et arrêtons ce qui suit :

### ARTICLE PREMIER.

(ARTICLE PREMIER de l'ordonnance.)

Dans la composition de la ration hebdomadaire déterminée par l'article 1er de l'ordonnance, cinq kilogrammes de bananes ou autres fruits et racines alimentaires équivaudront à un kilogramme de riz ou à un litre de farine de manioc.

### ART. 2.
(ARTICLE 2 de l'ordonnance.)

La distribution hebdomadaire à faire aux esclaves qui ne disposent pas d'un jour par semaine pour subvenir à leur nourriture est fixée au lundi.

Il pourra toutefois être procédé, à l'égard de certains esclaves, par voie soit de distribution quotidienne, soit de distribution par repas.

La nécessité de cette mesure de prévoyance sera constatée par un certificat individuel signé du médecin de l'habitation.

### ART. 3.
(ARTICLE 3 de l'ordonnance.)

Tout propriétaire d'esclaves devra, à compter du 1$^{er}$ janvier prochain, être muni des mesures, poids et balances qui lui sont nécessaires pour les distributions hebdomadaires ou quotidiennes d'aliments.

La vérification des poids et mesures chez les propriétaires d'esclaves ne donnera lieu à l'application d'aucuns droits.

### ART. 4.
(ARTICLE 6 (§ 3) de l'ordonnance.)

Le mobilier et les ustensiles de ménage à fournir, conformément au § 3 de l'article 6, sont :

*Pour chaque case :* une table en bois, un banc en bois, un coffre, une marmite en fonte ou en fer battu, de quinze centimètres de diamètre, accrue de trois centimètres par individu habitant la case;

*Et, pour chaque individu :* une assiette, une cuiller en fer battu et un gobelet en fer-blanc.

En cas de perte ou de bris de ces effets, ils seront remplacés par l'esclave.

### ART. 5.
(Même ARTICLE et même paragraphe de l'ordonnance.)

Les noirs adultes de sexe et de famille différents seront logés séparément, soit dans des cases isolées les unes des autres, soit dans une case commune divisée, au moyen de cloisons, en autant de compartiments qu'il y aura d'individus à loger.

Chaque compartiment aura les proportions réglées par le § 2 de l'article 6 de l'ordonnance.

Les cases destinées à loger des familles auront, au minimum, les dimensions ci-après :

Pour une famille composée du père, de la mère et de deux enfants, cinq mètres de longueur sur trois mètres de largeur ;

De trois à quatre enfants, cinq mètres de longueur et quatre mètres de largeur.

De cinq enfants et au-dessus, six mètres de longueur sur quatre de largeur.

Le minimum d'élévation reste, pour tous les cas, fixé à deux mètres cinquante centimètres.

ART. 6.
(ARTICLE 7 de l'ordonnance.)

Les deux distributions de vêtements prescrites par l'article 7 de l'ordonnance auront lieu, chaque année :

La première, du 15 décembre au 15 janvier ;
La seconde, du 15 juin au 15 juillet.

Les esclaves, quel que soit leur âge, resteront vêtus, tant aux champs que sur les habitations, aussi bien que dans les villes et bourgs.

Ceux qui contreviendront à cette prescription seront punis de deux à quatre nuits de détention disciplinaire.

En cas de récidive, la peine sera portée au double et pourra même s'aggraver par l'application du § 2 de l'article 3 de l'ordonnance du 4 juin dernier.

ART. 7.
(ARTICLE 8 (§ 5) de l'ordonnance.)

La caisse de médicaments que tout propriétaire recensant plus de vingt esclaves est, aux termes du § 5 de l'article 8 de l'ordonnance, tenu d'entretenir, sera composée conformément au tableau annexé au présent arrêté.

Cette caisse, dont les dimensions seront proportionnées à la force numérique de l'atelier, devra, pour toutes les habitations, être confectionnée d'après un modèle qui sera, à cet effet, déposé au secrétariat de la mairie de chaque chef-lieu de canton.

Chaque caisse devra être pourvue d'une balance et de poids pour la pesée des médicaments.

ART. 8.

Les esclaves atteints d'ulcères aux jambes ou aux pieds, ou de toutes autres affections de nature à exiger un repos indispensable à leur guérison, pourront, sur l'ordonnance du médecin, être retenus au moyen d'une barre en bois établie, à cet effet, à l'extrémité inférieure des lits de l'hôpital.

ART. 9.

Sera passible des peines prévues par l'article 11 de la loi du 18 juillet 1845 tout propriétaire d'esclaves convaincu de ne s'être point conformé à une des obligations prescrites par le présent arrêté.

ART. 10.

Le directeur de l'administration intérieure et le procureur général sont chargés, chacun en ce qui le concerne, de l'exécution du présent arrêté, qui sera publié, affiché et enregistré partout où besoin sera, et inséré dans la gazette et le bulletin officiels de la colonie.

Donné à la Basse-Terre, le 2 octobre 1846.

*Signé* LAYRLE.
Par le Gouverneur, en conseil :
*Le directeur de l'administration intérieure*, signé JULES BILLECOCQ.

TABLEAU

*Tableau des médicaments nécessaires aux habitations, d'après le nombre de nègres qui y sont attachés.*

| NOMENCLATURE DES MÉDICAMENTS. | USAGE DES MÉDICAMENTS. | HABITATIONS DE 20 À 50 NÈGRES. | HABITATIONS DE 50 À 100 NÈGRES. | AU-DESSUS DE 100 NÈGRES. |
|---|---|---|---|---|
| Acétate de plomb cristallisé | résolutif dans les blessures | 100 grammes dans 1 flacon. | 200 grammes dans un flacon. | 300 grammes dans 1 flacon. |
| Ammoniaque liquide | stimulant | 50 gr., dans 1 flacon bouché à l'émeri. | 100 gr., dans 1 flacon bouché à l'émeri. | 200 gr. dans un flacon bouché à l'émeri. |
| Azotate d'argent fondu (pierre infernale) | pour les plaies | 10 gr. dans 1 flacon à demi rempli de semences de lin. | 20 gr. dans 1 flacon à demi rempli de semences de lin. | 40 gr. dans 1 flacon à demi rempli de semences de lin. |
| Camphre | pour faire l'alcool camphré | 50 grammes dans 1 pot. | 100 gr., dans 1 pot. | 150 grammes dans 1 pot. |
| Chlorure d'oxyde de sodium | pour désinfecter | 1 bouteille. | 2 bouteilles. | 4 bouteilles. |
| Émétique | vomitif | 8 gr., dont 1 gr. en paquets de 0,05, dans 1 flacon et dans 1 petit pot. | 8 gr., dont 1 gr. en paquets de 0,05, dans 1 flacon et dans 1 petit pot. | 8 gr., dont 1 gr. en paquets de 0,05, dans 1 flacon et dans 1 petit pot. |
| Ipécacuanha concassé | idem. | 50 grammes dans 1 flacon. | 50 grammes dans 1 flacon. | 100 grammes dans un flacon. |
| Ipécacuanha pulvérisé | idem. | 25 grammes idem. | 50 grammes idem. | 50 grammes idem. |
| Laudanum liquide | calmant | 100 grammes idem. | 150 grammes idem. | 200 grammes idem. |
| Proto-chlorure de mercure (calomélas) | vermifuge purgatif | 25 grammes idem. | 50 grammes idem. | 50 grammes idem. |
| Extrait gommeux d'opium | calmant. | 4 gr., dont 1 gr. en pil. de 0,05, dans 2 petits pots. | 4 gr., dont 1 gr. en pil. de 0,05, dans 2 petits pots. | 4 gr., dont 1 gr. en pil. de 0,05, dans 2 petits pots. |
| Assa-fœtida | antispasmodique. | 10 gr. en pil. de 0,15 dans 2 petits pots. | 15 gr. en pilules de 0,15, dans 2 pots. | 20 gr. en pilules de 0,15, dans 2 pots. |
| Sulfate de magnésie | purgatif | 500 grammes dans 1 pot. | 1 kilogr. dans 2 pots. | 2 kilogr. dans 4 pots. |
| Jalap pulvérisé | purgatif drastique | 50 grammes dans 1 flacon. | 100 grammes dans 1 flacon. | 150 grammes dans 1 flacon. |
| Sulfate de quinine | fébrifuge. | 30 grammes idem. | 60 grammes dans 2 flacons. | 100 grammes dans 1 flacon. |
| Emplâtre de diachylon gommé | agglutinatif. | 125 gr., dont moitié en sparadrap, en 2 paquets. | 250 gr., dont moitié en sparadrap, en 2 paquets. | 250 gr., dont moitié en sparadrap, en 2 paquets. |
| Linge à pansements et à bandes | pour plaies et blessures. | 2 kilogr. en 1 paquet. | 3 kilogr. en 1 paquet. | 4 kilogr. en 1 paquet. |
| Charpie | idem. | 250 grammes idem. | 500 grammes idem. | 500 grammes idem. |
| Ciseaux | pour pansement | 1 paire. | 1 paire. | 1 paire. |
| Lancettes | pour saigner | 2 dans 1 étui bien fermé. | 3 dans 1 étui bien fermé. | 3 dans 1 étui bien fermé. |
| Seringues à injections | pour divers usages. | 1. | 2. | 2. |
| Seringues à lavement avec 2 canules, dont 1 courbe | pour lavements. | 1. | 2. | 2. |
| Épingles | pour pansement | 160. | 200. | 300. |
| Galon de fil | pour fractures | 10 mètres. | 20 mètres. | 20 mètres. |
| Fil de Rennes | pour ligatures et sutures. | 1 écheveau. | 1 écheveau. | 1 écheveau. |
| Vinaigre cantharidé | pour vésicatoires. | 125 grammes dans 1 flacon. | 200 grammes dans 1 flacon. | 300 grammes dans 1 flacon. |
| Trébuchet garni | pour peser les médicaments. | 1 dans 1 boîte. | 1 dans 1 boîte. | 1 dans 1 boîte. |
| Balance en cuivre, avec poids de 250 grammes divisés | idem. | 1. | 1. | 1. |
| Azotate de potasse (sel de nitre) | diurétique | 60 grammes dans 1 flacon. | 100 grammes dans 1 flacon. | 200 grammes dans 1 flacon. |
| Alun, dont 1/2 calciné et pulvérisé | astringent. | 60 grammes idem. | 100 grammes idem. | 200 grammes idem. |
| Éther sulfurique | anti-spasmodique. | 30 gr. dans 1 flacon bouché à l'émeri. | 60 gr. dans 1 flacon bouché à l'émeri. | 100 gr. dans 1 flacon bouché à l'émeri. |
| Oxyde rouge de mercure | pour panser les gourmes. | 30 gr. dans 1 flacon bouché à l'émeri. | 50 gr. dans 1 flacon bouché à l'émeri. | 100 gr. dans 1 flacon bouché à l'émeri. |
| Nitrate acide de mercure | pour brûler les ulcères. | 30 gr. dans 1 flacon bouché à l'émeri. | 50 gr. dans 1 flacon bouché à l'émeri. | 100 gr. dans 1 flacon bouché à l'émeri. |

Basse-Terre, le 19 juillet 1846.

*Pour les Membres du Conseil de santé :*

Signé CORNUEL.

E. *Arrêtés du Gouverneur de la Guyane française concernant la nourriture, l'entretien et le logement des esclaves, ainsi que les soins à leur donner en cas de maladie.*

1° Arrêté qui fixe les quantités de substances alimentaires à délivrer aux esclaves pour leur nourriture.

Cayenne, le 10 décembre 1846.

Nous, Gouverneur de la Guyane française,

Vu la loi du 18 juillet 1845;

Vu les articles 1 et 2 de l'ordonnance royale du 5 juin 1846, portant :

ARTICLE PREMIER.

« ........................................................

« Des arrêtés des gouverneurs régleront :

« 1° Les proportions dans lesquelles la farine de manioc ou le riz pourront être rem-
« placés, en tout ou en partie, par les racines alimentaires;

« 2° Les cas dans lesquels la morue et la viande salée pourront entrer alternativement
« ou cumulativement dans la composition de la ration ou être remplacées par d'autres
« viandes ou poissons.

ART. 2.

« Les distributions de nourriture seront hebdomadaires; des arrêtés des gouverneurs
« fixeront, dans chaque colonie, le jour où elles auront lieu, et détermineront les cas
« dans lesquels les maîtres, à charge d'en justifier auprès des magistrats chargés du patro-
« nage, seront autorisés à procéder, à l'égard de certains esclaves, par voie de distribution
« quotidienne; »

Sur le rapport de l'ordonnateur par intérim,

De l'avis du conseil privé,

Avons arrêté et arrêtons ce qui suit :

ARTICLE PREMIER.

En remplacement des quantités de farine de manioc, de riz ou de maïs, que l'art. 1er de l'ordonnance du Roi du 5 juin 1846 fixe pour la ration de chaque esclave âgé de plus de quatorze ans, le maître pourra délivrer

Trois kilogrammes sept cent cinquante grammes de cassave ................ ⎫
Ou trois kilogrammes sept cent cinquante grammes de biscuit ............. ⎬ par semaine
Ou trente kilogrammes de bananes en régime ........................... ⎪
Ou vingt kilogrammes de racines alimentaires ou de fruits d'arbre à pain ..... ⎭
Ou sept cent cinquante grammes de pain par jour.

ART. 2.

La morue et la viande salée (bœuf ou lard) pourront être distribuées concurremment.

Le maître pourra y suppléer par du poisson salé du pays, du bœuf séché (tassao du Brésil et des autres États indépendants de l'Amérique méridionale), du bacaliau, des harengs, des aloses ou des maquereaux, à raison d'un kilogramme cinq cents grammes par semaine.

Il pourra encore délivrer en remplacement des salaisons, par jour et à chaque esclave âgé de plus de quatorze ans,

Deux cent cinquante grammes de viande fraîche, bœuf, cabri, cochon ou gibier,

Ou cinq cents grammes de poisson frais, ou de trois à cinq crabes, suivant la grosseur.

### ART. 3.

Pour les individus âgés de moins de quatorze ans, les distributions prévues aux art. 1 et 2 qui précèdent seront faites dans les proportions déterminées par le cinquième alinéa de l'art. 1er de l'ordonnance royale du 5 juin 1846.

### ART. 4.

Les distributions auront lieu le lundi de chaque semaine, après l'appel du matin.

Lorsque les rations devront être fournies en vivres frais, le pain sera délivré chaque jour après l'appel du matin, et la viande fraîche, le poisson frais ou les crabes seront distribués le matin ou la veille au soir.

### ART. 5.

Dans le cas où les noirs n'auraient pas soin de leurs vivres, les dissiperaient ou les échangeraient, et lorsqu'ils auront été en marronnage, le maître pourra leur délivrer journellement la ration.

Les distributions auront lieu chaque matin, après l'appel.

Pour les enfants, le maître pourra retenir leurs vivres, et leur en faire faire journellement la distribution en deux repas.

### ART. 6.

Les denrées délivrées en rations devront réunir toutes les qualités propres à une bonne alimentation.

### ART. 7.

L'ordonnateur et le procureur général, chacun en ce qui le concerne, sont chargés de l'exécution du présent arrêté, qui sera enregistré partout où besoin sera et inséré à la feuille et au bulletin officiel de la colonie.

Cayenne, le 10 décembre 1846.

PARISET.

Par le Gouverneur:

*L'Ordonnateur par intérim,* JORET.

2° Arrêté fixant la nomenclature des meubles et ustensiles de ménage de chaque esclave âgé de plus de quatorze ans.

Cayenne, le 10 décembre 1846.

Nous, Gouverneur de la Guyane française,

Vu la loi du 18 juillet 1845;

Vu l'art. 6 de l'ordonnance du Roi du 5 juin 1846, portant : « Chaque case sera pour-
« vue d'un foyer, et garnie du nombre de lits et de couvertures nécessaires, ainsi que du
« mobilier et des ustensiles de ménage dont la nomenclature sera déterminée par un arrêté
« du gouverneur : le même arrêté réglera les dispositions de détail relatives à la réunion
« des familles, à l'isolement des sexes et à la dimension des cases, selon le nombre d'indi-
« vidus qui pourront être réunis; »

Sur le rapport de l'ordonnateur par intérim,

De l'avis du conseil privé,

Avons arrêté et arrêtons ce qui suit :

### ARTICLE PREMIER.

Il sera délivré à chaque esclave âgé de plus de quatorze ans, logé isolément :

Une caisse ou un baril couvert pour renfermer ses vivres,

Un coffre ou une caisse également couvert pour renfermer ses vêtements,

Un petit banc, chaise ou escabeau,

Une chaudière ou marmite en potin, de la contenance de trois litres,

Deux assiettes en terre cuite,

Un couteau.

Pour un ménage ou pour une mère ayant plus de trois enfants, il sera délivré le double desdits objets.

### ART. 2.

Auront droit aux objets énumérés dans l'article qui précède, tous les individus qui ne les auraient pas ou qui ne seraient pas en possession d'objets équivalents lors de la promulgation du présent arrêté.

Il sera accordé un délai de six mois aux maîtres pour les fournir ou pour les compléter.

### ART. 3.

Les membres d'une même famille seront réunis dans une même case.

Le local occupé par un ménage, homme et femme, devra avoir au minimum 4 mètres de longueur sur 4 mètres de largeur, ou en dimensions analogues sur une largeur de 3 mètres, au moins, 16 mètres carrés, sur 2 mètres 50 centimètres de hauteur.

Il y sera ajouté pour les enfants au-dessus de cinq ans des cabinets de 3 mètres de longueur sur 2 mètres de largeur et 2 mètres 50 centimètres de hauteur. Les cabinets devront être garnis d'un lit en bois ou en fer ou d'un lit de camp de 1 mètre 80 centimètres, élevé de 30 centimètres au-dessus du sol et susceptibles de recevoir chacun deux ou trois enfants.

Lorsque la sablière de la case sera élevée de plus de 2 mètres au-dessus du sol, il pourra être établi dans la partie supérieure une soupente pour loger les enfants.

Les enfants de sexes différents seront logés séparément.

ART. 4.

Au fur et à mesure qu'il y aura lieu de remplacer des cases sur les habitations, ou quand il devra en être construit de nouvelles, elles devront être établies d'après les indications de l'article 3.

Pour celles qui existent, on les emménagera de manière que les esclaves y retrouvent en mètres carrés de superficie l'emplacement et les dispositions voulues; en cas de contestation, le juge de paix prononcera.

ART. 5.

L'ordonnateur et le procureur général sont chargés, chacun en ce qui le concerne, de l'exécution du présent arrêté, qui sera inséré à la feuille et au bulletin officiels de la colonie.

Cayenne, le 10 décembre 1846.

PARISET.

Par le Gouverneur:
*L'Ordonnateur par intérim*, JORET.

---

3° Arrêté fixant les époques de distribution des vêtements à fournir aux esclaves.

Cayenne, le 10 décembre 1846.

Nous, Gouverneur de la Guyane française,

Vu la loi du 18 juillet 1845;

Vu l'art. 7 de l'ordonnance du Roi du 5 juin 1846, portant : « Les époques (les époques « de distribution de vêtements aux esclaves) seront fixées, dans chaque colonie, par un « arrêté du gouverneur;

« .......................................................................

« Des arrêtés des gouverneurs établiront les prescriptions de police nécessaires pour « que les esclaves, quel que soit leur âge, restent vêtus, tant aux champs que sur les ha-« bitations, aussi bien que dans les villes et bourgs; »

Sur le rapport de l'ordonnateur par intérim,

Et de l'avis du conseil privé,

Avons arrêté et arrêtons ce qui suit :

ARTICLE PREMIER.

Les vêtements dus aux esclaves, conformément à l'article 7 de l'ordonnance du Roi du 5 juin 1846, devront leur être distribués chaque année aux époques ci-après:

Ceux d'été ou de la saison sèche, dans le courant de juin;

Et ceux d'hiver ou de la saison pluvieuse, dans le courant de décembre.

Par mesure transitoire, et sans tirer à conséquence pour l'avenir, les maîtres qui ne seraient pas en mesure pour la distribution du présent mois de décembre sont autorisés, pour cette fois, à délivrer les vêtements d'hiver à leurs esclaves d'après les anciens règlements.

ART. 2.

Les esclaves qui seront rencontrés sans être vêtus, soit sur les habitations et à la campagne, soit dans la ville et les bourgs, seront arrêtés et conduits devant le commissaire de police, à Cayenne, ou, dans les quartiers, devant le commissaire-commandant.

Si la contravention provient du fait du maître, qui n'aurait pas fourni à son esclave tous les vêtements voulus, il en sera dressé procès-verbal, qui sera transmis au procureur du Roi.

Si, au contraire, la faute en est à l'esclave, il sera conduit devant le juge de paix du canton, qui le condamnera à une des peines de police disciplinaire prévues par les art. 2, 3 et 4 de l'ordonnance du Roi du 4 juin 1846, à moins que le maître n'assure lui-même la punition.

ART. 3.

Les esclaves ne seront considérés comme vêtus que lorsqu'ils auront, au moins,
Les hommes, une chemise et un pantalon;
Les femmes, une chemise et un camisa ou une vareuse et une jupe;
Et les enfants de l'un et l'autre sexe, une chemise longue.

Toutefois, les esclaves employés aux travaux de fouille et aux autres travaux de force, dans les champs et dans les bois, ne seront pas astreints, pendant la durée du travail, à se conformer aux règles ci-dessus; mais ils devront avoir à portée leurs vêtements, qu'ils seront tenus de reprendre dans les suspensions de la tâche, ou lorsqu'elle sera terminée.

ART. 4.

L'ordonnateur et le procureur général sont chargés, chacun en ce qui le concerne, de l'exécution du présent arrêté, qui sera inséré à la feuille et au bulletin officiel de la colonie.

Cayenne, le 10 décembre 1846.

PARISET.

Par le Gouverneur:

*L'Ordonnateur par intérim*, JORET.

4° Arrêté portant composition des caisses de médicaments à entretenir sur les habitations.

Cayenne, le 10 décembre 1846.

Nous, Gouverneur de la Guyane française,

Vu la loi du 18 juillet 1845;

Vu l'art. 8 de l'ordonnance du Roi du 5 juin 1846, portant: « Tout propriétaire d'ha-
« bitation recensant plus de 20 esclaves........................ est tenu d'en-
« tretenir une caisse de médicaments dont la composition, proportionnellement au nombre
« des esclaves, sera fixée par un acte de l'autorité locale; »

Sur le rapport de l'ordonnateur par intérim,
De l'avis du conseil privé,

Avons arrêté et arrêtons ce qui suit :

### ARTICLE PREMIER.

Les caisses de médicaments à entretenir sur les habitations à la Guyane française seront composées conformément au tableau ci-après :

| MÉDICAMENTS. | ESPÈCES des UNITÉS. | Pour 20 esclaves. | Pour 40 esclaves. | Pour 80 esclaves et au-dessus. |
|---|---|---|---|---|
| Sulfate de soude............................ | Grammes. | 1,000 | 1,500 | 2,000 |
| Jalap en poudre............................. | Idem. | 60 | 90 | 120 |
| Huile de ricin............................... | Idem. | 500 | 750 | 1,000 |
| Rhubarbe en poudre........................ | Idem. | 40 | 60 | 80 |
| Ipécacuanha en poudre..................... | Idem. | 30 | 45 | 60 |
| Émétique.................................... | Idem. | 2 | 4 | 6 |
| Kermès minéral............................. | Idem. | 10 | 15 | 20 |
| Nitrate de potasse.......................... | Idem. | 30 | 45 | 60 |
| Sulfate de quinine.......................... | Idem. | 20 | 30 | 40 |
| Cantharides en poudre..................... | Idem. | 30 | 45 | 60 |
| Sous-acétate de plomb liquide............ | Idem. | 20 | 30 | 40 |
| Sulfate de zinc............................. | Idem. | 20 | 30 | 40 |
| Soufre sublimé............................. | Idem. | 200 | 300 | 400 |
| Camphre.................................... | Idem. | 20 | 30 | 40 |
| Nitrate d'argent fondu..................... | Idem. | 4 | 6 | 8 |
| Laudanum................................... | Idem. | 20 | 30 | 40 |
| Éther sulfurique............................ | Idem. | 20 | 30 | 40 |
| Ammoniaque................................ | Idem. | 20 | 30 | 40 |
| Cérat de Galien............................ | Idem. | 125 | 190 | 250 |
| Onguent mercuriel......................... | Idem. | 125 | 190 | 250 |
| Onguent épispastique...................... | Idem. | 60 | 90 | 120 |
| Emplâtre diachylon........................ | Idem. | 125 | 190 | 250 |
| Sous-acétate de cuivre.................... | Idem. | 20 | 30 | 40 |
| Moutarde en poudre....................... | Idem. | 500 | 750 | 1,000 |
| **INSTRUMENTS ET USTENSILES.** | | | | |
| Trébuchet................................... | Nombre. | 1 | 1 | 1 |
| Seringues à clystères...................... | Idem. | 1 | 1 | 1 |
| Seringues à injections..................... | Idem. | 1 | 1 | 1 |
| Cloches à ventouses....................... | Idem. | 2 | 3 | 4 |
| Baignoire ou baille à bains................ | Idem. | 1 | 1 | 1 |
| Pédiluve.................................... | Idem. | 1 | 1 | 1 |
| Bain de siége.............................. | Idem. | 1 | 1 | 1 |
| Spatule en fer ou en bois.................. | Idem. | 1 | 1 | 1 |
| Bistouris droits............................ | Idem. | 1 | 2 | 2 |
| Lancettes................................... | Idem. | 1 | 2 | 2 |
| Linge à pansements....................... | Grammes. | 1,000 | 1,500 | 2,000 |
| Charpie..................................... | Idem. | 500 | 750 | 1,000 |
| Bandes...................................... | Nombre. | 10 | 15 | 20 |
| Bandages herniaires....................... | Idem. | 2 | 2 | 4 |
| | | 1 de chaque côté. | 1 de chaque côté. | 2 de chaque côté. |

### ART. 2.

Il est accordé aux habitants un délai de six mois, à compter du jour de la promulgation du présent arrêté, pour compléter leurs caisses de médicaments dans les espèces et les quantités prescrites.

### ART. 3.

L'ordonnateur et le procureur général sont chargés, chacun en ce qui le concerne, de l'exécution du présent arrêté, qui sera enregistré partout où besoin sera, et inséré au bulletin officiel et dans la feuille de la colonie.

Cayenne, le 10 décembre 1846.

PARISET.

Par le Gouverneur:

*L'Ordonnateur par intérim*, JORET.

---

## F. EXTRAITS DE LA CORRESPONDANCE DE MM. LES GOUVERNEURS.

### 1° MARTINIQUE.

*Rapport du Procureur général de la Martinique du 26 janvier 1847.*

..................................................................
............Tout ce qui concerne la nourriture des esclaves a été jusqu'à présent l'objet de ma plus vive sollicitude. Je tiens la main à ce que, soit dans les tournées d'inspection, soit sur la réclamation des esclaves, les officiers du parquet exigent la stricte et rigoureuse application de la loi. Des rapports qui me sont parvenus m'ont déjà fait connaître qu'un certain nombre d'habitants avaient pris la précaution de légaliser, suivant les prescriptions de l'article 4, les arrangements intervenus entre eux et leurs esclaves relativement à la concession d'un jour par semaine à la charge de subvenir à leur nourriture, ou d'une demi-journée avec la moitié de l'ordinaire légal. Ce dernier mode de procéder me parait pouvoir se concilier avec une saine interprétation de l'article 4.

Je n'ai point à m'occuper ici des distributions de vêtements, l'exécution de l'arrêté du 2 octobre ne pouvant commencer qu'à partir du 1er janvier courant. Jusqu'à présent on s'était contenté de réclamer l'accomplissement des prestations prévues par les anciens édits.

Les prescriptions de l'article 6 relatives aux logements des esclaves ne sauraient être d'une réalisation facile, et surtout immédiate. La hauteur, la largeur et la longueur des cases sur les habitations satisfont généralement, et même au delà, aux prescriptions de l'ordonnance, excepté peut-être en ce qui concerne les dispositions de détail relatives à l'isolement des sexes. Mais il ne faut pas se dissimuler que, sur un grand nombre d'habitations, cette partie du matériel laisse encore à désirer.

J'ai dû recommander à cet égard à mes substituts la plus grande vigilance dans les visites d'habitations. Néanmoins, les contraventions à l'article 8 n'ont donné lieu à aucune poursuite.

Il me paraît convenable de laisser le temps aux propriétaires de se mettre à même de se conformer à l'ordonnance. La réédification ou réparation de toutes les cases d'une habitation par une mesure d'ensemble excéderait les forces et les ressources de la plus grande partie des propriétaires.

Quant au mobilier et aux ustensiles dont les cases doivent être pourvues, et autres matières réglées par les arrêtés du mois d'octobre, vous comprendrez, Monsieur le Gouverneur, que le peu de temps qui s'est écoulé depuis la promulgation de ces arrêtés ne m'a pas encore permis d'apprécier les résultats qu'ils ont pu produire. J'aurai plus tard l'honneur de vous en rendre compte.

Il vous suffira sans doute, pour le moment, de savoir que rien n'a été négligé pour assurer en cette partie les améliorations que se sont proposées la loi du 18 juillet dernier et les ordonnances qui l'ont suivie.....................................
........................................................

2° GUADELOUPE.

*Rapport du 1er substitut du Procureur général, en date du 11 janvier 1847.*

La concession d'un jour par semaine, en remplacement de la nourriture, est à peu près générale pour les adultes. Les vieillards, les enfants, les infirmes et quelque individus valides, mais paresseux et imprévoyants, reçoivent seuls la nourriture, soit par rations hebdomadaires, soit par repas; cette ration est celle qui est prescrite par l'ordonnance; elle se compose généralement et presque exclusivement de farine de manioc et de morue.

La liste des esclaves ayant fait l'option du samedi n'a pas été tout d'abord envoyée aux juges de paix; mais quelques poursuites dirigées contre des maîtres récalcitrants ont amené la plupart des propriétaires à satisfaire à cette obligation.

La disposition relative au logement à fournir aux esclaves est loin de s'exécuter aussi facilement. Cette disposition a, dans les premiers jours de la promulgation de l'ordonnance, vivement préoccupé les esprits; on se demandait s'il fallait détruire les cases existantes, même celles qui, récemment construites, étaient en bon état, pour les remplacer par des constructions nouvelles remplissant toutes les conditions de l'ordonnance. Telle ne pouvait être, selon moi, la pensée du département. Il m'a paru que l'on pouvait se borner à exiger des maîtres qui n'avaient pas de case en nombre suffisant ou dont les cases étaient en mauvais état, de se conformer, dans les constructions qui leur étaient imposées, aux prescriptions de l'ordonnance. C'est dans ce sens que j'ai cru devoir répondre aux nombreuses réclamations qui m'ont été adressées à ce sujet. Je dois observer ici que cette disposition est d'une exécution difficile, sinon impossible, pour certains propriétaires. Dans les communes où l'on cultivait autrefois le cafier, l'habitant est réellement dans un état voisin de la misère, et l'on rencontrera des obstacles bien difficiles à surmonter. Toutefois afin d'assurer d'une manière indirecte l'accomplissement de cette obligation, j'ai indiqué la voie des conventions, j'ai engagé les propriétaires qui n'étaient pas en position de fournir à leurs esclaves le logement qui leur était dû à accorder à ceux-ci le temps nécessaire pour se procurer les moyens de pourvoir eux-mêmes aux constructions exigées. Cette convention, je l'ai également indiquée comme moyen de satisfaire à l'obligation de fournir des lits et les ustensiles de ménage. Bien que l'arrêté qui a déterminé ces prestations ait été promulgué depuis le 2 octobre dernier, elles n'ont été faites jusqu'à ce jour que sur un petit nombre d'habitations. J'aime à penser que la récolte dans laquelle nous entrons mettra à la disposition des propriétaires les moyens d'exécuter ces prescriptions.

Nous sommes arrivés à l'époque que vous avez fixée pour la première distribution des vêtements. J'ai lieu de croire, bien que je n'aie pu encore le vérifier, que cette première distribution se fait sur la plupart des habitations.

Avant l'ordonnance, il était d'usage, dans la colonie, de donner au jour de l'an, à titre d'étrennes, des vêtements d'une valeur à peu près équivalente à ceux qui sont prescrits par la nouvelle ordonnance. Je sais que, dans le voisinage de la Basse-Terre, où cet usage était moins général, plusieurs propriétaires se sont mis en mesure d'accomplir ce devoir. J'ai lieu de croire qu'il sera également accompli par tous ceux qui seront en position de le faire; dans le cas où il en serait autrement, des poursuites devront être exercées. D'ailleurs, ici, comme pour le logement, j'ai indiqué la convention à ceux qui se trouvent réellement dans l'impossibilité de fournir les vêtements en nature.

Il existe sur la plupart des grandes habitations, et principalement à la Grande-Terre, des hôpitaux qui sont généralement en bon état; rarement ces hôpitaux contenaient des lits séparés; on se servait de lits de camp. Il s'agit de remplacer ces lits de camp par des lits séparés. Je sais que plusieurs propriétaires se sont mis en mesure de se conformer aux nouvelles prescriptions. Plusieurs hôpitaux sont aussi en voie de construction là où il n'en existait pas encore. Déjà un propriétaire qui avait, sur ce point, fait preuve de négligence et de mauvaise volonté a été poursuivi et condamné à 100 francs d'amende.

L'abonnement avec un médecin est aussi beaucoup plus fréquent sur les habitations de la Grande-Terre qu'à la Guadeloupe proprement dite; cela tient à la facilité des communications et à la présence d'un ou de plusieurs médecins dans chaque commune, tandis que dans l'arrondissement de la Basse-Terre il existe plusieurs localités qui ne possèdent pas de médecins, et où les médecins de la ville ne peuvent faire que de rares apparitions. C'est pour ces localités qu'un médecin du Gouvernement a été demandé dans le travail concernant l'organisation des médecins aux rapports. Quelques habitants se sont empressés de contracter les abonnements après la promulgation de l'ordonnance; mais un plus grand nombre devaient le faire à partir du 1er janvier.

# ANNEXES.

## 4ᵉ SÉRIE.

### RÉGIME DISCIPLINAIRE.

# RÉGIME DISCIPLINAIRE.

*A Ordonnance du Roi concernant le régime disciplinaire des esclaves.*

Neuilly, le 4 juin 1846.

LOUIS-PHILIPPE, Roi des Français,

Vu l'article 1er de la loi du 18 juillet 1845, relative au régime des esclaves dans les colonies, ledit article portant : « Il sera statué par ordonnance du Roi, 1°...; 2° sur le « régime disciplinaire des ateliers ; »

Le conseil des délégués des colonies entendu, conformément à l'article 17 de ladite loi;

Sur le rapport de notre ministre secrétaire d'État de la marine et des colonies,

Nous avons ordonné et ordonnons ce qui suit :

### ARTICLE PREMIER.

Le droit de police et de discipline appartient aux maîtres, à l'égard de leurs esclaves, dans les cas ci-après :

Le refus de travail ou l'absence aux heures pendant lesquelles le travail est dû;

La désobéissance aux ordres que le propriétaire, le géreur, l'économe ou les commandeurs auront donnés dans la limite du pouvoir attribué aux maîtres, pour le travail, pour le maintien de l'ordre et pour l'enseignement religieux et élémentaire;

Les injures proférées envers eux ou les membres de leur famille;

Le marronnage, quand il n'aura pas excédé huit jours consécutifs, et qu'il aura été constaté par une déclaration préalable du maître à l'autorité;

Les rixes et les voies de fait entre les esclaves;

L'ivresse, les faits contraires aux mœurs;

Les dégâts et les larcins commis sur l'habitation ou dans l'intérieur de la maison.

Dans les cas prévus ci-dessus qui seraient de nature à entraîner l'application d'une peine judiciaire, la punition par le maître sera facultative pour lui, et sera exclusive de la répression par les tribunaux.

Tous autres délits ou contraventions commis par les esclaves seront exclusivement justiciables des tribunaux, conformément aux dispositions en vigueur ou à celles qui pourraient être ultérieurement établies; et, à cet effet, les esclaves délinquants ou criminels devront être mis par le maître, dans le délai de trois jours, à la disposition du procureur du Roi.

### ART. 2.

L'emprisonnement de l'esclave, dans les cas spécifiés par les dispositions de l'article qui précède, pourra être ordonné par le maître quand la peine n'excédera pas quinze jours consécutifs, et, dans ce cas, il sera subi sur l'habitation ou dans le domicile du maître.

Aucune détention disciplinaire excédant quinze jours ne pourra être infligée que par l'envoi de l'esclave à l'atelier de discipline du canton, avec l'autorisation du juge de paix, et l'esclave devra toujours être renvoyé à son maître dans le délai de trois mois.

Pour l'exécution de la disposition établie par le § 1ᵉʳ du présent article, il devra être établi sur chaque habitation, à l'exclusion de tout autre moyen d'emprisonnement, une salle de police dont les dimensions et l'installation seront déterminées, dans chaque colonie, par un arrêté du gouverneur.

Un arrêté du gouverneur réglera également l'établissement et le régime des ateliers de discipline à créer dans chaque chef-lieu de canton, lesquels devront toujours être distincts et séparés des geôles affectées à la détention des individus poursuivis judiciairement ou condamnés.

### ART. 3.

Est prohibé, dans l'exécution des dispositions qui précèdent, l'emploi des fers, chaînes et liens, de quelque espèce et de quelque forme qu'ils soient.

L'emploi des entraves ne pourra avoir lieu qu'à titre d'exception, et à charge d'en rendre compte au juge de paix dans les vingt-quatre heures.

### ART. 4.

Les châtiments corporels sont interdits à l'égard des esclaves du sexe féminin, et des esclaves mâles qui, aux termes de l'article 3, § 2, de la loi du 18 juillet 1845, ne seront pas assujettis au maximum de travail déterminé par le § 1ᵉʳ du même article.

Le châtiment du fouet, à l'exclusion de toute autre punition corporelle, est maintenu, jusqu'à ce qu'il en soit autrement ordonné, à l'égard des esclaves mâles assujettis au maximum du travail.

Ledit châtiment ne pourra pas être infligé plus d'une fois par semaine, et ne devra, dans aucun cas, dépasser quinze coups.

L'instrument de fustigation ne devra jamais être porté par le commandeur, ni par aucun autre des agents de l'habitation, sur le lieu du travail; l'application de la peine devra toujours être séparée de l'instant où la faute aura été commise par un intervalle de six heures. Elle ne pourra avoir lieu qu'en présence des hommes de l'atelier réunis.

### ART. 5.

Il sera tenu sur chaque habitation, et chez tout propriétaire des villes et bourgs possédant des esclaves, un registre coté et paraphé par le juge de paix, et sur lequel seront inscrites toutes les punitions qui auront lieu conformément aux dispositions ci-dessus, avec mention des manquements qui les auront motivées, du nom, du sexe, de l'âge et de l'emploi de l'esclave qui les aura subies, ainsi que de la personne qui les aura ordonnées et de celle qui aura été chargée de leur exécution. S'il s'agit d'un emprisonnement, la durée en sera constatée. Si la punition est corporelle, le registre constatera, en outre, l'heure et les autres circonstances prévues par l'article 4 ci-dessus. Les inscriptions devront toujours avoir lieu le jour même où la punition aura été infligée.

Des extraits certifiés par le maître seront remis aux magistrats chargés du patronage, à chacune de leurs tournées, indépendamment de l'exhibition qui devra leur être faite dudit registre, pour être par eux visé et arrêté.

### ART. 6.

Les plaintes portées par les esclaves devant les magistrats contre les maîtres ou contre les géreurs ne pourront, lorsqu'elles auront été reconnues sans fondement, donner lieu à un châtiment disciplinaire, qu'après qu'un des magistrats inspecteurs ou des juges de paix, chacun dans son ressort, aura apprécié la nature de la plainte, et autorisé, dans le cas où elle serait punissable, l'application d'une des peines prévues ci-dessus.

### ART. 7.

Notre ministre secrétaire d'État au département de la marine et des colonies est chargé de l'exécution de la présente ordonnance, qui sera insérée au Bulletin des lois.
Donné à Neuilly, le 4 juin 1846.

LOUIS-PHILIPPE.

Par le Roi :

*Le Vice-Amiral, Pair de France,*
*Ministre Secrétaire d'État de la marine et des colonies.*

B<sup>on</sup> DE MACKAU.

---

B. *Circulaire ministérielle du 13 juin 1846, adressée aux Gouverneurs de la Martinique, de la Guadeloupe, de la Guyane française et de Bourbon, au sujet de l'exécution de l'ordonnance royale du 4 du même mois, concernant le régime disciplinaire des esclaves.*

Monsieur le gouverneur, j'ai l'honneur de vous adresser ampliation d'une ordonnance royale du 4 juin qui, aux termes de l'article 1<sup>er</sup> de la loi du 18 juillet 1845, statue sur le régime disciplinaire des esclaves.

Vous voudrez bien pourvoir à la promulgation et à la mise en vigueur de cette ordonnance immédiatement après sa réception.

Je n'ai pas d'explications générales à vous donner sur l'ensemble de cet acte et sur le caractère des innovations qu'il introduit dans le régime des ateliers. D'après les discussions parlementaires de l'année dernière, tous les esprits doivent être préparés, dans les colonies, à la modification des moyens coërcitifs que l'ancienne législation mettait aux mains des maîtres. Le Gouvernement a la confiance que, dans la limite à laquelle il s'est arrêté, il a satisfait aux vœux les plus pressants de l'humanité, sans compromettre l'autorité des propriétaires dans ce qu'elle a de juste et d'essentiel au maintien du travail; et j'espère fermement que le pouvoir domestique regagnera promptement, en influence morale, ce qu'il pourra sembler avoir momentanément perdu dans son action matérielle. L'exemption des châtiments corporels pour les femmes est le point dominant de l'ordonnance du 4 juin : c'est la mesure qui aura, aux yeux de la population noire, la plus haute signification; les sentiments qu'elle fera naître ne peuvent manquer de produire une impression favorable aux mœurs, à l'esprit de famille, et cette réforme, dans le régime disciplinaire, était le préliminaire indispensable de l'ordonnance sur les mariages des esclaves, dont je vais maintenant avoir à m'occuper.

Diverses explications sont nécessaires sur plusieurs points de l'ordonnance ci-jointe. Je vais les aborder successivement :

Art. 1er.—Je dois vous dire que la nomenclature limitative des cas auxquels est applicable la discipline domestique n'a été, de la part de MM. les délégués des colonies, le sujet d'aucune objection. D'un autre côté, c'est sur leur demande qu'a été ajoutée, au *propriétaire et au gérant*, la désignation de l'*économe* et du *commandeur*, comme agents directs du pouvoir disciplinaire. Le conseil des délégués aurait désiré qu'on allât plus loin, et qu'on y joignît, en termes généraux, les *représentants du maître*. Cette disposition n'aurait pu être adoptée sans qu'on y attachât l'obligation de faire agréer ces représentants, en ladite qualité, par les magistrats chargés de la protection des esclaves, ce qui eût entraîné des complications. En définitive, au moyen des quatre dénominations portées dans l'article, l'ordonnance embrasse tout le cercle d'autorité qu'il peut être nécessaire de prévoir.

La disposition qui renvoie aux tribunaux ordinaires à connaître, à l'égard des esclaves, de tous les faits non spécifiés comme justiciables du pouvoir disciplinaire, m'a conduit à me faire rendre compte de l'état de la législation qui constitue le Code pénal des esclaves. Cette législation est incomplète et incohérente; mais les tribunaux peuvent, aux termes des ordonnances de 1827 et 1828, y suppléer par l'application du Code pénal des libres, et l'expérience paraît avoir montré qu'en puisant à cette double source, ils sont en mesure de pourvoir à tous les besoins de la répression avec une latitude suffisante. D'un autre côté, le moment serait bien peu opportun pour s'occuper d'un code pénal nouveau en vue de cette partie de la population coloniale, et pour reprendre à cet effet les travaux préparés dans les colonies.

Art. 2.—Il ne vous échappera pas que le juge de paix, lorsqu'il sera appelé à ordonner l'emprisonnement disciplinaire d'un esclave à la geôle publique, restera libre d'y pourvoir ou de s'y refuser. Le conseil des délégués avait demandé que le magistrat fût tenu de déférer, dans tous les cas, aux demandes que les maîtres lui adresseraient. Il ne m'a paru ni convenable ni nécessaire de modifier la disposition en ce sens; c'eût été priver les juges de paix, dans les cas en question, d'un de leurs caractères les plus essentiels aux yeux des habitants, celui de patrons préposés à la tutelle du noir quand le pouvoir domestique tend à dépasser certaines limites. C'est en ce sens, au surplus, qu'était déjà conçue la disposition analogue contenue dans l'ordonnance royale du 16 septembre 1841.

Les deux autres paragraphes de l'article 2 ne font également que reproduire les dispositions déjà consacrées par l'ordonnance de 1841. Il semblerait donc que, sous le rapport de l'emprisonnement disciplinaire, tout doit être dès à présent organisé dans les colonies, ainsi que le veut l'ordonnance actuelle, et qu'il n'y a qu'à continuer ce qui existe, en l'améliorant. Il n'en est malheureusement pas ainsi. En ce qui concerne les prescriptions à établir pour la construction et l'installation des salles de police des habitations, les règlements prescrits par les instructions ministérielles du 12 novembre 1841, ou n'ont pas été faits, ou sont restés sans exécution.

Quant aux ateliers de discipline à établir au chef-lieu de chaque canton de justice de paix, il n'a été pris aucune disposition spéciale, et on s'est borné à donner accessoirement cette destination aux geôles existantes. Enfin, il n'a pas été rendu compte, dans les rapports des magistrats, de l'état de ces ateliers, de leur degré d'utilité, et du nombre de noirs qu'ils reçoivent. Quant à l'organisation qu'il conviendrait de donner définitivement à ces établissements, je n'ai reçu de propositions spéciales que de l'île Bourbon, propositions qui se rattachaient d'ailleurs à des combinaisons générales sur l'ensemble des geôles de la colonie, au point de vue de la police à exercer sur les marrons, les noirs dangereux, etc.

En cet état de choses, j'ai d'abord à vous recommander, monsieur le gouverneur, de donner toute votre attention au règlement à faire, dès la publication de l'ordonnance, au sujet des dimensions et de l'installation des salles de police dont elle autorise l'emploi sur les habitations. Ce règlement, que se bornaient à recommander les instructions relatives à l'ordonnance du 16 septembre 1841, est maintenant exigé par l'ordonnance du 4 juin 1846. Il doit donc être fait et mis en vigueur sans délai. Je ne puis d'ailleurs que répéter ici ce que portaient, à cet égard, les instructions dont il s'agit. Il n'a pas paru à propos, disait alors M. l'amiral Duperré, de spécifier dans l'ordonnance la forme, les dimensions, etc., des salles de discipline, les moyens intérieurs qui pourront y être employés pour prévenir les évasions. Sur ces divers points, d'ailleurs, les prescriptions peuvent varier suivant les localités, et c'est à vous, monsieur le gouverneur, qu'il appartiendra d'y pourvoir par des dispositions spéciales susceptibles de concilier l'exercice régulier du pouvoir disciplinaire avec tous les ménagements que l'humanité réclame. Je me borne à vous signaler la nécessité d'exiger que tout local destiné à cet usage soit construit au-dessus du sol, qu'il soit suffisamment aéré, et qu'il ne puisse, soit par défaut d'espace, soit par d'autres combinaisons, ajouter des souffrances physiques au châtiment qui doit exclusivement résulter de l'isolement de jour et de nuit. L'emploi de chaînes ou d'autres ferrements à l'égard des détenus disciplinaires doit, au surplus, être interdit d'une manière absolue.

Quant à l'arrêté que vous avez à rendre pour régler l'établisssment et le régime des ateliers publics de discipline à créer dans chaque chef-lieu de canton, l'émission de cet acte est nécessairement subordonnée à diverses conditions.

Il faut d'abord que les nouvelles circonscriptions cantonales soient réglées par ordonnance royale, ainsi que le prévoit la loi du 18 juillet 1845 : c'est à quoi il sera pourvu dès que mon département sera mis en possession des nouveaux crédits qu'il a demandés afin de faire face à l'augmentation du nombre des justices de paix.

Il faut ensuite que l'administration coloniale soit mieux fixée qu'elle n'a pu l'être par l'exécution, en grande partie nulle, de l'ordonnance de 1841, sur l'importance relative que sont destinés à acquérir les ateliers de discipline, selon l'usage que feront les maîtres du pouvoir laissé à leur disposition, importance sur laquelle peut influer dans une proportion qu'il est difficile de prévoir, la modification profonde introduite désormais dans l'emploi des punitions corporelles.

Il faut enfin que les établissements puissent être fondés matériellement, ou qu'on soit fixé du moins sur les moyens d'exécution, avant de s'occuper définitivement des détails de leur installation intérieure.

Je reconnais donc qu'il vous serait impossible de rendre immédiatement et *à priori* l'arrêté que vous avez à émettre aux termes de l'article 2 (§ 3) de l'ordonnance du 4 juin. Mais ce n'est point une raison pour laisser entièrement en suspens cette partie des dispositions prescrites.

Afin de pourvoir au plus pressé, vous voudrez bien vous faire rendre compte de l'état des geôles existant dans les villes et bourgs de la colonie, et des moyens qu'elles offriraient en y ajoutant quelques installations pour satisfaire par urgence au vœu de l'ordonnance, laquelle, il ne faut pas le perdre de vue, exige formellement que les détenus disciplinaires ne soient pas confondus avec les malfaiteurs, prévenus ou condamnés. Un arrêté provisoire sera en même temps pris par vous à ce sujet.

Vous examinerez ensuite, et dans le plus bref délai possible, dans quel système devraient être conçus les établissements à former, quelles devraient être leurs proportions, et quelle dépense ils entraîneraient. Dans cette évaluation, il ne faudra pas perdre de vue qu'aucune assimilation ne saurait être établie entre des ateliers semblables et des prisons proprement dites, et on n'oubliera pas non plus qu'il n'y a aucune analogie avec ces dépôts disciplinaires et les ateliers de travail prévus, quant à la classe libre, par l'article 16 de la loi du 18 juillet 1845.

En ce qui regarde les moyens de pourvoir à la dépense en question, je suis amené à dire que les colonies se feraient une idée très-fausse de la situation créée par les lois de 1845, si elles pensaient que toutes les conséquences financières de ces lois doivent, à raison même de leur origine, être mises à la charge du budget de l'État. Il n'y a aucune raison de s'écarter en cela du système général des finances coloniales. Toutes les dépenses du personnel et du matériel qui, dérivant de la loi du 18 juillet, pourront se rattacher à la nomenclature du service général prendront naturellement place dans le chapitre XXIII du budget de mon département, et si cette nomenclature est revisée, elle le sera certainement dans la vue d'y faire entrer ce genre de dépenses en aussi grande proportion que possible. Mais, en l'état actuel des choses, il faut bien accepter la répartition des charges existantes, et mettre au compte des caisses coloniales ou à celui des communes les dépenses afférentes à des services déjà rétribués par elles : j'aurai même, en ce qui concerne l'instruction primaire, à faire remarquer que l'emploi des fonds de l'État, quoique prévu par le régime financier, n'est pas exclusif de celui des ressources des caisses coloniales et municipales.

En appliquant ces principes à la question des ateliers de discipline, vous reconnaîtrez que, soit pour les installations provisoires dont j'ai parlé plus haut, soit pour les dispositions générales à prévoir en exécution de l'article 3 de l'ordonnance du 4 juin, il y a lieu de considérer la dépense comme appartenant au *service local*, et de la comprendre au budget du service intérieur. Vous aurez donc à demander, à cet effet, au conseil colonial, les crédits nécessaires, lors de sa plus prochaine réunion.

Vous aurez ensuite à rendre définitivement l'arrêté réglementaire qui doit pourvoir à l'exécution du § 3 de l'article 3. Je ne crois pas nécessaire de vous en indiquer d'avance les éléments. La condition essentielle à réaliser, c'est la spécialité de régime prévue par la loi elle-même, spécialité qui doit caractériser le *travail* auquel les détenus seront astreints aussi bien que leur *logement* et leur *entretien*. Ils doivent, sous tous ces rapports, être traités moins rigoureusement que les individus atteints par la justice : je n'ai pas besoin d'ajouter que, dans les ateliers disciplinaires comme dans les geôles, l'assistance des ministres de la religion est un des premiers soins et un des premiers moyens de réforme que l'administration doit assurer aux noirs placés sous la main de l'autorité publique.

Art. 3. — Par le paragraphe second de cet article, le Gouvernement a entendu satisfaire, dans une juste limite, à la nécessité où peuvent être les maîtres d'user de moyens de contrainte exceptionnels à l'égard des esclaves récalcitrants ou de ceux dont une habitude invétérée de marronnage rendrait la détention impossible par la simple reclusion. Mais il doit être entendu d'abord que le mot *entraves* s'applique exclusivement aux *ceps en bois* qui sont en usage dans les prisons et même dans les hôpitaux des colonies, et en second lieu que MM. les juges de paix et MM. les procureurs du Roi tiendront expressément la main à ce que l'usage qui sera fait de cette faculté soit exceptionnel et réservé pour les cas les plus graves.

Art. 4. Indépendamment de la suppression du fouet pour les femmes, au sujet de laquelle je me suis expliqué au commencement de la présente dépêche, le paragraphe premier stipule la même exemption en faveur des adultes et des vieillards, mais en se référant à cet effet à une classification plus précise qui doit être faite par un décret colonial, aux termes de l'art. 3 (§ 2) de la loi du 18 juillet 1845. Le décret dont il s'agit va être de ma part l'objet d'une communication spéciale.

Tous les articles de l'ordonnance réclament au même degré l'obéissance des propriétaires et la vigilance des magistrats et des autorités; mais il n'en est aucun dont la stricte exécution doive être plus sévèrement et plus constamment exigée que celle de l'art. 4. Je vous invite, monsieur le gouverneur, à y tenir particulièrement la main, et à couper court, dès le début, par toutes les poursuites auxquelles il y aura lieu, à la tendance qu'auraient nécessairement beaucoup de maîtres et surtout des gérents à éluder ou à perdre de vue des prescriptions qui se trouvent pour la plupart en opposition avec les habitudes encore établies sur le plus grand nombre des habitations.

Art. 5. — L'obligation imposée aux maîtres, de tenir un registre de punitions, a rencontré, de la part de MM. les délégués, entre autres objections, celle d'être inexécutable pour la grande majorité des propriétaires d'esclaves, notamment parmi la classe de couleur. Cette objection n'a pas dû m'arrêter, d'abord parce qu'elle m'a paru empreinte d'exagération, en second lieu parce que la disposition a une importance trop grande pour qu'elle dût être sacrifiée à une difficulté relative, et enfin parce qu'il y a lieu de compter sur les tribunaux pour apprécier les cas d'excuse qui pourront être présentés.

L'obligation de fournir dénombrement aux colonies est générale et sans exception; les propriétaires totalement illettrés y sont soumis et s'y conforment comme les autres : la tenue des registres de punitions ne présente pas, par conséquent, d'obstacles insurmontables. Il faut d'ailleurs qu'aux colonies on se persuade d'une vérité, c'est que le régime légal tendant à pénétrer de plus en plus dans toutes les parties de l'organisation coloniale, les mœurs, les habitudes, l'éducation doivent se façonner aux nécessités nouvelles qui en résultent pour les citoyens. Au surplus, la répugnance, autrefois générale chez les habitants, pour les formalités administratives, a déjà subi des modifications sensibles depuis quelques années, et les ordonnances actuelles trouveront sous ce rapport les propriétaires mieux disposés qu'ils ne l'eussent été précédemment.

Je ne pousserai pas plus loin, quant à présent, monsieur le gouverneur, mes observations sur l'ordonnance du 4 juin. L'expérience fera connaître de quelles nouvelles explications ses dispositions seraient susceptibles, et je vous engage à me soumettre, sans aucun retard, toutes les questions que les présentes instructions vous paraîtraient avoir laissé à résoudre, en leur donnant, d'ailleurs, provisoirement la solution qui vous paraîtra la mieux appropriée à l'esprit de cet acte.

L'ordonnance du 5 janvier 1840, modifiée, en ce qui regarde l'enseignement religieux et élémentaire, par celle du 18 mai dernier, que je vous notifie par une autre dépêche, subsiste en ce qui regarde le service de patronage confié aux officiers du ministère public. Je m'occupe de réviser cette partie de l'ordonnance dont il s'agit, notamment en vue d'associer aux inspections périodiques les juges de paix et leurs suppléants; je fais préparer, en outre, de nouveaux modèles pour les tableaux qui doivent accompagner les rapports périodiques relatifs aux tournées. En attendant que mes ordres, à ce sujet, vous parviennent, vous aurez nécessairement, après la promulgation des ordonnances sur le régime des esclaves, à imprimer à l'exécution de celle du 5 janvier 1840, en ce qui regarde le patronage, une activité beaucoup plus soutenue que celle qui, depuis la promulgation de la loi du 18 juillet, a caractérisé cette partie du service dans la plupart des localités.

Recevez, etc.

*Le Vice-Amiral, Pair de France,*
*Ministre Secrétaire d'État de la marine et des colonies.*
B<sup>on</sup> DE MACKAU.

---

C. *Règlements sur les dimensions et l'installation des salles de police sur les habitations.*

1° Arrêté du Gouverneur de la Martinique, en date du 1<sup>er</sup> septembre 1846.

Nous, Gouverneur de la Martinique,

Vu l'article 11 de la loi du 24 avril 1833, sur le régime législatif des colonies;

Vu l'article 2 (paragraphe 3) de l'ordonnance royale du 4 juin 1846, concernant le régime disciplinaire des esclaves, ledit article portant :

« Pour l'exécution de la disposition établie par le paragraphe 1<sup>er</sup> du présent article, il

« devra être établi sur chaque habitation, à l'exclusion de tout autre moyen d'empri-
« sonnement, une salle de police dont les dimensions et l'installation seront déterminées,
« dans chaque colonie, par un arrêté du gouverneur; »

Considérant que ce moyen disciplinaire doit être mis à la portée des petits comme des grands propriétaires;

Sur le rapport du directeur de l'intérieur,

De l'avis du conseil privé,

Avons arrêté et arrêtons ce qui suit :

### ARTICLE PREMIER.

Les salles de police des habitations devront être construites en maçonnerie ou en bois, à 30 centimètres au moins au-dessus du sol.

Leurs dimensions seront proportionnées au nombre des individus qui devront y être détenus.

Elles seront planchéiées ou carrelées.

### ART. 2.

Les salles de police destinées à un seul individu auront au moins 3 mètres de longueur, 2 mètres de largeur, 2 mètres 50 centimètres de hauteur.

Les salles destinées à deux individus auront 4 mètres de longueur, 2 mètres de largeur, 2 mètres 50 centimètres de hauteur.

Les salles destinées à un plus grand nombre d'individus auront la même hauteur et la même longueur que celles qui sont destinées à deux individus, mais elles seront augmentées en largeur à raison de 1 mètre par individu.

### ART. 3.

Les salles de police seront garnies d'un lit de camp élevé de 50 centimètres au-dessus du sol.

La longueur du lit de camp sera de 2 mètres sur 1 mètre de largeur, au moins, par individu.

### ART. 4.

Les salles de police seront construites de telle sorte que l'air puisse y circuler.

Les fenêtres ne pourront avoir moins de 50 centimètres de largeur, sur 70 centimètres de hauteur; elles pourront être garnies d'un grillage.

### ART. 5.

Les esclaves de sexe différent ne pourront être renfermés en même temps dans la même salle de police.

### ART. 6.

Sera punie des peines de simple police toute contravention au présent arrêté.

( 124 )

ART. 7.

Sont et demeurent abrogées toutes dispositions antérieures qui seraient contraires aux présentes.

ART. 8.

Le directeur de l'intérieur et le procureur-général du Roi sont chargés, chacun en ce qui le concerne, de l'exécution de cet arrêté, qui sera enregistré partout où besoin sera, et inséré au journal et au bulletin officiels de la colonie.

Fait à Fort-Royal, le 1er septembre 1846.

*Signé* A. MATHIEU.

Par le Gouverneur :

*Le Directeur de l'intérieur,* Signé F. FREMY.

---

2° Arrêté du Gouverneur de la Guadeloupe, en date du 29 août 1844 (1).

NOUS, GOUVERNEUR DE LA GUADELOUPE ET DÉPENDANCES,

Vu l'article 11 de la loi du 24 avril 1833;

Vu l'ordonnance du 16 septembre 1841, portant que les maîtres ne pourront infliger à leurs esclaves la peine de l'emprisonnement que dans les salles de police de leurs habitations;

Vu les instructions ministérielles des 12 novembre 1841 et 16 février 1844, qui prescrivent de régler les conditions dans lesquelles ces salles de police doivent être établies;

Considérant qu'il importe d'assurer aux maîtres qui n'ont point de salle de police sur leurs habitations les moyens de correction déterminés par l'ordonnance royale précitée;

Sur la proposition du directeur de l'administration intérieure et du procureur général,

De l'avis du conseil privé,

AVONS ARRÊTÉ et ARRÊTONS ce qui suit :

ARTICLE PREMIER.

§ 1er. Les maîtres qui voudront user, sur leur habitation ou dans leur maison de ville, de la mesure d'ordre et de discipline qui leur est attribuée par les édits et ordonnances seront tenus d'avoir *une salle de police*.

---

(1) Cet arrêté a été publié de nouveau dans la *Gazette officielle de la Guadeloupe*, le 5 août 1846.

§ 2. Tout local destiné à une salle de police sera placé au-dessus du sol. Ses dimensions auront au moins 4 mètres de longueur et de largeur, sur 2 mètres 50 centimètres de hauteur ou 40 mètres cubes de capacité; des ouvertures seront suffisamment ménagées. Ce local sera pourvu en outre d'un lit de camp d'une inclinaison de 12 à 15 degrés, auquel pourra être adaptée une barre de discipline.

### ART. 2.

§ 1er. Dans toutes les geôles, une chambre sera destinée à l'emprisonnement disciplinaire des esclaves dont les maîtres n'auront point de salle de police.

§ 2. Les esclaves seront reçus dans cette salle de police sur la demande de leurs maîtres.

§ 3. La durée de l'emprisonnement qu'ils y subiront ne pourra excéder les quinze jours consécutifs fixés par l'ordonnance royale précitée.

§ 4. Un registre spécial constatera sommairement la demande du maître et la durée de l'emprisonnement.

### ART. 3.

Toute communication sera interdite dans les geôles entre les salles de police et les ateliers de discipline : les logements seront distincts et séparés.

### ART. 4.

§ 1er. Les esclaves qui, à l'expiration de l'emprisonnement disciplinaire, ne seront pas retirés de la salle publique de police seront reconduits chez leurs maîtres aux frais de ceux-ci.

§ 2. Les maîtres seront également passibles des frais de nourriture de leurs esclaves emprisonnés, conformément aux tarifs en vigueur.

§ 3. A défaut de payement de ces frais, le recouvrement en sera poursuivi à la diligence du receveur de l'enregistrement.

### ART. 5.

Le directeur de l'administration intérieure et le procureur général sont chargés, chacun en ce qui le concerne, de l'exécution du présent arrêté, qui sera enregistré partout où besoin sera et inséré au bulletin et dans la gazette officiels de la colonie.

Donné à la Basse-Terre, le 29 août 1844.

*Signé* GOURBEYRE.

Par le Gouverneur, en conseil :

*Le Directeur de l'administration intérieure,*

*Signé* Jules BILLECOCQ,

Le Procureur général par intérim,

*Signé* A. FOURNIOLS.

3° Arrêté du Gouverneur de la Guyane française, en date du 22 septembre 1846.

Nous, Gouverneur de la Guyane française,

Vu la loi du 18 juillet 1845;

Vu l'ordonnance du Roi, du 4 juin 1846, concernant le régime disciplinaire des esclaves;

Vu l'arrêté du 19 juillet 1844, pour les installations des salles de police destinées à l'emprisonnement disciplinaire des esclaves;

Vu la dépêche ministérielle du 27 décembre 1844, n° 405;

Considérant qu'il n'y a lieu de modifier ledit arrêté que dans celles de ses dispositions sur lesquelles l'ordonnance du 4 juin précitée a déjà statué;

Sur la proposition du procureur général,

De l'avis du conseil privé,

Avons arrêté et arrêtons ce qui suit:

### ARTICLE PREMIER.

Les salles de police dans lesquelles les maîtres pourront emprisonner leurs esclaves par voie de discipline domestique, conformément aux articles 2 et 3 de l'ordonnance du Roi du 4 juin 1846, auront la forme, les dimensions et les installations suivantes:

Elles devront être construites au-dessus du sol. Le plancher sera en terre battue, carrelé ou briqueté, ou en planches ou madriers.

Elles pourront être construites en briques, pierres, bois, avec cloisons gaulettées ou briquetées, ou en planches ou en madriers, et couvertes en tuiles, ardoises, bardeaux, paille, ou planches ou madriers.

Toute salle de police devra avoir au minimum, par chaque individu, neuf mètres cubes de capacité et un mètre carré d'ouverture, avec barreaux en fer ou en bois.

Les dimensions pourront varier, pourvu qu'un des côtés horizontaux et la hauteur aient au moins deux mètres chacun; la troisième dimension résultera des deux premières.

Les ouvertures de ces salles seront disposées, autant que possible, sur des faces opposées, afin de faciliter les courants d'air.

Dans chaque salle de police, il y aura un lit en bois ou en fer par individu, ou un lit de camp en bois.

### ART. 2.

Dans les salles de police, les femmes seront séparées des hommes.

### ART. 3.

Toutes contraventions aux dispositions qui précèdent seront punies d'une amende de 21 à 100 francs, et en cas de récidive, outre l'amende, d'un emprisonnement de trois à quinze jours, sans préjudice de l'application, s'il y a lieu, de l'article 9 de la loi du 18 juillet 1845.

ART. 4.

Sont abrogés l'arrêté du 19 juillet 1844 et toutes les dispositions des arrêtés et des règlements antérieurs, en ce qu'elles ont de contraire au présent.

ART. 5.

L'ordonnateur et le procureur général sont chargés, chacun en ce qui le concerne, de l'exécution du présent arrêté, qui sera publié et enregistré partout où besoin sera et inséré au bulletin officiel de la colonie.

Cayenne, le 22 septembre 1846.

*Signé* PARISET.

Par le Gouverneur :

*Le Procureur général*, Signé VIDAL DE LINGENDES.

## D. ATELIERS DE DISCIPLINE.

### GUYANE FRANÇAISE [1].

*Arrêté du 14 décembre 1846 concernant le régime des ateliers disciplinaires.*

Cayenne, le 14 décembre 1846.

Nous, Gouverneur de la Guyane française,

Vu la loi du 18 juillet 1845;

Vu l'ordonnance du 4 juin 1846 :

Considérant qu'il est urgent, dans l'intérêt du maintien du bon ordre et dans celui des esclaves envoyés aux ateliers de discipline, que ces ateliers soient établis, et que des dispositions précises définissent leur régime;

Sur la proposition de l'ordonnateur par intérim et du procureur général,

Et de l'avis du conseil privé,

Avons arrêté et arrêtons ce qui suit :

### ARTICLE PREMIER.

Un atelier de discipline sera établi auprès de chacune des justices de paix de la colonie pour y réunir les esclaves qui seront condamnés par le juge de paix, sur la demande des maîtres, conformément à l'article 2 de l'ordonnance du 4 juin 1846.

---

[1] Voir dans le rapport au Roi, page 9, l'indication des motifs qui font que cette matière n'est encore réglementée dans aucune des trois autres colonies.

### ART. 2.

Les bâtiments destinés aux logements des noirs détenus à l'atelier disciplinaire seront installés de manière à ce que la sûreté de la détention se combine avec le bien-être des prisonniers.

### ART. 3.

Les détenus pourront être logés séparément ou couchés dans des salles communes.
Il y aura dans les chambres des lits de camp.

### ART. 4.

La prison des femmes sera séparée de celle des hommes, de manière à ce qu'aucune communication ne puisse avoir lieu entre les deux sexes.

### ART. 5.

Il y aura, pour chaque établissement, un gardien en chef et le nombre de gardiens nécessaires pour la police intérieure, la conduite et la surveillance des détenus disciplinaires employés à l'extérieur.

Une femme sera spécialement attachée à l'atelier des femmes pour le régime intérieur.

Le gardien en chef aura la direction de l'établissement; son traitement se divisera en solde fixe et en supplément éventuel; ce dernier ne lui sera payé qu'autant qu'il aura satisfait aux obligations de son emploi.

Il devra résider dans l'établissement.

Il ne pourra s'en absenter que sur un permis spécial du chef de l'administration intérieure.

Il ne pourra se livrer à aucun trafic quelconque, et devra se consacrer tout entier aux devoirs de son état.

Les gardiens ordinaires seront répartis suivant les travaux de l'établissement; ils recevront les ordres du gardien en chef et devront s'y conformer. Au dehors, ils seront sous les ordres de la police municipale et des conducteurs des ponts et chaussées préposés à la direction des travaux.

### ART. 6.

Le gardien en chef, à l'entrée des détenus disciplinaires, devra les faire visiter et leur faire enlever tout couteau ou autre instrument perçant, tranchant ou contondant.

La gardienne des femmes sera chargée de ce soin à l'égard des esclaves du sexe féminin.

### ART. 7.

Le gardien devra tenir un registre d'entrée et de sortie des détenus d'après les indications contenues dans les ordres sommaires des juges de paix.

Il devra y consigner aussi les divers incidents qui se présenteraient dans la prison.

Ces registres seront cotés et parafés par le chef de l'administration intérieure et visés par les fonctionnaires qui seront appelés à inspecter et à visiter l'atelier disciplinaire.

Dans la ville de Cayenne, un état journalier des détenus sera fourni au chef de l'administration intérieure, au procureur général, au procureur du Roi, au maire et au juge de paix. Dans les cantons ruraux, l'état journalier ne sera délivré qu'au juge de paix et au commissaire commandant. Il sera transmis un état mensuel aux autres fonctionnaires ci-dessus dénommés.

ART. 8.

Le gardien en chef sera chargé de la police intérieure de l'établissement.

Il pourra punir les infractions aux règlements, comme :

Désobéissance aux dispositions relatives au silence et à la propreté ;

Les injures et voies de fait entre les détenus ou contre d'autres personnes employées dans l'établissement ;

Les propos indécents, licencieux ou offensants, l'ivresse ;

Le dégât des objets appartenant à l'établissement ;

La paresse et la négligence dans le travail, et autres infractions analogues.

Pour les infractions ci-dessus, il pourra ordonner, suivant le cas, la réclusion absolue dans les cellules, la même réclusion au pain et à l'eau, la peine des ceps, sauf à en rendre compte dans les vingt-quatre heures au maire ou au commissaire-commandant, qui pourra prolonger la punition pendant cinq jours ;

La peine du fouet pour les hommes ; cette peine ne pourra excéder quinze coups, ni être infligée plus de trois fois par semaine ; après la première fois, l'autorisation du maire sera nécessaire.

Dans les cas de violences plus graves et de fureur, il sera procédé conformément à l'article 614 du Code d'instruction criminelle.

ART. 9.

Le silence régnera dans l'intérieur de l'atelier de discipline, ainsi que pendant le temps du travail.

ART. 10.

Aucune liqueur spiritueuse ou fermentée ne devra être introduite dans l'atelier disciplinaire, sous peine de destitution pour le gardien en chef et les employés qui participeraient à cette introduction ou la toléreraient ; de la réclusion dans les cellules et des ceps pour les détenus disciplinairement ; et d'une amende de vingt-cinq à cent francs et de cinq à quinze jours d'emprisonnement, ou de l'une ou de l'autre de ces peines, contre ceux qui vendraient ou donneraient du tafia ou autres liqueurs spiritueuses ou fermentées aux condamnés, à l'intérieur ou à l'extérieur, ou qui introduiraient ces liqueurs dans l'établissement.

ART. 11.

L'usage du tabac est défendu dans les ateliers disciplinaires.

Il ne sera permis ni d'y fumer ni d'y jouer. Toute pipe ou tout instrument de jeu sera détruit.

### ART. 12.

Les hommes et les femmes attachés à l'atelier disciplinaire seront employés à l'extérieur au transport des pierres, à la réparation, à l'entretien et au nettoiement des rues, routes, canaux et autres travaux analogues.

Ils travailleront sous la surveillance des gardiens; ne devront sous aucun prétexte s'absenter du lieu du travail; ils auront à l'un des pieds un anneau en fer. Dans le cas de marronnage ou de violence, sur l'ordre du maire ou du commissaire-commandant, on pourra y ajouter une chaîne. Les hommes et les femmes seront conduits sur les travaux, autant que possible, séparément.

### ART. 13.

Les hommes et les femmes qui, par des motifs de maladie, ne pourront être momentanément employés au travail extérieur le seront aux travaux d'intérieur de l'établissement, à sarcler et à nettoyer les cours, bâtiments, et autres travaux analogues.

### ART. 14.

La nourriture des détenus aux ateliers disciplinaires est au compte de la colonie; elle leur sera délivrée en deux repas par jour, l'un à dix heures du matin, l'autre à six heures du soir, à la rentrée des travaux.

Chaque repas sera composé de 50 centilitres de couac et de 100 grammes de morue ou autre poisson salé.

Aucun aliment, de quelque nature qu'il soit, ne sera admis de l'extérieur, et le gardien en chef ou tout autre employé de l'atelier de discipline ne pourra, sous aucun prétexte, en vendre, en céder ou en donner aux détenus, sous peine de destitution.

Ils seront habillés avec les vêtements qui doivent leur être fournis par leurs maîtres, aux termes de l'ordonnance royale du 5 juin 1846.

### ART. 15.

Les détenus commenceront le travail intérieur et extérieur à six heures du matin et le finiront à six heures du soir.

Ils auront un repos de dix à onze heures du matin pour déjeuner; le repas du soir se fera après six heures.

Les ateliers employés à l'intérieur seront renfermés pendant le temps de repos de l'atelier extérieur, sauf à avoir, pour déjeuner, l'heure précédente.

Les uns et les autres mangeront isolément.

### ART. 16.

Les salles, cellules et bâtiments des ateliers disciplinaires seront balayés et nettoyés tous les jours et lavés hebdomadairement.

Les murs seront blanchis à la chaux tous les six mois.

### ART. 17.

Les portes des chambres ou cellules seront fermées à sept heures du soir.

De ce moment, tout bruit et tout travail devront cesser dans l'atelier disciplinaire, sauf les veilles et les tournées des gardiens, et il ne pourra y avoir aucune communication extérieure avec l'établissement après l'heure précitée.

### ART. 18.

Le gardien en chef ne devra laisser communiquer personne avec les détenus disciplinairement, sans un permis spécial délivré par le chef de l'administration intérieure, le procureur général et ses substituts, le juge de paix, le maire de la ville, et, dans les quartiers, par les commissaires-commandants.

La communication ne pourra avoir lieu, à moins de motif très-grave, que les dimanches et fêtes, de midi à quatre heures, et non pendant les exercices religieux.

Un agent de l'établissement sera toujours présent à cette communication, et elle ne pourra excéder le délai fixé par la permission.

Dans aucun cas, elle ne sera permise lorsque l'individu sera en état de punition.

### ART. 19.

Les dimanches et fêtes conservées, les ateliers ne travailleront que depuis six heures du matin jusqu'à dix. Les portes des cellules seront tenues entr'ouvertes jusqu'à sept heures du soir, de manière à ce que les détenus ne puissent sortir ni communiquer entre eux.

L'office divin sera célébré chaque dimanche; il sera suivi d'instructions religieuses.

Les ecclésiastiques instructeurs consigneront sur des registres spéciaux les dates de leurs visites et instructions.

### ART. 20.

Chaque jour, un médecin désigné à cet effet visitera l'atelier disciplinaire.

Il prescrira le repos et les secours nécessaires aux détenus qu'une légère indisposition empêchera d'être mis au travail.

A l'égard des maladies graves, le médecin ordonnera le transport des malades de l'atelier disciplinaire de la ville à l'hôpital, et son certificat sera visé par le juge de paix.

### ART. 21.

Des inspections des ateliers disciplinaires seront faites par le chef de l'administration intérieure, les officiers du ministère public chargés du patronage des esclaves, le maire ou les commissaires-commandants dans les quartiers, et les juges de paix.

Les infractions au présent règlement seront constatées, les plaintes des détenus écoutées pour qu'il soit requis ou statué ainsi qu'il appartiendra par les fonctionnaires ci-dessus désignés, et dans les limites de leurs attributions.

ART. 22.

Sont abrogées toutes dispositions contraires au présent arrêté.

DISPOSITION TRANSITOIRE.

ART. 23.

En attendant la construction des établissements disciplinaires, les esclaves envoyés aux ateliers de discipline continueront à être détenus dans les bâtiments servant actuellement de prisons. Il leur sera affecté un local spécial et séparé des condamnés judiciairement.

ART. 24.

L'ordonnateur et le procureur général sont chargés, chacun en ce qui le concerne, de l'exécution du présent arrêté, qui sera enregistré partout où besoin sera et inséré au bulletin officiel et à la feuille de la colonie.

Cayenne, le 14 décembre 1846.

PARISET.

Par le Gouverneur:

L'Ordonnateur par intérim,
JORET.

Le Procureur général,
VIDAL DE LINGENDES.

## E. EXTRAITS DE LA CORRESPONDANCE DE MM. LES GOUVERNEURS ET PROCUREURS GÉNÉRAUX.

### 1° GUADELOUPE.

*Rapport du premier Substitut du Procureur général, du 11 janvier 1847.*

Les communications précédemment adressées à M. le ministre de la marine ont fait connaître les mesures prises concernant l'emprisonnement disciplinaire des esclaves. En ce qui touche la détention sur les habitations, j'ai eu occasion de vous dire qu'un très-petit nombre de propriétaires avaient fait construire des salles de police avant la promulgation de l'ordonnance du 4 juin; afin de ne pas prendre les maîtres au dépourvu, j'ai cru pouvoir les autoriser provisoirement à user des geôles rurales comme salles de police.

Vous remarquerez, monsieur le Gouverneur, que ces geôles ne renferment aucun condamné, que les esclaves qui y étaient envoyés n'étaient soumis à aucun travail extérieur, que par conséquent ils n'étaient pas enchaînés. Je dois dire, d'ailleurs, qu'on a usé très-rarement de cette faculté. Les propriétaires ont préféré renfermer leurs esclaves à l'hôpital. Cet usage a été toléré provisoirement par les officiers du parquet. Je crois pouvoir affirmer que la détention subie par l'autorité seule du maître, soit dans les geôles, soit à l'hôpital ou à la salle de police, n'a jamais dépassé quinze jours, et qu'elle a atteint très-rarement cette durée; j'ajoute qu'un certain nombre de salles de police ont déjà été construites, et que d'autres sont en voie de construction. Les maîtres ont reconnu que ce mode de répression est très-efficace sur les noirs, qui se trouvent ainsi enlevés à leurs habitudes d'affection ou de libertinage. L'emploi des fers à l'égard des esclaves sur les habitations peut être considéré comme complétement supprimé. Quelques faits exceptionnels se sont produits, il est vrai; mais tous ont été poursuivis, et aucun des prévenus n'a échappé à la condamnation.

Ce que j'ai dit de l'emploi des fers, je puis le répéter à plus forte raison du châtiment corporel à l'égard des femmes. Deux faits seulement ont été révélés à la justice : l'un d'eux a été réprimé déjà par la police correctionnelle, le second doit être jugé à une des prochaines audiences de la cour. Il est de mon devoir de consigner ici que, d'après les renseignements qui m'ont été donnés, un certain nombre de propriétaires auraient renoncé à l'usage du fouet même à l'égard des hommes, et que quelques-uns d'eux auraient fait part de cette résolution à leur atelier réuni.

La suppression du fouet sur le lieu du travail est une des mesures qui ont le plus vivement ému les propriétaires; j'ai pu craindre un instant d'avoir à exercer des poursuites multipliées pour assurer son exécution. J'ose dire, cependant, que cette disposition s'exécute régulièrement, et qu'aujourd'hui cette exécution est réellement absolue. Il y a bien eu quelques manifestations; quelques propriétaires avaient même demandé à l'autorité judiciaire l'autorisation de continuer à faire porter le fouet au jardin, à la condition de ne pas s'en servir et de le supprimer après un certain temps. Je n'ai pas besoin de dire que ma réponse a été négative. Quelques poursuites dirigées contre certains propriétaires animés d'un esprit de résistance ont fait cesser toute manifestation de cette nature.

2° GUYANE FRANÇAISE.

*Lettres du gouverneur.*

*19 septembre 1846.* — Ce qui préoccupe d'ailleurs, surtout, c'est la question du régime disciplinaire. On a vu là la ruine complète du travail. On supposait des cas d'indiscipline, un refus concerté d'un atelier, etc. Rien jusqu'à présent n'a justifié ces appréhensions. Trois négresses, dont deux du domaine, employées à l'hôpital, ont voulu se soustraire à leur travail habituel. On s'est adressé au juge de paix pour les faire mettre en punition à la geôle, en attendant l'établissement de l'atelier de discipline. C'est tout ce que j'ai entendu citer. Quelques personnes ont parlé d'inexécution des tâches ordinaires, sur une ou deux habitations. Aucune plainte n'est parvenue à ce sujet à l'autorité. En somme, quand, au moment d'une innovation aussi profonde dans le régime des ateliers, il se manifesterait quelques écarts, la chose n'aurait rien de surprenant; mais avec de la prudence, en résidant eux-mêmes sur leurs biens, les habitants les préviendront en grande partie. Dans une telle transition, il faut leur influence et le respect qui s'attache à leur position. C'est un besoin senti, et qui a même déterminé le régisseur d'une grande habitation, à Approuague, à résilier ses fonctions.

Cependant l'administration ne perd pas de vue le devoir qui lui est dévolu dans ces circonstances. Tout en veillant au bien-être de l'esclave, et à ce qu'on apporte dans sa condition les améliorations morales et matérielles qui sont dans les intentions du législateur, sa pensée se porte aussi sur les dispositions relatives aux ateliers de discipline dont l'ordonnance prescrit la formation, afin de pouvoir, d'un autre côté, assurer par les voies légales, sous l'œil de l'autorité, la punition des sujets récalcitrants et de ceux qui ne penseraient qu'à profiter de la bienveillance et de la protection dont ils sont l'objet pour se soustraire à l'obligation du travail...

*13 décembre 1846.* — Nous pourvoyons aussi à la construction et à l'organisation des ateliers de discipline. Se basant sur les instructions ministérielles du 13 juin, l'administration avait pensé que c'était là, d'une manière absolue, une charge des caisses coloniales. Elle a fait, en conséquence, la demande des fonds nécessaires au conseil colonial, dans sa session extraordinaire, pour établir le plus tôt possible les deux ateliers de Cayenne et d'Approuague, dans les centres les plus populeux; et, d'après le vote de cette assemblée, l'adjudication des travaux est en cours d'exécution. Mais ces dépenses sont bien lourdes pour le budget local, et, si des allocations sont faites sur les fonds de l'État pour les autres colonies, Votre Excellence jugera sans doute convenable d'y comprendre la Guyane française, car elle sait que nous ne subvenons à ces travaux qu'en suspendant d'autres qui avaient aussi leur importance.

Hors de Cayenne et d'Approuague, je ne vois d'ailleurs de nécessité d'établissement d'atelier de discipline qu'à Roura, quand on y aura institué une justice de paix. Dans les autres localités, avec l'état des mœurs, les cas où on pourra avoir recours à ce moyen de répression seront si rares, qu'il suffira de maintenir quelques jours les individus à la maison de dépôt du canton, sauf à les diriger sur l'atelier le plus à proximité, si la punition devait se prolonger.

L'arrêté concernant le régime de ces ateliers est prêt, et il serait déjà rendu, sans l'absence de M. le procureur général, qui était en tournée d'inspection dans les quartiers. Il compte le faire soumettre ces jours-ci aux délibérations du conseil privé, et il sera adressé sans retard au département de la marine.

3° BOURBON.

*Lettre du Gouverneur, du 13 octobre 1846.*

L'ordonnance concernant le régime disciplinaire, sauf l'article relatif à la tenue du registre des pénalités, qu'il sera fort difficile d'obtenir d'une manière vraie de beaucoup de petits habitants illettrés, a moins affecté l'esprit des propriétaires que les autres ordonnances. Toutefois, le retard apporté à l'institution des juges de paix accordés par la loi du 18 juillet, l'insuffisance évidente de leur nombre, eu égard aux distances à parcourir, et le défaut de moyens d'établissement des ateliers de discipline, feront obstacle à ce que cette ordonnance puisse avoir tout l'effet désirable. Votre dépêche n° 280 prescrit, il est vrai, de demander des fonds au conseil colonial pour ce dernier objet. Mais vous savez maintenant quel est l'état du trésor colonial (lettre du 29 septembre, n° 455), et ce n'est pas au moment où le budget du nouvel exercice, réduit à des proportions très-étroites, ne permettra peut-être pas de remplir les engagements les plus rigoureux contractés en 1845 et 1846, que le conseil accordera des fonds pour l'exécution de travaux qu'il considère comme devant incomber à la métropole.

# ANNEXES.

## 5ᵐᵉ SÉRIE.

### INSTRUCTION RELIGIEUSE ET ÉLÉMENTAIRE.

ORDONNANCE ROYALE DU 18 MAI 1846. — INSTRUCTIONS ET RÈGLEMENTS SUR SON EXÉCUTION.

## INSTRUCTION RELIGIEUSE ET ÉLÉMENTAIRE.

A. ORDONNANCE ROYALE DU 18 MAI 1846 ET INSTRUCTIONS MINISTÉRIELLES SUR SON EXÉCUTION

1° *Ordonnance du Roi concernant l'instruction religieuse et élémentaire des esclaves.*

Neuilly, le 18 mai 1846.

LOUIS-PHILIPPE, Roi des Français,

A tous présents et à venir, SALUT.

Vu l'article 1er de la loi du 18 juillet 1845, portant :

« Il sera statué par ordonnance du Roi :

. . . . . . . . . . . . . . . . . . . . . . . . . . . . . . . . . . . . . . . . . . . . . . . . . . . . . . . .

« 3° Sur l'instruction religieuse et élémentaire des esclaves; »

Vu l'ordonnance du 5 janvier 1840, sur la moralisation et le patronage des esclaves;

Le conseil des délégués des colonies entendu, conformément à l'article 17 de ladite loi;

Sur le rapport de notre ministre secrétaire d'État de la marine et des colonies,

Nous avons ordonné et ordonnons ce qui suit :

### ARTICLE PREMIER.
*De l'instruction morale et religieuse.*

Dans toute habitation rurale, la prière en commun, parmi les esclaves, sera faite matin et soir, avant et après les travaux de la journée.

### ART. 2.

Tous les dimanches et fêtes, les esclaves de tout âge et de tout sexe recevront, à l'issue de l'office célébré dans l'église ou la chapelle la plus voisine, les instructions religieuses du curé ou desservant de la résidence.

Les maîtres feront conduire à cet office et à ces instructions les esclaves âgés de huit à quatorze ans.

### ART. 3.

Outre l'instruction du dimanche, il en sera fait une au moins dans la semaine sur chaque habitation, à des heures qui seront déterminées de concert avec les maîtres.

L'instruction de la semaine aura lieu, comme celle du dimanche, dans l'église ou la chapelle, pour les esclaves des villes et bourgs et de leur banlieue.

ART. 4.

Dans l'accomplissement de la mission énoncée aux articles 2 et 3 ci-dessus, les curés et desservants pourront être assistés par des membres de corporations religieuses reconnues, commissionnés à cet effet par notre ministre de la marine : un arrêté du gouverneur réglera, dans chaque colonie, le mode d'organisation de ce service.

Dans tous les cas, le curé ou desservant devra visiter, au moins une fois par mois, chacune des habitations dépendantes de sa paroisse, afin de s'assurer de l'état de l'instruction des esclaves de tout âge et de tout sexe.

ART. 5.

De l'instruction élémentaire.

Des classes seront établies dans les villes et bourgs pour l'enseignement élémentaire des jeunes esclaves. Les maîtres domiciliés dans ces villes et bourgs, ou qui n'en seront pas éloignés de plus de 2 kilomètres, seront tenus d'y envoyer leurs esclaves âgés de huit à quatorze ans.

Des classes dirigées par un ou plusieurs frères instituteurs seront en outre, partout où cela serait jugé nécessaire, attachées aux chapelles rurales, pour l'instruction élémentaire des jeunes esclaves dont la résidence se trouverait, par rapport aux villes et bourgs, hors du rayon indiqué au premier paragraphe du présent article.

Les heures pendant lesquelles sera obligatoire la présence des enfants dans ces écoles seront réglées par un arrêté local et pourront, dans l'intérêt des travaux des habitations, être réduites à l'égard des esclaves de douze à quatorze ans.

Le même arrêté déterminera les conditions auxquelles les habitants éloignés de plus de 2 kilomètres, soit des villes et bourgs, soit des chapelles rurales, pourraient être, à titre exceptionnel, autorisés à remplacer, au moyen de leçons à domicile, l'obligation d'envoyer leurs jeunes esclaves dans les écoles communes.

ART. 6.

Dispositions spéciales concernant les sœurs institutrices.

Des sœurs appartenant aux congrégations religieuses sont chargées de concourir, en ce qui concerne spécialement les filles et femmes esclaves, à l'exécution des dispositions qui précèdent.

A cet effet, des classes seront établies dans les villes et bourgs pour l'enseignement élémentaire des jeunes filles de ces localités et du voisinage.

Les sœurs feront, en outre, en dehors des jours ou des heures de classes, et sous la surveillance des curés et desservants, des explications du catéchisme, à l'usage des filles et des femmes.

ART. 7.

Des salles d'asile pourront, sous la direction des mêmes religieuses, être établies hors des villes et bourgs, à l'effet de recevoir les enfants des deux sexes au-dessous de l'âge de huit ans et les filles au-dessus de cet âge.

Le régime de ces salles et les conditions d'admission des enfants seront réglés par arrêtés des gouverneurs.

### ART. 8.

#### Dispositions générales.

Des subventions pécuniaires, sur les fonds du service général, pourront être accordées exceptionnellement par notre ministre de la marine et des colonies à celles des écoles laïques consacrées en tout ou en partie aux esclaves, dont les chefs seraient désignés par les gouverneurs commme dignes d'encouragement.

### ART. 9.

A la Guyane française, le gouverneur pourra, sous l'approbation de notre ministre de la marine et des colonies, apporter à l'exécution des articles 2, 3, 4, 2ᵉ paragraphe, 5 et 6 ci-dessus, les modifications que les localités rendraient indispensables.

### ART. 10.

Notre ministre secrétaire d'État de la marine et des colonies est chargé de l'exécution de la présente ordonnance, qui sera insérée au Bulletin des lois.

Fait à Neuilly, le 18 mai 1846.

**LOUIS-PHILIPPE.**

Par le Roi:

*Le Ministre Secrétaire d'État de la marine et des colonies*, Bᵒⁿ DE MACKAU.

---

*2ᵉ Circulaire portant notification de l'ordonnance du 18 mai sur l'enseignement religieux et élémentaire des esclaves, et instructions sur l'exécution de cet acte.*

Paris, le 13 juin 1846.

Monsieur le Gouverneur, j'ai l'honneur de vous adresser ampliation de l'ordonnance que, sur mon rapport, et en conformité de l'art. 1ᵉʳ, n° 3, de la loi du 18 juillet, le Roi a rendue, le 18 mai, au sujet de l'instruction religieuse et élémentaire des esclaves.

Afin de mettre les administrations coloniales à portée d'assurer au plus tôt, et avec l'uniformité désirable, l'exact accomplissement des nouvelles dispositions, je crois utile de consigner ici les observations ou les recommandations qu'elles m'ont suggérées.

La principale préoccupation qu'a eue mon département dans la préparation de cet acte a été de chercher à concilier les exigences auxquelles il fallait satisfaire avec la nécessité de laisser subsister, autant que possible, au profit du maître, la somme de travail que le législateur a entendu lui réserver.

A cet effet, deux ordres de dispositions étaient à prendre: 1° multiplier le plus possible les églises, chapelles et écoles où les esclaves viendront puiser l'instruction religieuse et des éléments d'enseignement scolaire; 2° donner à ceux qui seraient trop éloignés pour se rendre fréquemment dans ces églises et autres lieux de réunion, les moyens de recevoir à domicile le double enseignement dont il s'agit.

Comme l'instruction en commun est le principe et la règle, parce qu'elle a lieu pour ainsi dire sous les yeux de l'autorité, la multiplication des édifices où elle peut se donner est le premier soin à prendre. Jusqu'ici la construction des chapelles rurales a été effectuée dans les colonies avec peu de suite et d'activité.

Il est urgent d'établir, dans chaque colonie, un relevé récapitulatif des chapelles déjà installées, et un programme d'ensemble de toutes celles qui restent à construire pour entrer le plus complétement possible dans l'exécution des vues qui ont présidé à l'émission de l'ordonnance ci-jointe : c'est un travail à faire promptement, et qui devra m'être envoyé avec l'avis du conseil privé.

Avant de parcourir les divers articles dont se compose l'ordonnance sur l'enseignement des esclaves, je dois vous faire encore une observation générale. Ainsi que vous le remarquerez, le clergé colonial est appelé à être, pour ainsi dire, par son action directe, par une surveillance active et continuelle, le pivot des nouvelles bases d'enseignement pour les esclaves : il aurait, dès lors, été fort à désirer que son organisation définitive, comprenant entre autres objets la constitution des supérieurs ecclésiastiques, précédât ou du moins accompagnât la mise à exécution de l'ordonnance, afin d'imprimer au service dont il s'agit un caractère de régularité, d'unité et de discipline hiérarchiques dont je reconnais l'indispensable nécessité. Je ne puis malheureusement pas encore vous annoncer la solution de cette grave et difficile question. En attendant, je me suis mis en mesure de procurer aux colonies le supplément de prêtres pour l'entretien desquels des fonds sont compris dans les crédits extraordinaires de 1846, et dont le concours sera précieux pour la mise en activité des nouvelles dispositions.

*Instruction religieuse.*

L'article 1$^{er}$ de l'ordonnance du 18 mai concernant la prière en commun parmi les esclaves, ne fait que consacrer, pour l'ordre, une pratique qui a lieu aujourd'hui sur le plus grand nombre d'habitations. Il y aura seulement à la généraliser, et à pourvoir, au besoin, à ce que ce devoir s'accomplisse avec le soin et la régularité nécessaires.

L'article 2 ne comporte d'explications que quant au 2$^e$ paragraphe, portant que le maître fera conduire ses esclaves de huit à quatorze ans à l'office et aux instructions religieuses du dimanche. Vous comprendrez que, s'il y a pour lui obligation d'envoyer tous les individus valides de son atelier, et d'user à cet effet auprès d'eux de toute son influence personnelle, il y a plus à faire pour les enfants qui doivent être conduits et ramenés par un gardien. A l'occasion de l'article 2, considéré dans son ensemble, vous aurez à examiner s'il n'y aurait pas utilité, dans les localités où la chose serait possible à raison du personnel ecclésiastique, que les esclaves se rendissent à l'église en deux fois, les hommes d'abord, les femmes ensuite.

Dans tous les cas, il importe essentiellement de prendre toutes les précautions nécessaires pour que ces réunions périodiques d'esclaves, se rendant de divers ateliers et de diverses localités vers un centre commun, ne fournissent des occasions de désordre propres à contre-balancer ou même à détruire les bons effets attendus de la périodicité des instructions religieuses.

Aussi, et sans prohiber d'une manière absolue les visites des noirs aux églises et chapelles pendant la semaine, ce qui pourrait être motivé par des circonstances extraordinaires, telles qu'une première communion ou une confirmation, l'ordonnance porte, article 3, que, sauf pour les esclaves des villes, bourgs et de leurs banlieues, l'instruction religieuse de la semaine aura lieu sur chaque habitation. Cette instruction, qui n'offre pas les inconvénients que pourraient faire craindre les déplacements collectifs, sera nécessairement commune à tous les esclaves de l'atelier (sauf cependant a être encore divisée par sexes, si cela paraît praticable), et ici la responsabilité des propriétaires, comme garantie de la présence de tous leurs esclaves à ces instructions à domicile, doit être absolue; car, avec l'autorité dominicale dont ils sont investis, ils doivent répondre de tout ce qui se passe dans l'intérieur de leur habitation. Seulement il convient de rechercher, d'accord avec les maîtres comme avec les prédicants eux-mêmes, les moyens de rendre l'accomplissement du devoir dont il s'agit le moins onéreux pour les uns et les autres : pour ceux ci, sous le rapport de leurs déplacements; pour les maîtres, en ce qui touche au temps de travail auquel ils ont droit. La combinaison qui me paraîtrait la plus équitable serait de faire en sorte que le temps consacré à l'enseignement religieux fût pris, partie sur la durée du travail dû aux maîtres, partie sur les heures qui appartiennent aux esclaves.

L'article 4, en établissant que les prêtres seront aidés dans leurs instructions morales par des membres de corporations religieuses, ne fait que régulariser et élargir une voie dans laquelle on est déjà, et avec succès, entré dans quelques localités.

L'arrêté que vous aurez à rendre en vertu du 2e paragraphe de l'article en question devra régler avec soin les rapports des curés avec leurs auxiliaires pour le service dont il s'agit, de manière à faire converger vers le même but ces diverses sources d'enseignement et à prévenir la confusion et surtout les conflits qui, sans cela, pourraient en résulter. A cet effet, il ne faut pas perdre de vue que les prêtres, agissant eux-mêmes sous l'autorité du supérieur ecclésiastique, sont les principaux agents de cette œuvre, et que , si leur visite personnelle sur chaque habitation a été restreinte à une fois par mois, c'est pour que cette tournée soit effective, et qu'ils ne puissent se décharger entièrement sur les frères d'une tâche dont ils doivent conserver la principale part.

Quant à l'intervention des frères, elle devra se borner à l'enseignement littéral et à une explication très-simple du catéchisme : la prédication proprement dite est réservée exclusivement aux curés et desservants.

En ce qui concerne notamment les frères, M. l'abbé de la Mennais a fait connaître qu'il considérerait comme fâcheux qu'un programme plus étendu leur fût indiqué. Il propose, au surplus, que les supérieurs des écoles de chaque colonie aillent eux-mêmes, aussi fréquemment que cela sera possible, ou envoient un sujet de leur choix sur les habitations, pour faire des instructions morales aux esclaves, s'assurer du mode de coopération des frères, et le rectifier au besoin. J'adopte volontiers cette proposition, pourvu encore que toute cette action se combine et soit d'accord avec celle du clergé en tenant compte de la restriction relative à la prédication.

(*Pour Bourbon.*) — Je ne dois pas vous dissimuler que M. le supérieur général des frères de la doctrine chrétienne m'a depuis longtemps paru peu disposé à voir ses frères appelés à des fonctions en quelque sorte ambulantes. Je vous fais part de ce scrupule, sans cependant qu'il en puisse résulter aucune lacune pour cet enseignement à domicile, qui a besoin d'être assuré à Bourbon comme dans les autres colonies. Au surplus, une circonstance qui n'existe qu'à Bourbon pourrait procurer des facilités spéciales sous ce rapport : je veux parler de la présence et de la collaboration des missionnaires de M. l'abbé Libermann, qui, bien qu'en petit nombre jusqu'à présent, me paraissent susceptibles d'être très-utilement employés à porter l'enseignement religieux sur les habitations rurales.

*Instruction élémentaire.*

L'article 5 exige des explications de plus d'une nature. Les écoles qu'il prescrit (§ 1ᵉʳ) d'établir pour les jeunes esclaves dans les villes et bourgs seront-elles spéciales ou communes aux libres? C'est ce qu'il a paru convenable de ne pas préciser. Je n'ignore pas, et les derniers documents que vous m'avez adressés sur la situation de l'enseignement primaire en font foi, l'extrême répulsion des familles libres, même de celles de couleur, contre toute idée de réunir à leurs enfants, et sur les mêmes bancs, des enfants esclaves. C'est une répugnance contre laquelle, je le reconnais, il serait imprudent de lutter par des mesures trop brusques. D'un autre côté, l'établissement simultané d'écoles spéciales pour les libres et pour les esclaves exigerait de grands frais, outre un énorme accroissement de personnel enseignant, personnel qu'il serait fort difficile d'obtenir à bref délai, et qui d'ailleurs se résoudrait encore en augmentation de dépense. Le mieux serait donc, tant pour éviter les inconvénients dont je viens de parler que pour donner moins de prise aux critiques qui s'élèveraient ici contre une séparation de classes qu'on représenterait comme systématique, de faire servir jusqu'à nouvel ordre les mêmes écoles élémentaires aux enfants libres et esclaves, soit en y installant des classes spéciales pour ces derniers, si ce moyen devait suffire pour vaincre la répugnance de la population libre, soit en recevant les uns et les autres dans les mêmes classes, mais à des heures différentes.

Cependant je vous invite à n'employer l'un ou l'autre de ces moyens qu'après avoir tenté l'enseignement en commun; nous ne devons pas de prime abord céder à un préjugé qu'il est de notre devoir de combattre. Nous ne devrons le faire, par les tempéraments que j'indique, qu'après avoir acquis la conviction qu'une volonté trop absolue à ce sujet compromettrait ou rendrait stériles nos dépenses et nos soins pour l'enseignement élémentaire. La sagesse des instituteurs pourra aider beaucoup au succès de cette délicate entreprise. Il est entendu que le nombre des frères et des sœurs serait, dans tous les cas, à augmenter en proportion du surcroit de travail que leur donnerait la nouvelle tâche qui leur est confiée; et à cette occasion, j'ai à peine besoin de vous dire que l'enseignement des jeunes esclaves doit être restreint à un programme extrêmement simple, soit-

à cause de leur condition qui, tant qu'elle subsistera, les condamne au travail matériel, soit à raison de la nécessité de concilier l'accomplissement de leur enseignement scolastique avec celui de leurs devoirs sur l'habitation. C'est d'après cette dernière considération, et pour faire perdre aux enfants le moins de temps possible en allées et venues, que l'article 5, en même temps qu'il a fait dans l'intérêt des travaux d'habitation une réserve à l'égard des sujets de 12 à 14 ans, a fixé à 2 kilomètres la distance au delà de laquelle les maîtres ne seraient pas tenus d'envoyer les jeunes enfants aux écoles établies ou à établir.

Dans l'arrêté que vous avez à rendre en exécution du § 3 de l'article 5, vous aurez nécessairement à prendre en considération les convenances des colons et les exigences de certaines saisons, en fait de travaux champêtres, en même temps que l'intérêt moral des esclaves. Au surplus, j'aime à croire que, de son côté, le conseil colonial, à l'occasion du décret à intervenir pour la durée du travail obligatoire, se montrera disposé à adopter les dispositions qui rentreront dans l'esprit des intentions que je viens de vous exprimer, et vous rendra ainsi plus facile la préparation de l'arrêté réglementaire en question.

L'idée d'attacher des frères aux chapelles rurales n'est pas nouvelle, et je l'ai mentionnée dans ma circulaire du 10 février dernier, concernant le crédit applicable, sur l'exercice 1846, à ces sortes de constructions; mais je crois à propos d'y revenir ici, sous le rapport de la question d'application. On avait d'abord songé à y établir des logements pour un desservant et pour un ou deux frères; mais une telle installation serait dispendieuse et serait en outre sans grande utilité : elle n'en aurait aucune évidemment, quant au prêtre qui est appelé, sauf dans des circonstances exceptionnelles, à ne se rendre à la chapelle que les dimanches et fêtes fériées.

A la vérité, l'ouverture de la classe ne peut être bornée à un jour par semaine, et les déplacements des frères, obligés de venir de la ville ou du bourg le plus proche pour faire les classes rurales, seraient beaucoup plus fréquents; mais cette combinaison ne serait-elle pas encore préférable à l'envoi de deux frères (car pour un seul cela serait tout à fait impraticable) dans une localité où, pour quelques heures de classes par jour, ils seraient complétement isolés, livrés à eux-mêmes, privés de toute direction et de toute surveillance? C'est ce que vous avez à examiner, en considérant d'ailleurs que, si la question devait être résolue en ce dernier sens, un logement personnel pour les frères et une classe seraient à construire comme annexes à la chapelle, tandis que, dans l'autre hypothèse, une salle pour la classe suffirait.

D'après le vœu du Conseil des délégués, à qui j'ai communiqué le projet d'ordonnance ci-joint avant présentation au Roi, et aux observations duquel j'ai eu égard en plusieurs points, il a été inséré à la fin de l'article 5 un alinéa pour autoriser le remplacement par des leçons à domicile de l'obligation d'envoyer les jeunes esclaves dans les écoles communes. Cette facilité, accordée exceptionnellement aux habitations éloignées de toute école urbaine ou rurale par une distance de plus de 2 kilomètres, s'explique parfaitement; seulement il importe qu'elle ne puisse mettre certains habitants dans le cas d'éluder l'esprit et le vœu de la loi. Vous aurez donc à déterminer le mode suivant lequel les propriétaires auraient à se mettre en règle à cet égard. Celui qui me paraîtrait offrir le plus de garanties consisterait à placer sur les habitations, au moins sur celles de quelque importance, et entre deux ou plusieurs desquelles ils pourraient d'ailleurs partager leurs soins, des frères instituteurs dont les conditions d'entretien seraient à régler de concert avec l'administration et les propriétaires.

Quant aux habitations dont l'atelier ne serait pas assez nombreux pour motiver des mesures semblables, elles recevraient seulement, pour l'enseignement élémentaire des jeunes esclaves, comme pour le catéchisme, mais plus fréquemment, de simples tournées périodiques qui seraient faites par les frères instituteurs, soit qu'ils vinssent du bourg le plus voisin, ou des chapelles ayant école, si ce mode était adopté. A ce sujet, j'ai à placer ici une observation importante, c'est que l'obligation pour les maîtres de procurer à leurs jeunes esclaves l'enseignement primaire est une innovation considérable, puisque l'ordonnance du 5 janvier 1840 se bornait, quant à l'enseignement élémentaire des esclaves, à les déclarer admissibles dans les écoles gratuites. Cette innovation, d'ailleurs acceptée par le conseil des délégués, est une conséquence formelle de la loi et ne doit, sous aucun rapport, être éludée. Toutefois, il est à remarquer que les infractions en pareille matière, à la différence de celles qui portent sur l'instruction religieuse, ne sont frappées d'aucune peine spéciale; elles tombent sous le coup de la prévision générale établie par l'article 11 de la loi du 18 juillet, c'est-à-dire sont passibles de peines de simple police.

Les détails dans lesquels je suis entré plus haut, au sujet de l'affectation des frères à l'enseignement religieux et élémentaire des garçons, me dispensent de développements.

Quant au concours semblable que l'article 6 réclame de la part des sœurs institutrices, je vous ferai seulement remarquer combien il serait difficile de les soumettre à de fréquents déplacements, et de leur faire faire des tournées, soit dans les écoles rurales, soit sur les habitations particulières. Je dis des tournées, tout en regardant comme digne d'intérêt l'idée que j'ai énoncée plus haut, de les appeler à être placées à demeure sur certaines habitations. J'ai récemment reçu d'un colon, propriétaire d'une habitation importante, et qui se trouve actuellement ici, une communication sur laquelle j'aurai à revenir et où je trouve avec plaisir l'initiative d'une proposition en ce sens.

C'est également aux sœurs qu'est attribué le soin de diriger les salles d'asile dont l'établissement facultatif est prévu dans l'article 7 de l'ordonnance. Jusqu'ici cette institution, qui en France, sous ce nom et sous celui de crèches, prend un si rapide développement, n'a été essayée que dans une colonie, où même elle n'a pas encore eu de résultats importants. Il faut cependant examiner s'il n'y aurait pas utilité réelle à établir sur certains points, et dans des locaux appartenant à l'autorité ou mis à sa disposition par des habitants, soit par location, soit à titre gratuit, des centres d'agglomération où les enfants recevraient de bons soins matériels et seraient initiés aux bons exemples et aux habitudes morales.

L'article 7, par la généralité de ses expressions, permet que les salles d'asile ne soient pas ouvertes aux seuls enfants esclaves : elles pourront en effet être précieuses pour les familles libres de condition inférieure, et dont les enfants n'ont pas, comme les enfants esclaves, surtout comme ceux qui appartiennent à des habitations, le patronage tutélaire des maîtres. Vous devez donc aviser aux moyens d'étendre aux enfants libres le bienfait de ces salles d'asile, où, d'ailleurs, à raison de l'âge des sujets auxquels elles sont destinées, le mélange des conditions serait peut-être moins difficile à obtenir que dans les écoles, et pourrait être un utile acheminement à celui-ci. Il ne m'échappe point que l'exécution des diverses dispositions dont je viens de vous entretenir, jointe à la nécessité de multiplier dans les communes les écoles gratuites pour les libres, exigeront un accroissement considérable du personnel des frères et des sœurs. Tout en cherchant à calculer d'avance et en me faisant connaître aussi exactement que possible l'ensemble des effets de la nouvelle ordonnance sous ce rapport, vous ne devez considérer ce supplément de catéchistes et d'instituteurs comme devant être mis à votre disposition que successivement et dans un ordre d'urgence que vous aurez soin de m'indiquer. L'envoi d'un rapport à ce sujet me sera fait par vous le plus promptement possible après la publication de l'ordonnance.

La détermination, depuis longtemps prise, de confier à des corporations religieuses offrant les garanties nécessaires la direction principale de l'enseignement gratuit dans les colonies, n'a point dû et ne doit point mettre obstacle à la coexistence d'écoles laïques dans les localités où cela serait jugé nécessaire, et pourvu d'ailleurs qu'il n'en puisse resulter aucun conflit entre les chefs de ces écoles et ceux des écoles du Gouvernement. Plusieurs des écoles laïques actuelles m'ont été signalées comme dignes de la protection du Gouvernement. Jusqu'à présent, les budgets du service local et celui du service général n'ont procuré que d'une manière incomplète et irrégulière les moyens de venir au secours des écoles dont il s'agit. Des encouragements spéciaux sont maintenant réservés, aux termes de l'article 8, à celles qui seraient jugées dignes de cette faveur. Vous ne perdrez pas de vue que la condition d'être ouvertes en totalité ou en partie à la classe esclave ne suffirait pas pour constituer, en faveur des écoles laïques, un droit aux subventions dont parle l'article 8, si elles ne contenaient effectivement un nombre plus ou moins considérable d'élèves appartenant à cette catégorie. Vous aurez, au surplus, à me soumettre les vues que vous aurez été dans le cas de concevoir et d'arrêter, quant à l'application et au mode d'emploi des encouragements pécuniaires dont il s'agit.

Avant de quitter ce sujet, je dois encore appeler votre attention sur un point qui concerne les écoles gratuites en général : c'est que jusqu'ici l'on a trop compté, dans la plupart de nos colonies, sur l'intervention exclusive du Gouvernement, soit métropolitain, soit colonial, pour faire face aux dépenses de leur établissement et de leur entretien. Des devoirs sérieux sont, sous ce rapport, imposés aux communes, et je signale avec plaisir, comme étant depuis longtemps entrée dans une voie régulière, l'île Bourbon, où récemment encore a été ouverte une école dirigée par les sœurs de Saint-Joseph, et dont la commune de Saint-Pierre avait fait tous les frais d'installation.

Je termine ici ces instructions, m'en remettant à vous avec confiance du soin de suppléer par vos interprétations, et au besoin par vos décisions, aux lacunes qui peuvent s'y trouver. Je vous prie de faire publier et enregistrer partout où besoin sera l'ordonnance du 18 mai, et de vous occuper, dans l'ordre de leur urgence, de la préparation des arrêtés partiels dont elle doit être suivie; je recevrai avec intérêt les communications que vous aurez à me faire à cet égard, comme sur l'ensemble d'un acte réglementaire destiné à prendre une place si importante parmi tous ceux qui sont ou déjà faits ou à faire en faveur de la population esclave.

Signé B<sup>on</sup> DE MACKAU.

3° Circulaire ministérielle relative aux tableaux concernant l'instruction religieuse et élémentaire des esclaves à fournir par les administrations coloniales.

Paris, le 18 septembre 1846.

Monsieur le Gouverneur, vous aurez remarqué que les dispositions de l'ordonnance du 18 mai 1846, sur l'instruction des noirs, entraînent l'obligation de modifier le cadre des tableaux indicatifs de l'état de l'enseignement religieux, et de fournir des tableaux analogues pour l'état de l'enseignement scolaire dont cette ordonnance a posé les bases.

J'ai l'honneur de vous adresser deux tableaux que vous aurez à substituer, à dater du 1<sup>er</sup> janvier prochain, à celui dont l'envoi a eu lieu jusqu'ici.

Comme les indications de ces tableaux sont corrélatives aux dispositions principales de l'ordonnance du 18 mai, elles s'expliquent, pour ainsi dire, d'elles-mêmes, et je n'ai que peu de développements à y joindre.

Le premier tableau sera consacré à la statistique de l'enseignement religieux: il ne comprend plus que les individus de la population esclave, les seuls auxquels puissent être obligatoirement rendues applicables les prescriptions nouvelles; mais il conviendra que dans les colonnes d'observations des premier et deuxième paragraphes, concernant les instructions données, soit à l'église, soit chez les frères et les sœurs, il soit fait mention du nombre approximatif des gens de condition libre qui ont assisté à ces instructions : cette indication pourra venir, en certains cas, en aide à ce que les chiffres concernant les esclaves auront de peu exact, de justes observations ayant été faites sur la difficulté qu'il y a souvent de bien distinguer la partie *libre* de la partie *esclave* d'un auditoire.

L'état sera fourni par *paroisse*; mais comme il a été souvent objecté que l'état de choses à constater variait peu d'un mois à un autre, il ne sera désormais établi que par *trimestre*. Le curé signataire l'adressera à M. le préfet apostolique, qui remettra tous ces états trimestriels à M. le directeur de l'intérieur, et ce fonctionnaire les fondra ensuite en un état unique qui me sera transmis par M. le gouverneur, à une époque la plus rapprochée qu'il se pourra de la remise des états partiels. La colonne d'observations de cet état central fera connaître, d'une manière rigoureusement exacte, le zèle ou la négligence que MM. les curés et leurs assistants auront apporté à l'œuvre qui leur est confiée.

L'état n° 2, à envoyer seulement par *semestre*, concerne l'instruction élémentaire, et les divisions en sont également corrélatives à certains articles de l'ordonnance réglementaire. Ici il y avait nécessité de comprendre dans la statistique des écoles les enfants libres, qui en forment aujourd'hui l'unique élément. Il est entendu, au surplus, que l'on devra attribuer à la même école les enfants libres et esclaves qui en suivront les leçons, soit que ces enfants soient confondus dans la même salle, soit qu'un local distinct soit d'abord affecté aux esclaves, comme l'a éventuellement indiqué ma circulaire du 13 juin ; seulement il y aura lieu de faire connaître, dans la colonne d'observations, si l'enseignement est commun ou distinct pour les enfants des deux classes.

L'enseignement dans les écoles annexées aux chapelles ne m'a paru, comme je l'ai dit dans la circulaire précitée, comporter que la présence de jeunes esclaves mâles, à cause de la difficulté et des inconvénients qu'il y aurait à faire tenir par des femmes des écoles ainsi isolées. D'ailleurs, il pourra être, pour les filles, suppléé à ce mode d'enseignement par le placement de sœurs à poste fixe sur les habitations, suivant la communication que je vous ai faite par ma circulaire du 4 septembre. Quant aux garçons, ces sortes d'écoles seront indiquées au § 2, sans acception de celles où les frères seront en résidence et de celles où ils viendraient simplement faire des classes. Cette distinction devra seulement être faite dans la colonne d'observations.

L'institution des salles d'asile, à la statistique desquelles est consacré le § 4, n'étant encore pour ainsi dire qu'en germe, je ne me dissimule pas que ce n'est point au commencement de l'année prochaine que le tableau pourra contenir à cet égard des indications de quelque intérêt.

Quant au dernier paragraphe, les indications qu'il doit recevoir, bien qu'étant en grande partie étrangères à l'objet de l'ordonnance du 18 mai, seront cependant d'un grand intérêt pour mon département, en ce qu'elles feront connaître quelle est, notamment en ce qui concerne le mélange des couleurs, la situation des établissements laïques subventionnés par le Gouvernement à quelque titre que ce soit.

Il ne vous échappera pas que le travail de statistique, réclamé par la présente dépêche, et les documents de caractère financier que vous demande ma circulaire du 15 septembre se correspondent à beaucoup d'égards, et que les mêmes faits locaux sont de nature à faciliter la formation de l'un et de l'autre. Je dois donc compter sur l'exactitude qui sera mise à me procurer ces documents, et sur les soins avec lesquels on en établira la concordance. En ce qui concerne spécialement ceux dont les modèles sont ci-joints, je vous recommande de les rendre de plus en plus complets à mesure que se développeront les institutions et les services nouveaux destinés à en fournir les principaux éléments. Du reste, et à raison même des perfectionnements que ces cadres sont appelés à recevoir, je crois devoir, quant à présent, m'abstenir de leur donner, en les faisant imprimer ici, un caractère définitif. On pourra dans chaque colonie les faire établir par les presses locales, et on aura soin, en me les transmettant, d'indiquer tous les changements qu'on croirait pouvoir y être apportés avec avantage.

Recevez, monsieur le Gouverneur, l'assurance de ma considération très-distinguée.

*Le Vice-Amiral, Pair de France,*
*Ministre Secrétaire d'État de la marine et des colonies,*
B<sup>on</sup> DE MACKAU.

4° *Sommaire des indications réclamées par la circulaire qui précède.*

*Exécution de l'ordonnance royale du 18 mai 1846. (Instruction religieuse des esclaves.)*

### RAPPORT STATISTIQUE TRIMESTRIEL.

1ᵉʳ TABLEAU. — *Instruction des dimanches et fêtes. (Article 2 de l'ordonnance.)*

Nombre moyen des esclaves qui ont suivi l'instruction pendant le trimestre :

    Hommes adultes.
    Femmes *idem ;*
    Garçons de 8 à 14 ans ;
    Filles *idem ;*
    Observations détaillées.

2ᵉ TABLEAU — *Instruction de la semaine.*

Nombre moyen des esclaves de la ville, du bourg ou de la banlieue qui ont suivi cette instruction à l'église ou à la chapelle pendant le trimestre. (Article 3, 2ᵉ alinéa.)

    Hommes adultes ;
    Femmes *idem ;*
    Garçons de 8 à 14 ans ;
    Filles *idem.*

Nombre d'auditeurs qui suivent l'explication du catéchisme chez les frères et sœurs, et en dehors de la tenue des écoles.

Relevé des habitations sur lesquelles l'instruction a eu lieu au moins une fois par semaine pendant le trimestre. (Article 3, 1ᵉʳ alinéa, et article 4, 1ᵉʳ alinéa.)

    Désignation des habitations ;
    Désignation des catéchistes qui les ont visitées ;
    Nombre d'esclaves instruits, en distinguant l'âge et le sexe ;
    Observations.

3ᵉ TABLEAU. — *Visites mensuelles du curé. (Article 4 de l'ordonnance, 2ᵉ alinéa.)*

    Relevé des habitations visitées pendant le trimestre ;
    Habitations visitées ;
    Date de chaque visite ;
    Force totale de l'atelier présent aux instructions ;
    Observations portant principalement sur les progrès de l'instruction sur chaque habitation.

4ᵉ TABLEAU. — *Mariages et premières communions.*

Mariages célébrés pendant le trimestre :

    Entre noirs de villes ou bourgs ;
    Entre noirs ruraux.

Premières communions :

Noirs de villes ou bourgs { sexe masculin ; sexe féminin.

Noirs ruraux......... { sexe masculin ; sexe féminin.

*Exécution de l'ordonnance royale du 18 mai 1846. (Instruction élémentaire des esclaves.)*

RAPPORT STATISTIQUE SEMESTRIEL.

1ᵉʳ TABLEAU. — *Enseignement dans les écoles. (Articles 5 et 6 de l'ordonnance.)*

Désignation des écoles ;
Nombre de frères et sœurs d'école ;
Nombre d'élèves..... { libres ; esclaves ;
Observations détaillées sur chaque établissement.

2ᵉ TABLEAU. — *Enseignement donné dans les écoles attachées aux chapelles rurales. (Articles 5 et 2 de l'ordonnance.)*

Désignation des chapelles — écoles ;
Nombre de frères y attachés ;
Nombre de garçons qui les fréquentent ;
Observations détaillées.

3ᵉ TABLEAU. — *Enseignement donné à domicile. (Article 5 de l'ordonnance.)*

Désignation des habitations sur lesquelles des écoles sont établies ;
Nombre de frères ou de sœurs attachés à ce service ;
Nombre d'élèves esclaves de chaque sexe ;
Observations détaillées.

4ᵉ TABLEAU. — *Salles d'asile. (Article 7 de l'ordonnance.)*

Désignation des salles d'asile ;
Nombre de sœurs qui y sont affectées ;
Nombre d'enfants qui y sont reçus, avec distinction du sexe et de la condition libre ou esclave ;
Observations.

5ᵉ TABLEAU. — *Écoles laïques dans lesquelles les esclaves sont admis. (Article 8 de l'ordonnance.)*

Désignation des communes ;
Désignation des écoles ;
Nombre d'élèves libres et esclaves ;
Observations.

### B. INSTRUCTION RELIGIEUSE.
#### *Lettres du Gouverneur de la Martinique.*

*26 août 1846.* — Dans toutes les paroisses, sans exception, les ecclésiastiques s'occupent avec zèle de l'instruction et de la moralisation des esclaves, sans négliger les devoirs importants que leur impose leur ministère vis-à-vis de la population libre.

M. le préfet apostolique, dans un rapport qu'il vient de m'adresser, énonce que, parmi les personnes admises à la première communion, les esclaves figurent pour une moyenne d'environ un quart; et qu'ils seraient beaucoup plus nombreux si MM. les curés faisaient participer à cet acte sérieux des enfants et des personnes instruites d'ailleurs, mais qui ne ne leur offrent pas assez de garantie de persévérance dans le bien, et leur font craindre un retour vers le mal, très-préjudiciable à la religion.

Il me fait observer, en ce qui concerne les mariages, que si le nombre ne s'en est pas beaucoup accru, c'est que, les esclaves formant des affections en dehors des habitations de leurs maîtres, ceux-ci mettent des obstacles à ce que leurs noirs contractent des alliances avec des esclaves étrangers. Il en attribue encore la cause principale à ce que la plupart des propriétaires se trouvent dans un état de gêne tel, qu'ils ne peuvent plus, ainsi que par le passé, fournir aux esclaves qui se marient le luxe d'habillement et de table qu'ils aiment à déployer dans ces circonstances.

Quoi qu'il en soit, l'esclave, plus instruit aujourd'hui, commence à se faire une idée de la sainteté et de l'indissolubilité du mariage; il choisit une femme dont l'âge et le caractère lui conviennent, et avec laquelle il puisse vivre en bonne intelligence.

En résumé, M. le préfet apostolique reconnaît qu'il y a progrès parmi les noirs, progrès lent, dit-il, mais sensible.

*19 novembre 1846.* — Vous remarquerez, Monsieur le Ministre, par les notes que je joins ici, que MM. les curés se sont transportés, depuis la publication de l'ordonnance royale du 18 mai 1846, sur les habitations : que partout ils ont été bien accueillis par les propriétaires; que, dans toutes les paroisses de l'île, des instructions spéciales pour les esclaves se font régulièrement une ou deux fois la semaine, et que les instructions s'organisent sur les habitations.

Une difficulté s'était d'abord élevée à l'égard du temps pendant lequel auraient lieu ces instructions; mais elle se trouve à peu près résolue aujourd'hui: les maîtres consentent à ce qu'il soit pris sur le temps destiné à leurs travaux.

Les esclaves, dans certaines localités, ne sont pas très-assidus aux offices et aux instructions du dimanche, préférant demeurer sur les marchés où ils échangent leurs denrées, ou bien cultiver leurs jardins; enfin la plupart se laissent aller à la paresse, ne prétendant pas faire le sacrifice des moments qui leur appartiennent pour s'instruire.

Les femmes en général, surtout dans les villes, montrent plus d'empressement que les hommes à se rendre à l'église.

En réalité, une amélioration sensible s'est opérée, pendant le trimestre qui vient de s'écouler, dans l'instruction morale et religieuse donnée aux esclaves; elle est due au zèle de MM. les ecclésiastiques, dont les efforts constants tendent à l'accomplissement du grand œuvre de moralisation que se propose la France.

#### 3° Extrait d'une lettre du Gouverneur de la Guyane française en date du 20 juillet 1846.

Les instructions continuent exactement à Cayenne; mais celles des hommes commencent à être moins suivies, sauf, bien entendu, en ce qui concerne les noirs des ateliers du domaine. Cela tient sans doute, en très-grande partie, à l'insouciance et à l'apathie générale de cette population; mais ne peut-on pas l'attribuer aussi à ce que, bien qu'avec du zèle, nos missionnaires ne savent pas mettre ces leçons à sa portée et y donner le degré d'intérêt nécessaire? Je le crains.

Le supérieur des frères de Ploërmel m'a dit que sa classe du soir avait bien pris: il y compte habituellement 20 à 25 adultes et une quinzaine d'enfants. Il les a séparés, ce qui me paraît tout à fait convenable. Le nombre des inscrits est plus considérable; mais il n'y a pas de la part de tous une grande régularité. Les enfants, pense-t-il, surtout, sont retenus par les travaux de la domesticité dans les maisons.

Voyant qu'il avait moins d'esclaves aux instructions du lundi et du vendredi, il en a ouvert une le dimanche, à trois heures. C'est tout récent, et il se montre satisfait du nombre de ses auditeurs.

Chez les sœurs de Saint-Joseph, il existe plus d'assiduité. Elles ont également séparé les enfants des grandes personnes, et les deux divisions sont confiées à deux sœurs différentes.

Le rapport de M. le préfet apostolique fait de nouveau ressortir l'insuffisance numérique des ecclésiastiques.

### C. INSTRUCTION ÉLÉMENTAIRE.

*Règlements pour l'exécution de l'ordonnance du 18 mai 1846, en ce qui concerne l'instruction élémentaire des jeunes esclaves.*

#### 1° Arrêté du Gouverneur de la Martinique.

Fort-Royal, le 2 octobre 1846.

Nous, Gouverneur de la Martinique,

Vu l'article 11 de la loi du 24 avril 1833, sur le régime législatif des colonies;

Vu l'article 5 de l'ordonnance royale du 18 mai 1846, concernant l'instruction religieuse et élémentaire des esclaves, ledit article portant:

« Des classes seront établies dans les villes et bourgs pour l'enseignement élémentaire
« des jeunes esclaves. Les maîtres domiciliés dans ces villes et bourgs, ou qui n'en seront
« pas éloignés de plus de 2 kilomètres, seront tenus d'y envoyer leurs esclaves âgés de
8 à 14 ans; »

Vu l'article 6 (§§ 1 et 2) de la même ordonnance, portant:

« Des sœurs appartenant aux congrégations religieuses sont chargées de concourir, en
« ce qui concerne spécialement les filles et femmes esclaves, à l'exécution des dispositions
« qui précèdent.
« A cet effet, des classes seront établies dans les villes et bourgs pour l'enseignement
« élémentaire des jeunes filles de ces localités et du voisinage; »

Sur le rapport du directeur de l'intérieur,
De l'avis du conseil privé,
Avons arrêté et arrêtons ce qui suit:

### ARTICLE PREMIER.

Les jeunes esclaves du sexe masculin âgés de 8 à 14 ans seront, dans les villes de Fort-Royal et de Saint-Pierre, à la Trinité, au Marin et au Vauclin, reçus, chaque jour, le dimanche et le jeudi exceptés, à huit heures du matin jusqu'à dix heures, aux écoles gratuites établies dans ces localités sous la direction des frères de Ploërmel.

Les maîtres domiciliés dans ces villes et bourgs, ou qui n'en seront pas éloignés de plus de 2 kilomètres, seront tenus d'y envoyer leurs jeunes esclaves.

La même disposition est applicable, dans les localités ci-dessus indiquées (le Vauclin excepté), aux jeunes filles esclaves âgées de 8 à 14 ans.

Elles seront reçues, chaque jour, à quatre heures de l'après-midi jusqu'à six heures, dans les écoles gratuites dirigées par les dames de Saint-Joseph.

### ART. 2.

Les listes des enfants de l'un et l'autre sexe qui doivent être envoyés aux écoles seront remises aux chefs d'établissements.

### ART. 3.

Le directeur de l'intérieur est chargé de l'exécution du présent arrêté, qui sera publié et enregistré partout où besoin sera, et inséré au journal et au bulletin officiel de la colonie.

Fait en l'hôtel du Gouvernement, à Fort-Royal, le 2 octobre 1846.

*Signé* MATHIEU.

Par le Gouverneur:
*Le Directeur de l'intérieur*, signé FRÉMY.

---

2° Arrêté du Gouverneur de la Guadeloupe.

Basse-Terre, le 2 octobre 1846.

Nous, Gouverneur de la Guadeloupe et dépendances,

Vu la loi du 18 juillet 1845;

Vu la dépêche ministérielle, en date du 16 juin, n° 348;

Vu les paragraphes 1 et 3 de l'article 5 de l'ordonnance royale du 18 mai dernier, concernant l'instruction religieuse et élémentaire des esclaves, ainsi conçus:

« § 1ᵉʳ. Des classes seront établies dans les villes et bourgs pour l'enseignement élémentaire des jeunes esclaves. Les maîtres domiciliés dans ces villes et bourgs, ou qui n'en seront pas éloignés de plus de 2 kilomètres, seront tenus d'y envoyer leurs esclaves âgés de 8 à 14 ans.

« § 3. Les heures pendant lesquelles sera obligatoire la présence des enfants dans ces écoles seront réglées par un arrêté local et pourront, dans l'intérêt des travaux des habitations, être réduites à l'égard des esclaves de 12 à 14 ans ; »

Vu l'article 3 de l'ordonnance royale du 5 janvier 1840, sur la moralisation et le patronage des esclaves, portant que les jeunes esclaves des deux sexes seront admis dans les écoles gratuites établies dans les villes, bourgs et communes;

Considérant qu'il existe, aux frais du Gouvernement, des écoles gratuites, savoir :

*Pour les enfants du sexe masculin.*

A la Basse-Terre,
A la Pointe-à-Pitre,
Aux Trois-Rivières,
Au Moule,
A Sainte-Rose,
A Joinville (Marie-Galante), } Dirigées par les frères de Ploërmel ;

A Sainte-Anne, par le sieur Jacomet;
Au Marigot (Saint-Martin), par les sieurs Maillard père et fils ;
A la Grand'Case (Saint-Martin), par le sieur François Silvestre;
Aux Saintes, par le sieur Gilbert Desvallon.

*Pour les jeunes filles.*

A la Basse-Terre ;
A la Pointe-à-Pitre ;
Aux Trois-Rivières ;
A la Capesterre,
Au Petit-Bourg,
A Sainte-Anne,  } Dirigées par les dames de Saint-Joseph ;
Au Moule,
Au Port-Louis,
A Joinville (Marie-Galante),
A Saint-Martin,

Aux Saintes, par les sœurs de Saint-Maurice de Chartres ;
Au Vieux-Fort, par Mᵐᵉ Johnson ;

Après avoir pris l'avis du frère supérieur général des frères de l'institut de Ploërmel et de Mᵐᵉ la supérieure des dames de Saint-Joseph ;

Sur la proposition du directeur de l'administration intérieure,

De l'avis du conseil privé,

AVONS ARRÊTÉ et ARRÊTONS ce qui suit :

ARTICLE PREMIER.

A partir du 1ᵉʳ décembre prochain, les classes des différentes écoles ci-dessus énumérées seront ouvertes, le matin, de sept heures à dix heures; le soir, de deux heures à quatre heures.

ART. 2.

Les enfants esclaves de 8 à 14 ans, appartenant à des propriétaires dont la résidence se trouve dans les conditions déterminées par l'ordonnance du 18 mai, devront, suivant leur sexe, assister tous les jours de la semaine, le jeudi excepté, à la classe du matin d'une desdites écoles, savoir :

Les enfants de 8 à 12 ans, de sept à dix heures ;

Ceux de 12 à 14 ans, seulement de sept à huit heures et demie.

ART. 3.

Toutefois, eu égard au nombre d'enfants esclaves des communes rurales appelés, en raison de la distance de leur résidence, à fréquenter les écoles de la Basse-Terre et de la Pointe-à-Pitre, provisoirement, et jusqu'à ce que les locaux affectés aux écoles des deux villes permettent qu'il en soit autrement, celles de la Basse-Terre recevront :

Les mardis et vendredis, les enfants de la paroisse Saint-François, de la commune du Baillif et de la portion de la commune extra-muros comprise entre la rivière des Pères et la rivière aux Herbes ;

Les mercredis et samedis, les enfants de la paroisse du Mont-Carmel, ceux de la partie de l'extra-muros comprise entre la rivière aux Herbes et le Galion et ceux de la commune de Gourbeyre.

Les écoles de la Pointe-à-Pitre recevront :

Les mardis et vendredis, les enfants de la ville ; les mercredis et samedis, ceux des communes des Abîmes et du Gosier.

ART. 4.

Les enfants esclaves envoyés aux écoles devront être vêtus, savoir :

Les garçons, d'une chemise et d'un pantalon.

Les filles, d'une chemise et d'une jupe.

ART. 5.

Le directeur de l'administration intérieure et le procureur général sont chargés, chacun en ce qui le concerne, de l'exécution du présent arrêté, qui sera publié, affiché et enregistré partout où besoin sera, et inséré dans la gazette et le bulletin officiels de la colonie.

Fait à la Basse-Terre, le 2 octobre 1846.

*Signé* LAYRLE.

Par le Gouverneur :

*Le Directeur de l'administration intérieure,* signé JULES BILLECOCQ.

3° Arrêté du gouverneur de la Guyane française.

Cayenne, le 14 décembre 1846.

Nous, Gouverneur de la Guyane française,

Vu la loi du 18 juillet 1845;

Vu l'ordonnance du Roi du 18 mai 1846, concernant l'instruction religieuse et élémentaire des esclaves, ladite ordonnance portant dans son article 5 que « les heures pendant lesquelles la présence des jeunes esclaves sera obligatoire dans les écoles ouvertes pour leur enseignement élémentaire seront réglées par un arrêté local et pourront, dans l'intérêt des travaux des habitations, être réduites à l'égard des enfants de 12 à 14 ans; »

Sur le rapport de l'ordonnateur *par intérim*,

De l'avis du conseil privé,

Avons arrêté et arrêtons ce qui suit :

### ARTICLE PREMIER.

A partir du lundi 4 janvier 1847, il sera établi dans l'école des frères de l'institut de Ploërmel et dans celle des sœurs de Saint-Joseph, à Cayenne, une classe pour l'enseignement élémentaire des jeunes esclaves de l'un et de l'autre sexe de 8 à 14 ans. Cette classe se tiendra tous les jours, dans l'après-midi, de une heure et demie à trois heures, excepté les jeudis et dimanches.

Les jeunes esclaves de 12 à 14 ans pourront n'y être envoyés que trois fois par semaine, les lundi, mercredi et vendredi.

Ceux à qui leurs maîtres voudront faire donner une instruction plus étendue continueront à être reçus dans les autres classes gratuites ouvertes dans les mêmes maisons.

Les maîtres feront connaître leurs intentions à cet égard, et il en sera tenu note sur les registres où seront inscrits les noms et âges des jeunes esclaves qui suivront les écoles, afin que les frères et les sœurs puissent s'assurer de leur exactitude.

### ART. 2.

L'enseignement élémentaire des jeunes esclaves dans la campagne fera l'objet d'un arrêté spécial qui sera rendu ultérieurement.

### ART. 3.

Il n'est d'ailleurs rien changé aux dispositions prescrites pour l'instruction religieuse des esclaves par l'arrêté du 30 avril 1846, qui continuera à être exécuté suivant sa forme et teneur.

### ART. 4.

L'ordonnateur est chargé de l'exécution du présent arrêté, qui sera enregistré partout où besoin sera et inséré à la feuille et au bulletin officiels de la colonie.

Cayenne, le 14 décembre 1846.

signé PARISET.

Par le Gouverneur,

*L'Ordonnateur par intérim*, signé JORET.

4° Lettre du Maire de la commune du Gozier (Guadeloupe),
en date du 10 février 1847.

Monsieur le Directeur de l'intérieur, j'ai reçu dans le temps la circulaire que vous m'avez adressée sous la date du 26 décembre dernier, n° 3800, relative à l'envoi de sœurs de Saint-Joseph dont la mission serait d'initier à la morale et au travail les esclaves des habitations.

Ayant envoyé cette circulaire en communication aux principaux propriétaires de notre commune, et n'en ayant obtenu que tardivement une réponse, j'ai été moi-même dans l'obligation de suspendre la mienne jusqu'à ce jour.

Plusieurs de nos habitants ont parfaitement compris le bien qui pourrait résulter d'une semblable mesure; et pour ma part, je crois que de toutes celles adoptées jusqu'aujourd'hui, dans le but de propager la moralisation parmi nos esclaves, c'est le concours de ces sœurs qui sera peut-être le plus efficace. Aussi vous serai-je très-obligé si vous vouliez me mettre au nombre de ceux qui sollicitent la faveur d'en obtenir une, que je nourrirai et logerai chez moi, si ma demande est accueillie favorablement.

MM. Simonnet, de Richemont et Jovasse sont également disposés à vous adresser une semblable demande; mais, depuis le tremblement de terre, n'ayant encore pu rétablir que les bâtiments les plus indispensables, ils désirent, avant de recevoir ces sœurs, prendre le temps convenable pour leur préparer un local, et ce temps ne pourra se trouver qu'après la présente récolte.

# ANNEXES.

## 6ᴹᴱ SÉRIE.

### DOCUMENTS FINANCIERS

A L'APPUI DU COMPTE RENDU

### DE L'EMPLOI DES FONDS ALLOUÉS EN 1844, 1845 ET 1846,

POUR L'INSTRUCTION RELIGIEUSE ET ÉLÉMENTAIRE DES ESCLAVES.

# DOCUMENTS FINANCIERS.

1° *Tableau comparatif des crédits alloués et des dépenses effectuées dans les quatre colonies pendant la période 1844, 1845 et 1846, pour le service de la moralisation des noirs.*

| COLONIES. | NATURE des SERVICES. | 1844. MONTANT des crédits. | 1844. MONTANT des dépenses liquidées. | 1844. EXCÉDANT de la dépense. | 1844. EXCÉDANT du crédit. | 1845. MONTANT des crédits. | 1845. MONTANT des dépenses liquidées. | 1845. EXCÉDANT de la dépense. | 1845. EXCÉDANT du crédit. | 1846. MONTANT des crédits. | 1846. MONTANT des dépenses liquidées. | 1846. EXCÉDANT de la dépense. | 1846. EXCÉDANT du crédit. | OBSERVATIONS. |
|---|---|---|---|---|---|---|---|---|---|---|---|---|---|---|
| MARTINIQUE. | Clergé | 124,000"00 | 93,657"41 | " | 30,942"59 | 124,600"00 | 95,441"32 | " | 29,135"68 | 124,600"00 | 96,099"72 | " | 27,600"28 | (1) A ces chiffres, il convient d'ajouter une somme de 30,000 francs environ, qui est fournie tant par les fonds coloniaux que par certaines caisses communales dans l'intérêt de l'instruction primaire gratuite. (Voir les annexes n° 6. A. Tableau n° 5.) |
|  | Construction de chapelles | 59,655 00 | 4,600 97 | " | 55,054 03 | 60,000 00 | 18,857 16 | " | 41,142 84 | 90,000 00 | 5,089 42 | " | 84,910 58 |  |
|  | Personnel des écoles | 67,320 00 | 52,223 50 | " | 15,096 50 | 66,640 00 | 58,344 33 | " | 8,295 67 | 66,640 00 | 83,457 14 (A) | 16,817"14 | " |  |
|  | Matériel idem | 31,765 00 | 27,851 75 | " | 3,913 25 | 30,000 00 | 30,597 93 | 597,937"93 | " | 30,500 00 | 45,771 77 (A) | 15,271 77 | " |  |
| GUADELOUPE. | Clergé | 134,800 00 | 114,473 58 | " | 20,326 42 | 134,800 00 | 123,007 76 | " | 11,792 24 | 134,800 00 | 131,917 25 | " | 2,882 75 | (B) Suivant les états de situation insérés aux annexes (n° 6. C.) à la date du 15 septembre 1846, il avait été imputé à Cayenne, savoir : Sur le fonds de chapelles, etc... 32,053"71° Sur le fonds de loyers et ameublement des écoles... 9,523 07 |
|  | Construction de chapelles | 59,655 00 | 59,094 93 | " | 560 07 | 60,000 00 | 56,024 03 | " | 3,975 97 | 90,000 00 | 19,509 30 | " | 70,490 70 |  |
|  | Personnel des écoles | 72,090 00 | 80,522 22 | 8,432 22 | " | 74,590 00 | 91,040 90 | 16,450 90 | " | 74,590 00 | 123,054 86 | 48,464 86 | " |  |
|  | Matériel idem | 55,200 00 | 53,650 58 | " | 1,549 42 | 65,253 00 | 47,494 80 | " | 17,758 20 | 57,357 00 | 51,433 67 | " | 5,923 33 |  |
| GUYANE FRANÇAISE. | Clergé | 37,100 00 | 39,209 49 | 2,109 49 | " | 37,100 00 | " | " | " | 36,500 00 | " | " | " |  |
|  | Construction de chapelles | 30,070 00 | 25,479 23 | " | 4,590 77 | 30,000 00 | " | " | " | 60,000 00 | " | " | " |  |
|  | Personnel des écoles | 21,142 00 | 28,004 13 | 6,862 13 | " | 21,500 00 | " | " | " | 30,620 00 | " (B) | " | " |  |
|  | Matériel idem | 5,550 00 | 3,923 75 | " | 1,626 25 | 11,000 00 | " | " | " | 6,750 00 | " (B) | " | " |  |
| BOURBON. | Clergé | 82,400 00 | 86,276 72 | 3,876 72 | " | 90,400 00 | " | " | " | 90,400 00 | " | " | " |  |
|  | Construction de chapelles | 44,620 00 | 53,596 00 | 8,976 00 | " | 44,000 00 | " | " | " | 90,000 00 | " | " | " |  |
|  | Personnel des écoles | 67,500 00 | 85,809 95 | 18,309 95 | " | 70,000 00 | " | " | " | 85,600 00 | " | " | " |  |
|  | Matériel idem | 12,000 00 | 600 00 | " | 11,400 00 | 12,000 00 | " | " | " | 12,000 00 | " | " | " |  |

RÉGIME DES ESCLAVES.

2° *Tableau indiquant le nombre des prêtres et des frères et sœurs d'école employés dans les quatre colonies, pendant la période 1844, 1845 et 1846.*

| NATURE DES SERVICES | COLONIES | 1844 | | | | 1845 | | | | 1846 | | | | OBSERVATIONS |
|---|---|---|---|---|---|---|---|---|---|---|---|---|---|---|
| | | EFFECTIF | | DIFFÉRENCE | | EFFECTIF | | DIFFÉRENCE | | EFFECTIF | | DIFFÉRENCE | | |
| | | prévu. | réalisé. | en plus. | en moins. | prévu. | réalisé. | en plus. | en moins. | prévu. | réalisé. | en plus. | en moins. | |
| CLERGÉ. | Martinique | 44 | 42 | » | 2 | 44 | 39 | » | 5 | 54 | 42 | » | 12 | Tous les cadres seront remplis en 1847. |
| | Guadeloupe | 47 | 40 | » | 7 | 47 | 41 | » | 6 | 57 | 46 | » | 11 | |
| | Guyane française | 9 | 10 | 1 | » | 9 | 9 | » | » | 13 | 8 | » | 5 | |
| | Bourbon | 30 | 31 | 1 | » | 30 | 31 | 1 | » | 46 | 31 | » | 15 | |
| | TOTAUX | 130 | 123 | 2 | 9 | 130 | 120 | 1 | 11 | 170 | 127 | » | 43 | |
| FRÈRES D'ÉCOLE. | Martinique | 16 | 14 | » | 2 | 16 | 16 | » | » | 31 | 19 | » | 12 | |
| | Guadeloupe | 15 | 12 | » | 3 | 15 | 14 | » | 1 | 30 | 18 | » | 12 | |
| | Guyane française | 6 | 6 | » | » | 6 | 5 | » | 1 | 9 | 8 | » | 1 | (A) Y compris 10, partis en juillet. |
| | Bourbon | 25 | 24 | » | 1 | 28 | 32 | 4 | » | 40 | 41 (a) | 1 | » | |
| | TOTAUX | 62 | 56 | » | 6 | 65 | 67 | 4 | » | 110 | 86 | 1 | 25 | (B) Y compris une sœur de Saint-Maurice aux Saintes. |
| SŒURS D'ÉCOLE. | Martinique | 6 | 9 | 3 | » | 9 | 9 | » | » | 18 | 15 | » | 3 | |
| | Guadeloupe | 17 | 23 | 6 | » | 17 | 29 (b) | 12 | » | 25 | 26 (c) | 1 | » | (c) Y compris deux sœurs hospitalières à Saint-Martin et à Marie-Galante. |
| | Guyane française | 7 | 7 | » | » | 7 | 7 | » | » | 11 | 8 | » | 3 | |
| | Bourbon | 12 | 13 | 1 | » | 18 | 18 | » | » | 21 | 20 | » | 1 | |
| | TOTAUX | 44 | 52 | 9 | 1 | 51 | 63 | 12 | » | 75 | 69 | 1 | 7 | |

# DÉVELOPPEMENT DES DEUX TABLEAUX PRÉCÉDENTS.

## A. MARTINIQUE.

1° ÉTAT *des dépenses effectuées au compte du service général dans l'intérêt de l'instruction religieuse et élémentaire des noirs pendant l'année 1844.*

### TABLEAU N° 1. — CLERGÉ.

| EFFECTIF au 31 décembre 1844. | | SOLDE. | SUPPLÉ-MENTS et indemnités. | TOTAL. | OBSERVATIONS. |
|---|---|---|---|---|---|
| " | Préfet apostolique............ | " | (1) 7,844f 44 | 7,844f 44 | (1) Complément de traitement et frais de bureau à un curé, préfet apostolique par intérim. |
| 26 | Curés à 2,000 francs........ | 52,955f 57 | (2) 1,583 33 | 54,538 90 | (2) Supplément de 1,000 fr. par an aux curés desservant plusieurs paroisses. |
| 1 | Chapelain de l'église des Ursulines à Saint-Pierre, à 2,000 francs............ | 666 67 | (3) 854 17 | 1,520 84 | (3) Supplément de 1,500 fr. comme aumônier du pensionnat des dames de Saint-Joseph à Saint-Pierre. |
| 9 | Vicaires à 2,000 francs..... | 18,127 78 | 645 83 | 18,773 61 | |
| 1 | Prêtre en expectative de sa pension de retraite, à 1,333 fr. 33 cent........ | 1,062 96 | " | 1,062 96 | |
| 3 | *Idem* sans emploi.......... | 672 22 | " | 672 22 | |
| | Dépenses faites en France pour traitements et frais de trousseau .......... | 7,444 44 | 1.800 00 | 9,244 44 | |
| 40 | TOTAL......... | 80,929 64 | 12,727 77 | 93,657 41 | |

TABLEAU N° 2. — CHAPELLES.

| DÉSIGNATION DES ÉTABLISSEMENTS créés ou achevés dans l'année. | CRÉDIT alloué. | SOMMES dépensées. | RESTANT disponible. | DÉTAILS et OBSERVATIONS. |
|---|---|---|---|---|
| Chapelle-école dans les hauteurs de la commune du Lamentin (1). | 59,655f00 | 1,839f33 | 55,054f03 | (1) Cet édifice a été commencé en 1842. Les dépenses faites en 1842 et 1843 se sont élevées à.... 11,970f34c |
| Ornements d'église pour ladite chapelle.................. | | 533 02 | | |
| Ornements d'église pour la chapelle du Morne-Rouge (2).... | | 258 62 | | (2) Cette chapelle, commencée en 1842, a été terminée en 1843. — Les dépenses qu'elle a occasionnées s'élèvent à..................... 25,890f34c |
| Dépense faite en France pour achat de vases et ornements d'église.. | ........ | 1,970 00 | | |

TABLEAU N° 3 — INSTRUCTION ÉLÉMENTAIRE. — (Personnel.)

| | EFFECTIF AU 31 DÉCEMBRE 1844. | SOLDE. | SUPPLÉMENTS et indemnités. | TOTAL. | DÉTAILS et OBSERVATIONS. |
|---|---|---|---|---|---|
| 1 | Supérieur général des frères de Ploërmel............ | 3,000f00 | (1) 800f00 | 3,800f00 | |
| 1 | Aumônier des frères....... | 3,000 00 | (1) 800 00 | 3,800 00 | (1) Frais de tournées. |
| 13 | Frères de Ploërmel à 1,700f (*). | 22,288 51 | // | 22,288 51 | (*) 1 École à Fort-Royal........ 3 / 1 — à Saint-Pierre (fort)... 3 / 1 — (mouillage). 3 / 1 — à la Trinité........ 2 / * Établisst du Morne-Vanier... 2 / 4  13 |
| 9 | Sœurs de Saint-Joseph à 1,500f (**)............ | 13,375 00 | // | 13,375 00 | |
| 1 | Institutrice particulière, à Fort-Royal, à 2,000f..... | 2,000 00 | // | 2,000 00 | |
| | Dépenses faites en France pour traitements, pour formation d'élèves, et pour entretien du cadre des frères et des sœurs employés aux colonies................ | 159 99 | 6,800 00 | 6,959 99 | (**) 1 École à Fort-Royal. ...... 3 / 1 — à Saint-Pierre........ 3 / 1 — à la Trinité......... 3 / 3  9 |
| 25 | Frères, sœurs et autres. TOTAL... | 43,823 50 | 8,400 00 | 52,223 50 | |

## TABLEAU N° 4. — INSTRUCTION ÉLÉMENTAIRE. (Matériel.)

| DÉSIGNATION DES ÉTABLISSEMENTS. | DÉPENSES ACQUITTÉES. | DÉTAILS ET OBSERVATIONS. | | | |
|---|---|---|---|---|---|
| | | | LOYERS. | MOBILIER. | TOTAL. |
| Loyer et entretien du matériel des écoles existant à Fort-Royal, à Saint-Pierre, à la Trinité et au Marin. (1).............. | 20,116f 75c | (1) DÉTAIL : | | | |
| | | Fort-Royal. { 1 école de garçons. | 3,880f 00 | » | 3,880f 00 |
| | | { 1 école de filles... | 2,500 00 | 136f 00 | 2,636 00 |
| Achat de livres, etc., pour être distribués en prix aux élèves... | 800 00 | St-Pierre.. { 2 écoles de garçons. | 4,640 00 | » | 4,640 00 |
| | | { 1 école de filles... | 2,400 00 | 1,231 10 | 3,631 10 |
| Fourniture de plumes, papier, etc., aux élèves indigents de condition libre qui fréquentent les écoles................. | 420 00 | Trinité.... { 1 école de garçons. | 600 00 | » | 600 00 |
| | | { 1 école de filles... | 1,200 00 | » | 1,200 00 |
| | | Marin..... { 1 école de garçons à ouvrir..... | » | 937 80 | 937 80 |
| | | { 1 école de filles à ouvrir...... | » | 2,591 85 | 2,591 85 |
| | 21,336 75 | | | | |
| | | | 15,220 00 | 4,896 75 | 20,116 75 |
| Loyer et entretien du matériel des écoles existant à Fort-Royal, à Saint-Pierre et à la Trinité.... | (*) 5,605 00 | (*) Abonnements avec les frères pour entretien du mobilier des écoles à 100 francs par frère et par an.......... | | | 1,425 00 |
| | | Abonnements avec les frères pour salaires de domestiques à 460 francs par établissement....... | | | 2,300 00 |
| | | Abonnements avec les sœurs de Saint-Joseph pour entretien du mobilier des écoles à 100 francs par sœur et par an.................... | | | 800 00 |
| Subvention à diverses écoles laïques ouvertes dans les communes... | (**) 910 00 | Abonnements avec les sœurs de Saint-Joseph pour salaires de servantes à 360 francs par établissement et par an............................ | | | 1,080 00 |
| | | | | | 5,605 00 |
| | | (**) Au Lamentin pour 20 élèves............... | | | 600 00 |
| | | Au Saint-Esprit pour 12 élèves (du 1er octobre au dernier décembre)....................... | | | 90 00 |
| | 6,515 00 | Au François pour 20 élèves (du 1er août au dernier septembre)............................. | | | 220 00 |
| | | | | | 910 00 |

TABLEAU N° 5.

*Dépenses accessoirement supportées par la colonie et les communes.*

| OBJET DE LA DÉPENSE. | MONTANT AU COMPTE DU SERVICE | | OBSERVATIONS. |
|---|---|---|---|
| | colonial. | communal | |
| **FORT-ROYAL.** | | | |
| Loyer du local servant à l'instruction primaire, rétribution d'une monitrice et fournitures à l'école............ | " | 2,166f 74c | Cette somme est spécialement affectée à l'école dirigée par M^lle Garnerin. |
| **VAUCLIN.** | | | |
| Loyer du local servant à l'instruction primaire.................... | " | 500 00 Mémoire. | Ce crédit n'a pu être employé, l'école n'ayant été ouverte que le 1er septembre 1846. |
| **SAINT-PIERRE.** | | | |
| Subvention pour l'entretien de l'hospice des orphelines et enfants trouvés.... | 26,000f | " | Cette somme figure annuellement au budget de la colonie, et sert à l'entretien de 41 élèves, dont 6 enfants trouvés. L'établissement peut être considéré à la fois comme école gratuite et établissement de bienfaisance. |
| Subvention à l'école primaire des dames de Saint-Joseph.................. | " | 1,821 90 | Le crédit de 1844 était de 2,000 francs. |
| | 26,000 | 3,988 64 | |
| TOTAL............ | 29,988f 64c | | |

### RÉCAPITULATION DES DÉPENSES DE 1844.

| | |
|---|---|
| Clergé........................................... | 93,657f 41c |
| Chapelles........................................ | 4,600 97 |
| Personnel des écoles............................. | 52,223 50 |
| Matériel des écoles.............................. | 27,851 75 |
| Dépenses accessoires............................. | 29,988 64 |
| TOTAL...................... | 208,322 27 |

2° ÉTAT des dépenses effectuées au compte du service général, dans l'intérêt de l'instruction religieuse et élémentaire des noirs pendant l'année 1845.

TABLEAU N° 1. — CLERGÉ.

| EFFECTIF au 31 décembre 1845. | | SOLDE. | SUPPLÉMENT et indemnités. | TOTAL. | OBSERVATIONS. |
|---|---|---|---|---|---|
| // | Préfet apostolique.......... | // | (1) 8,000ᶠ | 8,000ᶠ 00ᶜ | (1) Complément de traitement à 5,000ᶠ et frais de bureau à 3,000ᶠ, à un curé, préfet apostolique P. I. |
| 26 | curés à 2,000 francs........ | 51,477ᶠ 76 | (2) 2,575 | 54,052 76 | (2) Supplément à 2,000ᶠ par an, à des curés et vicaires desservant plusieurs paroisses. |
| 7 | vicaires à 2,000 francs...... | 15,672 20 | (2) 750 | 16,422 20 | |
| 1 | chapelain de l'église des Ursulines, à Saint-Pierre...... | 2,000 00 | (3) 1,500 | 3,500 00 | (3) Supplément comme aumônier du pensionnat des dames de Saint-Joseph, à Saint-Pierre. |
| 1 | prêtre en expectative de sa pension de retraite.......... | 1,333 32 | // | 1,333 32 | |
| // | Prêtres sans emploi........ | 453 70 | // | 453 70 | |
| // | Dépenses faites en France pour traitements et frais de trousseau................. | 8,082 34 | 3,600 | 11,682 34 | |
| 35 | TOTAL............ | 79,019 32 | 16,425 | 95,444 32 | |

## TABLEAU N° 2. — CHAPELLES.

| DÉSIGNATION DES ÉTABLISSEMENTS créés ou achevés dans l'année. | CRÉDIT alloué. | SOMMES dépensées. | EXCÉDANT du crédit sur les dépenses. | OBSERVATIONS. |
|---|---|---|---|---|
| Chapelle-école dans les hauteurs de la commune du Lamentin... | | 1,223f 50 | | En cours d'exécution depuis 1842. Dépenses occasionnées en 1842, 1843 et 1844............ 13,809f 67c |
| Chapelle-école à la Grande-Rivière, commune du Macouba........ | | 12,408 11 | | Commencée en 1845. |
| Chapelle-école au bourg de la Rivière-Salée................. | | 3,115 96 | | Achat d'un terrain pour la construction de cette chapelle. |
| Restauration de l'église du Lamentin..................... | 60,000f 00 | 93 00 | 41,142f 84 | Frais d'étude sur le terrain. |
| Changement et installation du bâtiment dépendant de la chapelle du Morne-Rouge (commune du Macouba)................. | | 1,127 82 | | Établissements antérieurement créés. |
| Installation de bancs et de confessionnaux dans ladite chapelle.. | | 888 77 | | Chapelle du Morne-Rouge (commune du Macouba) finie en 1843, 25,890f 34c |
| TOTAL............. | 60,000 00 | 18,857 16 | 41,142 84 | |

## TABLEAU N° 3. — INSTRUCTION ÉLÉMENTAIRE. (Personnel.)

| EFFECTIF au 31 DÉCEMBRE 1845. | | SOLDE. | SUPPLÉMENTS et indemnités. | TOTAL. | OBSERVATIONS. | |
|---|---|---|---|---|---|---|
| 1 | Supérieur général des frères de Ploërmel............. | 3,000f 00 | (1) 800f 00 | 3,800f 00 | (*) 1 École à Fort-Royal......... | 3 |
| 1 | Aumônier idem, à 3,000 francs. | 908 33 | (1) 242 22 | 1,150 55 | 1 — à Saint-Pierre (Fort).. | 3 |
| 14 | Frères de Ploërmel, à 1,700f (*) | 25,472 26 | » | 25,472 26 | 1 — à St-Pierre (mouillage). | 3 |
| 9 | Sœurs de St-Joseph, à 1,500f (**) | 13,500 00 | (1) 600 00 | 14,100 00 | 1 — à la Trinité......... | 2 |
| 1 | Institutrice particulière à Fort-Royal................. | 2,000 00 | » | 2,000 00 | 1 — au Marin........... | 2 |
| | | | | | Établissem.t du Morne-Vanier. | 1 |
| | | | | | 5 | 14 |
| | Dépenses pour traitements, frais de trousseau, formation d'élèves, et pour entretien du cadre des frères et des sœurs employés aux colonies..... | 1,121 62 | 10,700 00 | 11,821 62 | (**) 1 École à Fort-Royal....... | 3 |
| | | | | | 1 — à Saint-Pierre....... | 3 |
| | | | | | 1 — à la Trinité......... | 3 |
| | | | | | 3 | 9 |
| 26 | Frères, sœurs et autres. TOTAL.... | 46,002 21 | 12,342 22 | 58,344 43 | (1) Frais de tournées au supérieur général des frères de Ploërmel et à la supérieure des dames de Saint-Joseph..... | |

## TABLEAU N° 4. — INSTRUCTION ÉLÉMENTAIRE. (Matériel.)

| DÉSIGNATION DES ÉTABLISSEMENTS. | DÉPENSES ACQUITTÉES. | OBSERVATIONS. | |
|---|---|---|---|
| Loyer et entretien du matériel des écoles existant à Fort-Royal, à Saint-Pierre, à la Trinité et au Marin (1)................ | 6,205f 00c | Abonnements avec les frères pour entretien du mobilier tant personnel que des classes, à 100 francs par frère et par an.......................................... | 1,541f 67c |
| | | Abonnements pour salaires de domestiques, à 460 fr. par an et par établissement................. | 2,683 33 |
| | | Abonnement avec les sœurs de Saint-Joseph pour entretien du mobilier, etc., à 100 francs par sœur et par an........................................... | 900 00 |
| | | Abonnements pour gages de servantes, à 300 francs par an et par établissement....................... | 1,080 00 |
| | | | 6,205 00 |
| Subvention à diverses écoles laïques dans les communes.......... | 1,600 00 | Au Lamentin, pour 20 élèves................. | 600 00 |
| | | Au Saint-Esprit, pour 12 élèves............... | 400 00 |
| | | Au François, pour 20 élèves................. | 600 00 |
| | | | 1,600 00 |
| Indemnités pour achats de livres destinés à des distributions de prix aux élèves............... | 260 00 | A Fort-Royal (école dirigée par M<sup>lle</sup> Garnerin)..... | 200 00 |
| | | Au Lamentin................................ | 60 00 |
| | | | 260 00 |
| | 8,065 00 | (1) École des frères au Marin, ouverte le 1<sup>er</sup> février 1845. | |

| | LOYERS. | MOBILIER. | TOTAL. |
|---|---|---|---|
| (A) Fort-Royal. { 1 école de garçons | 3,995f 33 | 70f 00c | 4,065f 33 |
| { 1 école de filles.. | 2,500 00 | » | 2,500 00 |
| S<sup>t</sup>-Pierre.. { 2 écoles de garçons | 4,780 00 | » | 4,780 00 |
| { 1 école de filles.. | 2,400 00 | » | 2,400 00 |
| Trinité.... { 1 école de garçons. | 616 66 | » | 616 66 |
| { 1 école de filles.. | 1,200 00 | » | 1,200 00 |
| | 15,491 99 | 70 00 | 15,561 99 |

| DÉSIGNATION | DÉPENSES ACQUITTÉES. | OBSERVATIONS. | |
|---|---|---|---|
| Loyer et entretien du matériel des écoles existant à Fort-Royal, à Saint-Pierre et à la Trinité (A).. | 15,561 99 | | |
| École ouverte au Marin le 1<sup>er</sup> février 1845.................. | 1,083 33 | | |
| Achats de livres, etc., pour être distribués en prix aux élèves... | 750 00 | | |
| Fournitures de plumes, encre et papier aux élèves indigents de condition libre qui fréquentent les écoles................. | 480 00 | (B) Réparation de pont à la campagne habitée par les frères de Ploërmel (commune de Fort-Royal).... | 152f 79c |
| Dépenses diverses pour les écoles.. (B) | 4,657 61 | Location d'un magasin pour le dépôt du mobilier destiné à l'école des filles à ouvrir au Marin........ | 90 00 |
| | | Frais de transport et de déménagement........... | 407 80 |
| | | Achats d'étoffes, meubles, etc., pour le renouvellement ou les réparations des mobiliers des écoles.. | 4,007 02 |
| | 22,532 93 | | 4,657 61 |

## TABLEAU N° 5.

*Dépenses accessoirement supportées par la colonie et les communes.*

| OBJET DE LA DÉPENSE. | MONTANT AU COMPTE DU SERVICE | | OBSERVATIONS. |
|---|---|---|---|
| | colonial. | communal. | |
| **FORT-ROYAL.** | | | |
| Loyer du local servant à l'instruction primaire, rétribution d'une monitrice et fournitures à l'école.......... | " | 2,287f 94c | Cette somme est spécialement affectée à l'école dirigée par M<sup>lle</sup> Garnerin. |
| **VAUCLIN.** | | | |
| Loyer du local servant à l'instruction primaire.................. | " | 1,500 00 (Mémoire.) | Voir la note à l'état de 1844. |
| **SAINT-PIERRE.** | | | |
| Subvention pour l'entretien de l'hospice des orphelines et enfants trouvés.... | 26,000f 00c | " | *Idem.* |
| Subvention à l'école primaire des dames de Saint-Joseph................ | " | 1,500 00 | |
| | 26,000 00 | 3,787 94 | |
| TOTAL........... | 29,787f 94c | | |

### RÉCAPITULATION DES DÉPENSES DE 1845.

| | |
|---|---|
| Clergé.................................................. | 95,444f 32c |
| Chapelles............................................... | 18,857 16 |
| Personnel des écoles..................................... | 58,344 43 |
| Matériel *idem* ......................................... | 30,597 93 |
| Dépenses accessoires au compte de la colonie et des communes....... | 29,787 94 |
| TOTAL....................... | 233,031 78 |

3° *État des dépenses effectuées au compte du service général dans l'intérêt de l'instruction religieuse et élémentaire des noirs, pendant l'année 1846.*

TABLEAU N° 1. — CLERGÉ.

| EFFECTIF au 31 décembre 1846. | SOMMES PAYÉES au 31 octobre. | | SOMMES RESTANT À PAYER au 31 décembre. | | TOTAL. | OBSERVATIONS. |
|---|---|---|---|---|---|---|
| | Solde. | Supplém' et indemnités. | Solde. | Supplém' et indemnités. | | |
| | fr. c. | fr. c. | fr. c. | fr. c. | fr. c. | |
| Préfet apostolique.. | " | (1) 6,000 00 | " | 2,000 00 | 8,000 00 | Effectif d'après le budget.. 42 |
| 30 curés à 2,000 francs par an........ | 40,156 03 | " | 13,235 00 | " | 53,391 03 | Effectif au 1er janvier 1846............ 34 Arrivés pendant l'année........... 9 |
| 13 vicaires à 2,000 fr. par an........ | 10,994 41 | (2) 1,516 16 | 3,422 21 | 625 00 | 16,557 78 | 43 Mort........... 1 |
| 1 chapelain des Ursulines, à St-Pierre. | 1,500 00 | (3) 1,125 00 | 500 00 | 375 00 | 3,500 00 | Partis pour France. 3 — 4 Effectif réel au 31 décembre 1846...... 39 |
| 1 prêtre en expectative de sa pension de retraite, à 1,333f 33c. | 1,000 00 | " | 333 33 | " | 1,333 33 | |
| Dépenses faites en France pour délégations, traitements et frais de trousseau | 10,017 58 | 4,200 00 | " | " | 14,217 58 | |
| 45 Total....... | 63,668 02 | 12,841 16 | 17,490 54 | 3,000 00 | 96,999 72 | |

(1) Complément de traitement à 5,000 francs et frais de bureau et de tournées à 3,000 francs à un curé, préfet apostolique P. J.

(2) Supplément à 1,000 francs par an aux prêtres qui desservent plusieurs paroisses, soit comme curés, soit comme vicaires.

(3) Supplément à 1,500 francs, comme aumônier du pensionnat des dames de Saint-Joseph, à Saint-Pierre.

( 172 )

## TABLEAU N° 2. — CHAPELLES.

| DÉSIGNATION des établissements créés ou achevés dans l'année. | SOMMES DÉPENSÉES. | DÉTAILS ET OBSERVATIONS. | |
|---|---|---|---|
| Chapelle école dans les hauteurs de la commune du Lamentin..... | 1,166f 87c | En cours d'exécution depuis 1842. Dépenses faites en 1842, 1843, 1844 et 1845................. | 15,033f 17 |
| Chapelle école à la Grand'Rivière, commune du Macouba....... | 2,461 20 | Commencée en 1845. Dépenses faites en 1845......... | 12,408 11 |
| Chapelle école au bourg de la Rivière-Salée..... ......... | 732 75 | Dépenses faites en 1845 pour l'achat du terrain................. | 3,115 96 |
| | | Frais d'actes et honoraires relativement à la quittance de la vente du terrain destiné à la construction de la chapelle................. | 41 25 |
| | | Vacations, frais de transport à un conducteur des ponts et chaussées, et salaires à un piqueur et à un manœuvre employés sur les lieux pour l'exécution des travaux......... | 691 50 |
| | | | 732 75 |
| Chapelle du Morne-Rouge....... | 728 60 | Achat du mobilier destiné à la chapelle. | |
| Total............ | 5,089 42 | (Les travaux sur l'exercice 1846 continueront jusqu'au 1er mars 1847. L'administration espère pouvoir dépenser pendant cette période une somme de 15,000 francs.) | |
| Les crédits alloués étaient de..... | 90,000 00 | | |
| Excédant du crédit sur les dépenses | 84,910 58 | | |

## TABLEAU N° 3. — INSTRUCTION ÉLÉMENTAIRE (Personnel.)

| EFFECTIF<br>au 31 décembre 1846. | SOLDE. | SUPPLÉMENTS et indemnités. | TOTAL. | OBSERVATIONS. |
|---|---|---|---|---|
| 1 supérieur général des frères de Ploërmel............ | 3,000ᶠ 00ᶜ | 800ᶠ (1) | 3,800ᶠ 00ᶜ | L'effectif des frères de Ploërmel d'après le budget est de : <br>1 frère supérieur.... 1<br>15 frères.......... 15<br>——— 16 |
| 19 frères de Ploërmel, à 1,700 fr. par an................ | 29,968 30 | " | 29,968 30 | |
| 15 sœurs de Sᵗ-Joseph, à 1,500 fr. | 17,958 85 | " | 17,958 85 | L'effectif au 31 décembre est de 20, y compris le supérieur................. 20<br><br>Différence en plus.... 4 |
| 1 institutrice particulière à Fort-Royal, à 2,000 fr........ | 1,640 00 | " | 1,640 00 | Cette augmentation provient de la formation d'une nouvelle école à Saint-Pierre. |
| 1 monitrice à l'école particulière à Fort-Royal, à 360 fr. pour 5 mois (2).............. | 150 00 | " | 150 00 | |
| Dépenses faites en France pour traitements, frais de trousseau, formation d'élèves, entretien et augmentation du cadre des frères et des sœurs employés aux colonies. | 889 99 | 29,050 00 | 29,939 99 | L'effectif des sœurs de Saint-Joseph, au 31 décembre 1846, est de................. 15<br>L'effectif du budget ne comporte que............. 11<br><br>Différence en plus... 4 |
| Total............ | 53,607 14 | 29,850 00 | 83,457 14 | L'augmentation du personnel des dames de Saint-Joseph provient également de la formation de deux nouvelles écoles. |

(1) Frais de tournées.
(2) Emploi créé par décision locale du 3 août 1846.

( 174 )

## TABLEAU N° 4. — INSTRUCTION ÉLÉMENTAIRE (Matériel.)

| DÉSIGNATION DES ÉTABLISSEMENTS. | DÉPENSES ACQUITTÉES. | DÉTAILS ET OBSERVATIONS. | |
|---|---|---|---|
| Loyers et entretien du matériel des écoles existant à Fort-Royal, à Saint-Pierre, à la Trinité, au Marin et au Vauclin (A)............ | 27,457$^f$ 22$^c$ | (A) Loyers... Fort-Royal.. { 1 école de garçons. <br> 1 idem de filles... <br> S$^t$-Pierre... { 2 écoles de garçons. <br> 2 idem de filles... <br> Trinité..... { 1 école de garçons. <br> 1 idem de filles... <br> Marin..... { 1 école de garçons. <br> 1 idem de filles... | 4,000$^f$ 00$^c$ <br> 2,500 00 <br> 4,980 00 <br> 4,150 00 <br> 600 00 <br> 1,200 00 <br> 1,300 00 <br> 1,191 67 |
| | | Total des loyers............ | 19,921 67 |
| Supplément pour frais de tournées à madame la supérieure............ | 600 00 | Abonnement avec les frères de Ploërmel pour l'entretien du mobilier des écoles, à 100 francs par frère et par an....................... | 1,810 00 |
| | | Abonnement pour salaires de domestiques, à 460 francs par an et par établissement (soit pour 7 établissements, dont 1 ouvert le 1$^{er}$ septembre)........................ | 2,913 34 |
| Indemnités pour achats de livres pour les élèves et pour les distributions de prix. | 1,000 00 | Abonnement avec les sœurs de Saint-Joseph pour entretien du mobilier, à 100 francs par sœur et par an....................... | 1,222 21 |
| | | Abonnement pour salaires de servantes, à raison de 360 francs par an et par école (soit pour 5 écoles dont 1 ouverte le 1$^{er}$ juillet 1846). | 1,590 00 |
| | | Total (A)................ | 27,457 22 |
| Subventions à diverses écoles laïques établies dans la colonie (B)............ | 2,600 00 | (B) <br> Au Lamentin, pour 20 élèves....... <br> Au François, pour 20 idem........ <br> Au Saint-Esprit, pour 15 idem........ <br> Au Robert, pour 15 idem........ <br> Au Trou-au-Chat, pour 15 idem........ <br> Aux anses d'Arlets, pour 15 idem....... <br> A la rivière Salée, pour 15 idem........ | 600 00 <br> 600 00 <br> 460 00 <br> 266 67 <br> 400 00 <br> 166 67 <br> 166 66 |
| Dépenses diverses relatives aux écoles (c)................ | 12,563 68 | Total (B)................ | 2,600 00 |
| Achat fait en France de divers objets pour les écoles................ | 1,550 87 | (c) Indemnité pour le rétablissement des lieux en l'état primitif, d'une maison occupée par les frères à Saint-Pierre pour la tenue de leur école, et remise à son propriétaire........... | 400 00 |
| | | Location d'un appartement pour loger des meubles destinés à l'école des filles au Marin.. | 15 00 |
| | | Frais de transport et de déménagement..... | 857 28 |
| | | Achats d'étoffes, meubles, etc., pour le renouvellement ou les réparations des mobiliers des écoles.......................... | 11,091 40 |
| Total............ | 45,771 77 | Total des dépenses liquidées......... | 12,363 68 |
| | | A ajouter une somme de 200 francs, montant approximatif de diverses dépenses qui sont à régulariser..................... | 200 00 |
| | | Total égal (c)............ | 12,563 68 |

( 175 )

TABLEAU N° 5.

*Dépenses accessoirement supportées par la colonie et les communes.*

| OBJET DE LA DÉPENSE. | MONTANT AU COMPTE DU SERVICE | | OBSERVATIONS. |
|---|---|---|---|
| | colonial. | communal | |
| **FORT-ROYAL.** | | | |
| Loyer du local servant à l'instruction primaire, rétribution d'une monitrice et fournitures à l'école............ | " | 2,210f 97c | Cette somme est affectée spécialement à l'école d'enseignement mutuel, dirigée par M^lle Garnerin. |
| **VAUCLIN.** | | | |
| Loyer du local servant à l'instruction primaire, établissement d'une école de frères............ | " | 1,500 00 | Cette somme a reçu sa destination le 1er septembre dernier, époque à laquelle il a été possible d'établir une école de frères au Vauclin. |
| **RIVIÈRE-PILOTE.** | | | |
| Subvention à l'instruction primaire..... | " | 450 00 | La somme portée au budget est de 570 fr. |
| **SAINT-PIERRE.** | | | |
| Subvention pour l'entretien de l'hospice des orphelins et enfants trouvés..... | 24,512f | " | La subvention est de 26,000 fr. et figure annuellement au budget de la colonie. Elle sert à l'entretien de 41 élèves, dont 6 enfants trouvés. |
| Subvention à l'école primaire des dames de Saint-Joseph............ | " | 1,500 00 | Cette subvention est payée, à la fin de chaque année, à M^me la supérieure. |
| | 24,512 | 5,660 97 | |
| TOTAL............ | 30,172 97 | | |

### RÉCAPITULATION DES DÉPENSES DE 1846.

1° Clergé..................................................... 96,999f 72c
2° Chapelles.................................................. 5,089 42
3° Personnel des frères et sœurs d'école......................... 83,457 14
4° Matériel des écoles........................................ 45,771 77
5° Dépenses accessoirement supportées par la colonie et les communes..... 30,172 97

TOTAL......................... 261,491 02

( 176 )

## B. GUADELOUPE.

1° ÉTAT des dépenses effectuées au compte du service général, dans l'intérêt de l'instruction religieuse et élémentaire des noirs, pendant l'année 1844.

### TABLEAU N° 1. — CLERGÉ.

| EFFECTIF au 31 décembre 1844. | | SOLDE. | SUPPLÉMENTS et indemnités. | TOTAL. | OBSERVATIONS. | |
|---|---|---|---|---|---|---|
| » | Préfet apostolique...... | » | » | » | | |
| » | Vice-Préfet apostolique.. | » | (1) 3,000f 00c | 3,000f 00c | (1) Frais de bureau et de tournées à un curé, vice-préfet apostolique. | |
| 27 | Curés................. | 53,042f 88c | (2)17,430 56 | 70,473 44 | (2) Supplément de 1,000 francs et de 2,000 francs, à raison des localités, à divers curés......... | 9,430f 56c |
| | | | | | Supplément de 1,000 francs, pour binage, à divers curés........ | 7,500 00 |
| | | | | | Allocation, pour frais de transport, au curé des Saintes........... | 500 00 |
| 7 | Vicaires............. | 15,346 45 | (3)9,201 39 | 24,547 84 | | 17,430 56 |
| 1 | Prêtre auxiliaire...... | 2,000 00 | » | 2,000 00 | (3) Supplément de 1,000 francs aux vicaires............... | 7,145f 83c |
| | | | | | Supplément de 1,000 francs pour binage aux mêmes............ | 2,055 56 |
| 2 | Aumôniers des hôpitaux et geôles à la Basse-Terre et à la Pointe-à-Pitre............ | 4,000 00 | (4)1,825 00 | 5,825 00 | (4) Supplément aux aumôniers des hôpitaux, en raison du service des geôles. | 9,201 39 |
| | Dépenses faites en France pour traitements, délégations et frais de trousseau............ | 5,627 30 | 3,000 00 | 8,627 30 | | |
| | Total......... | 80,016 63 | 34,456 95 | 114,473 58 | | |

## TABLEAU N° 2. — CHAPELLES.

| DÉSIGNATION DES ÉTABLISSEMENTS. | SOMMES DÉPENSÉES. | DÉTAILS ET OBSERVATIONS. |
|---|---|---|
| Église de Saint-François, à la Basse-Terre............ | 15,000f 00c | Subvention à la ville Basse-Terre pour aider aux travaux d'agrandissement de cette église. |
| Église de la Goyave.......................... | 3,240 93 | |
| Église des Saintes............................ | 1,500 00 | |
| Chapelle de Sainte-Anne....................... | 8,500 00 | |
| Chapelle du vieux bourg du Morne-à-l'eau........... | 7,162 00 | |
| Chapelle de Saint-Louis, Marie-Galante............. | 5,000 00 | |
| Presbytère de l'anse Bertrand, servant de chapelle...... | 1,500 00 | Travaux d'agrandissement. |
| Chapelle et presbytère de la Grand'Case, à Saint-Martin.... | 11,192 00 | |
| Presbytère du Petit-Bourg...................... | 1,400 00 | |
| ACHATS D'ORNEMENTS POUR LES CHAPELLES CI-APRÈS : | | |
| Basse-Terre (extra muros) ...................... | 1,200 00 | |
| Dos-d'Ane.................................. | 1,200 00 | |
| Deshaies................................... | 1,200 00 | |
| Désirade................................... | 1,000 00 | |
| TOTAL............... | 59,094 93 | |

TABLEAU N° 3. — INSTRUCTI

| EFFECTIF AU 31 DÉCEMBRE 1844. | | SOLDE. | SUPPLÉMENTS et INDEMNITÉS. | TOTAL |
|---|---|---|---|---|
| 1 | Supérieur général des frères de Ploërmel................. | " | (d) 1,000ᶠ 00ᶜ | 1,000 |
| 12 | Frères de Ploërmel (A)............................... | 20,446ᶠ 21ᶜ | (e) 3,736 88 | 24,183 |
| 23 | Sœurs de Saint-Joseph (b)............................ | 34,500 00 | (f) 4,881 64 | 39,381 |
| 4 | Instituteurs laïques (c)............................... | 3,579 17 | " | 3,579 |
| 1 | Institutrice au Vieux-Fort............................ | 2,000 00 | " | 2,000 |
| 1 | Sœur des hôpitaux, chargée d'une école aux Saintes.......... | 1,000 00 | " | 1,000 |
| 1 | Sous-maîtresse au Vieux-Fort.......................... | (g) 518 33 | " | 518 |
|  | Dépenses faites en France pour traitements, pour formation d'élèves et pour entretien du cadre des frères et des sœurs employés aux colonies........................................... | 159 99 | 8,700 | 8,859 |
| 43 | Totaux.................. | 62,203 70 | 18,318 52 | 80,522 |

TABLEAU N° 4. — INSTRUCTION ÉLÉMENTAIRE (Matériel.)

| DÉSIGNATION DES ÉTABLISSEMENTS. | DÉPENSES ACQUITTÉES. |
|---|---|
| Loyer des écoles......................................... | 28,891ᶠ 85ᶜ |
| Achat de mobilier, travaux d'installation, frais de transport, etc.............. | 22,360 98 |
| Achat de livres, etc., pour être distribués en prix aux élèves................ | 2,397 75 |
| Total............................. | 53,650 58 |

ÉMENTAIRE. (Personnel.)

## OBSERVATIONS.

Les frères sont répartis ainsi qu'il suit :

| | |
|---|---|
| Basse-Terre, 1 école................................ | 4 |
| Pointe-à-Pitre, idem................................ | 2 |
| Moule, idem (ouverte le 1er mars 1844)........... | 2 |
| Marie-Galante, idem................................ | 2 |
| Trois-Rivières, idem (ouverte le 1er mai 1844)... | 2 |
| | 12 |

Les sœurs sont réparties dans les écoles ci-après :

| | |
|---|---|
| Basse-Terre, 1 école................................ | 2 |
| Pointe-à-Pitre, idem................................ | 5 |
| Moule, idem........................................... | 3 |
| Marie-Galante, idem................................ | 2 |
| Capesterre, idem.................................... | 3 |
| Saint-Martin, idem.................................. | 2 |
| Sainte-Anne, idem.................................. | 1 |
| Sœurs non-placées en attendant l'ouverture de nouvelles écoles........ | 5 |
| | 23 |

(c) Les instituteurs laïques sont ainsi répartis :

| | |
|---|---|
| 1 à Saint-Martin........................................ | 1,200f 00c |
| 1 aux Saintes, à partir du 15 mai................ | 941 67 |
| 1 à Sainte-Anne, à partir du 10 juin............. | 837 50 |
| 1 sous-maître à Saint-Martin..................... | 600 00 |
| | 3,579 17 |

(D) Indemnité pour inspections à la Guadeloupe.

(E) Abonnement pour loyer de domestiques, et indemnité pour l'entretien du mobilier tant personnel que scolaire.

| | |
|---|---|
| (F) Indemnité de loyer de servantes, à raison de 100 francs par sœur et par an........................ | 2,440f 82c |
| Abonnement pour entretien du mobilier tant personnel que scolaire, à raison de 100 francs par sœur et par an....... | 2,440 82 |
| | 4,881 64 |

(G) Du 20 février au dernier décembre.

## RÉCAPITULATION DES DÉPENSES DE 1844.

| | |
|---|---|
| 1° Personnel du clergé............................... | 114,473f 58c |
| 2° Chapelles............................................ | 59,094 93 |
| 3° Personnel des frères et sœurs d'écoles...... | 80,522 22 |
| 4° Matériel des écoles............................... | 53,650 58 |
| Total................................................. | 307,741 31 |

2° *État des dépenses effectuées au compte du service général, dans l'inté*

TABLEAU N

| | EFFECTIF AU 31 DÉCEMBRE 1845. | SOLDE. | SUPPLÉMENTS |
|---|---|---|---|
| » | Préfet apostolique............................................. | » | » |
| » | Vice-préfet apostolique........................................ | » | (1) 3,000 0 |
| 29 | Curés........................................................ | 55,377f 77c | (2) 19,333 3 |
| 7 | Vicaires...................................................... | 16,896 03 | (3) 12,698 0 |
| 2 | Aumôniers des hôpitaux et des geôles à la Basse-Terre et à la Pointe-à-Pitre........ | 3,000 00 | (4) 2,000 0 |
| 1 | Prêtre auxiliaire.............................................. | 2,000 00 | » |
| 1 | Prêtre sans fonctions, au 31 décembre 1846....................... | 38 20 | |
| | Dépenses faites en France, pour traitements et délégations............ | 8,664 34 | » |
| 40 | Totaux.................................. | 85,976 34 | 37,031 |

TABLEAU N

| DÉSIGNATION DES ÉTABLISSEMENTS CRÉÉS OU ACHEVÉS DANS L'ANNÉE. | |
|---|---|
| Église de Saint-François, Basse-Terre........................................... | |
| Presbytère de la Basse-Terre (*extra-muros*)..................................... | |
| Chapelle des Abimes............................................................ | |
| Idem du Vieux-Bourg du Morne-à-l'eau......................................... | |
| Idem de Saint-Louis, Marie-Galante............................................. | |
| Loyer d'un presbytère à la Grand'Case de Saint-Martin............................ | |
| Total........................ | |

( 181 )

nstruction religieuse et élémentaire des noirs, pendant l'année 1845.

LERGÉ.

| TOTAL. | OBSERVATIONS. | |
|---|---|---|
| » | (1) Frais de bureau et de tournées à un curé faisant fonctions de vice-préfet apostolique. | |
| 3,000 00 | (2) Supplément de 1,000 francs et 2,000 francs suivant les localités, aux curés de diverses paroisses........... | 12,000 00 |
| 4,711 10 | Idem de 1,000 francs aux curés desservant deux paroisses............ | 6,833 33 |
| 3,594 12 | Allocations de frais de transport au curé des Saintes............ | 500 00 |
| 3,000 00 | | 19,333 33 |
| 2,060 00 | (3) Supplément de 1,000 francs aux vicaires............ | 10,178 64 |
| 38 20 | Idem pour linage à divers vicaires............ | 2,519 45 |
| 5,064 34 | | |
| | | 12,698 09 |
| 3,007 76 | (4) Supplément aux aumôniers des hôpitaux pour le service des grêles. | |

HAPELLES.

| OMMES ENSÉES. | OBSERVATIONS. |
|---|---|
| 5,000 00 | Subvention pour aider aux travaux d'agrandissement de cette église. |
| 3,537 09 | |
| 3,230 00 | |
| 5,786 34 | |
| 3,900 00 | |
| 600 00 | |
| 4,024 03 | |

TABLEAU N° 3. — INST...

| | ÉFFECTIF AU 31 DÉCEMBRE 1845. | SOLDE. | SUPPLÉMENTS et INDEMNITÉS. | TOTAL |
|---|---|---|---|---|
| 1 | Supérieur général des frères de Ploërmel.................... | " | (D) 1,000ᶠ 00ᶜ | 1,000 |
| 13 | Frères de Ploërmel (A)........................... | 23,552ᶠ 58ᶜ | (E) 4,700 00 | 28,2... |
| 26 | Sœurs de Saint-Joseph (B)........................ | 38,825 00 | (F) 5,200 00 | 44,0... |
| 4 | Instituteurs laïques (C)........................... | 4,800 00 | " | 4,8... |
| 1 | Institutrice au Vieux-Fort........................ | 876 11 | " | 87... |
| 1 | Sous-maîtresse *idem*........................... | 1,266 65 | " | 1,2... |
| 1 | Sœur des hôpitaux, chargée d'une école aux Saintes.......... | 1,000 00 | " | 1,0... |
| | Dépenses faites en France pour traitements, pour formation d'élèves, et pour entretien du cadre des frères et des sœurs employés aux colonies................................ | 820 56 | 9,000 00 | 9,8... |
| 47 | Totaux............. | 71,140 90 | 19,900 00 | 91,0... |

TABLEAU N° 4. — INSTRUCTION ÉLÉMENTAIRE. (Matériel.)

| DÉSIGNATION DES ÉTABLISSEMENTS. | DÉPENSES ACQUITTÉES. |
|---|---|
| Loyers des écoles.................................. | 33,750ᶠ 38ᶜ |
| Achat de mobiliers, travaux d'installation, frais de transports............... | 11,937 02 |
| Subventions aux écoles laïques, salles d'asile.......................... | " |
| Achat de livres, etc., pour être distribués en prix aux élèves................ | 1,807 40 |
| Total...................... | 47,494 80 |

NTAIRE. (Personnel.)

## OBSERVATIONS.

...frères sont répartis ainsi qu'il suit :

| | |
|---|---|
| Basse-Terre, 1 école.................... | 4 |
| Pointe-à-Pitre, idem.................... | 4 |
| Moule, idem............................ | 2 |
| Marie-Galante, idem.................... | 2 |
| Trois-Rivières, idem.................... | 1 |
| Total............... | 13 |

...sœurs sont employées dans les écoles ci-après :

| | |
|---|---|
| Basse-Terre, 1 école.................... | 3 |
| Pointe-à-Pitre, idem.................... | 4 |
| Moule, idem............................ | 3 |
| Marie-Galante, idem.................... | 2 |
| Capesterre, idem....................... | 3 |
| Saint-Martin, idem..................... | 2 |
| Sainte-Anne, idem...................... | 3 |
| Port-Louis, idem....................... | 3 |
| Trois-Rivières, idem.................... | 2 |
| Petit-Bourg, idem...................... | 1 |
| Total............... | 26 |

(c) Les instituteurs laïques sont placés :

| | |
|---|---|
| 1 à Saint-Martin, à................. | 1,200f 00c |
| 1 à Sainte-Anne, à................. | 1,500 00 |
| 1 aux Saintes, à................... | 1,500 00 |
| 1 sous-maître à Saint-Martin, à..... | 600 00 |
| Total............... | 4,800 00 |

(d) Indemnité pour inspection à la Guadeloupe.

(e) Abonnement pour entretien du mobilier des écoles, à 600 francs et 400 fr. par école, ci................................... 2,400 00
Idem pour loyer de domestiques, à 460 francs par an et par école, ci........................................... 2,300 00

Total............... 4,700 00

(f) Indemnité pour loyer de servantes, à 100 francs par an et par sœur, ci......................................... 2,625 00
Idem pour entretien du mobilier des écoles, à 100 francs par an et par sœur, ci.............................. 2,575 00

Total............... 5,200 00

(g) Du 1er janvier au 19 inclus de juillet.

## RÉCAPITULATION DES DÉPENSES DE 1845.

| | |
|---|---|
| 1° Personnel du clergé........................................... | 123,007f 76c |
| 2° Chapelles.................................................... | 56,024 03 |
| 3° Personnel des frères et sœurs d'écoles....................... | 91,040 90 |
| 4° Matériel des écoles.......................................... | 47,494 80 |
| Total............... | 317,567 49 |

3.º *État des dépenses effectuées au compte du service général, dans l'inté*...

TABLEAU

| EFFECTIF AU 31 DÉCEMBRE 1846. | | SOLDE. | SUPPLÉMENTS ET INDEMNITÉS. | TOTAL |
|---|---|---|---|---|
| " | Préfet apostolique.................................... | " | " | " |
| 1 | Vice-préfet apostolique................................. | 3,211f 12c | (1) 2,975f 00c | 6,186 |
| 29 | Curés................................................. | 53,460 69 | (2) 20,252 78 | 73,713 |
| 11 | Vicaires.............................................. | 15,038 89 | (3) 7,930 55 | 22,969 |
| 2 | Aumôniers des hôpitaux et des geôles à la Basse-Terre et à la Pointe-à-Pitre................................. | 2,644 45 | (4) 3,750 00 | 6,394 |
| 1 | Prêtre auxiliaire à la Pointe-à-Pitre.................... | 2,000 00 | " | 2,000 |
| 1 | —— sans fonctions................................. | 261 11 | " | 261 |
| | Dépenses faites en France pour traitements, délégations et frais de trousseau.......................................... | 13,192 66 | 7,200 00 | 20,392 |
| 45 | TOTAL..................... | 89,808 92 | 42,108 33 | 131,917 |

TABLEAU

| DÉSIGNATION DES ÉTABLISSEMENTS CRÉÉS OU ACHEVÉS DANS L'ANNÉE. | SOMMES DÉPENSÉES |
|---|---|
| Chapelle des Abîmes (achèvement)............................................. | 1,077 |
| ——— de la geôle, à la Basse-Terre (achat d'ornements)....................... | 500 |
| ——— de Desbaies, *idem*..................................................... | 1,200 |
| Presbytère du Vieux-Fort.................................................... | 5,500 |
| ——— de Gourbeyre......................................................... | 10,031 |
| Loyer d'un presbytère à la Grand'Case, Saint-Martin.......................... | 600 |
| TOTAL.................................. | 19,509 |
| Le crédit alloué était de........................... | 90,000 |
| RELIQUAT sans emploi..................... | 70,490 |

...truction religieuse et élémentaire des noirs pendant l'année 1846.

CLERGÉ.

## OBSERVATIONS.

(1) Frais de bureau et de tournées à 3,000 francs par an.

(2) Supplément de 1,000 francs et 2,000 francs suivant les localités, aux curés de diverses paroisses, ci........ 12,741f 66c

— de 1,000 francs aux curés desservant deux paroisses........................................... 7,011 12

Allocation de frais de transport au curé des Saintes.................................................. 500 00

| | 20,252 78 |

(3) Supplément de 1,000 francs aux vicaires.

(4) Supplément au curé de la Basse-Terre (*extra muros*), faisant fonctions d'aumônier au camp Jacob............... 2,000 00

— pour le service des prisons aux aumôniers des hôpitaux........................................ 750 00

— à un prêtre, aumônier de l'hôpital à la Pointe-à-Pitre.......................................... 1,000 00

| | 3,750 00 |

CHAPELLES.

## DÉTAILS ET OBSERVATIONS.

Par suite d'une répartition du fonds de 90,000 francs, arrêtée en conseil privé dans la séance du 16 décembre 1846, beaucoup de travaux de construction de chapelles ont été tout récemment mis en adjudication; mais l'époque avancée de l'année ne permet pas d'espérer que ces travaux donneront lieu à aucun payement dans les délais de l'exercice 1846, bien que la période d'exécution ait été prolongée jusqu'au 1er mars 1847, aux termes de l'article 24 de l'ordonnance royale du 5 novembre 1841. Il ne faut donc considérer comme dépense imputable sur le crédit alloué que le chiffre porté ci-contre.

TABLEAU N° 3. — INSTRUCTI[ON]

| EFFECTIF AU 31 DÉCEMBRE 1846. | | SOLDE. | SUPPLÉMENTS et INDEMNITÉS. | | TOTAL. |
|---|---|---|---|---|---|
| 1 | Supérieur des frères de Ploërmel.................... | 1,731f 67c | (4) | 280f 00c | 2,011[?] |
| 16 | Frères de Ploërmel (1)............................ | 27,567 90 | (5) | 4,833 34 | 32,401 [?] |
| 33 | Sœurs de la congrégation de Saint-Joseph (2)........ | 43,754 19 | (6) | 7,000 00 | 50,754 [?] |
| 4 | Instituteurs laïques (3).......................... | 4,800 00 | | " | 4,800 [?] |
| 1 | Institutrice au Vieux-Fort....................... | 1,600 00 | | " | 1,600 [?] |
| 1 | Sœur des hôpitaux, chargée d'une école aux Saintes.... | 1,000 00 | | " | 1,000 [?] |
| | Dépenses faites en France pour traitements, frais de trousseau, formation d'élèves, entretien et augmentation du cadre des frères et des sœurs employés dans la colonie................ | 2,162 76 | | 28,325 00 | 30,487 [?] |
| 56 | TOTAL.............................. | 82,616 52 | | 40,438 34 | 123,054 [?] |

TABLEAU N° 4. — INSTRUCTION ÉLÉMENTAIRE. (MATÉRIEL.)

| DÉSIGNATION DES ÉTABLISSEMENTS. | DÉPENSES ACQUITTÉES. |
|---|---|
| Loyer et entretien du matériel des 19 écoles existant à la Basse-Terre, au Vieux-Fort, aux Trois-Rivières, à la Capesterre, aux Saintes, à Saint-Martin, à la Pointe-à-Pitre, au Petit-Bourg, au Port-Louis, au Moule, à Sainte-Anne, et à Joinville-Marie-Galante................ | 42,584f 28c |
| École ouverte à Sainte-Rose, le 1er octobre 1846................ | 5,246 00 |
| Subventions aux écoles laïques, salles d'asile.................. | " |
| Achats de livres, etc., pour être distribués en prix aux élèves......... | 2,001 20 |
| Achat fait en France de divers objets pour les écoles............... | 1,602 19 |
| TOTAL................ | 51,433 67 |

ÉMENTAIRE. (PERSONNEL.)

## OBSERVATIONS.

Les frères sont répartis ainsi qu'il suit :

| | |
|---|---|
| Basse-Terre, 1 école | 4 |
| Pointe-à-Pitre, idem | 4 |
| Moule, idem | 2 |
| Marie-Galante, idem | 2 |
| Trois-Rivières, idem | 2 |
| Sainte-Rose, idem, ouverte le 1ᵉʳ octobre 1846 | 2 |
| TOTAL | 16 |

Les sœurs sont réparties dans les écoles ci-après :

| | |
|---|---|
| Basse-Terre, 1 école | 5 |
| Pointe-à-Pitre, idem | 5 |
| Moule, idem | 3 |
| Marie-Galante, idem | 2 |
| Trois-Rivières, idem | 3 |
| Capesterre, idem | 3 |
| Petit-Bourg, idem | 3 |
| Saint-Martin, idem | 3 |
| Port-Louis, idem | 3 |
| Sainte-Anne, idem | 3 |
| TOTAL | 33 |

(3) Les instituteurs laïques sont placés :

| | |
|---|---|
| 1 à Saint-Martin, à | 1,200ᶠ 00ᶜ |
| 1 à Sainte-Anne, à | 1,500 00 |
| 1 aux Saintes, à | 1,500 00 |
| 1 sous-maître à Saint-Martin, à | 600 00 |
| TOTAL | 4,800 00 |

(4) Frais de tournées pendant une partie de l'année.

(5) Indemnité pour entretien du mobilier des écoles, à 600 et 400 fr. par école ... 2,466ᶠ 67ᶜ
Idem pour loyer de domestiques à 460 francs par école et par an ... 2,366 67

TOTAL ... 4,833 34

(6) Frais de tournées à la supérieure des sœurs de Saint-Joseph ... 900ᶠ 00ᶜ
Indemnité pour entretien du mobilier des écoles, à 100 francs par sœur et par an ... 3,050 00
Idem pour loyer de servantes, à 100 francs par sœur et par an ... 3,050 00

TOTAL ... 7 000 00

## RÉCAPITULATION DES DÉPENSES DE 1846.

| | |
|---|---|
| 1° Personnel du clergé | 131,917ᶠ 25ᶜ |
| 2° Chapelles | 19,509 30 |
| 3° Personnel des frères et sœurs d'écoles | 123,054 86 |
| 4° Matériel des écoles | 51,433 67 |
| TOTAL | 325,915 08 |

## C. GUYANE FRANÇAISE.

*1° Situation des fonds de chapelle, au 15 septembre 1846.*

| DÉSIGNATION DES SERVICES ou DES ÉTABLISSEMENTS auxquels les sommes ont été appliquées. | SOMMES PAYÉES. | SOMMES RÉSERVÉES pour des dépenses prévues ou des travaux en cours d'exécution. | MONTANT des SOMMES dont l'emploi est fixé. |
|---|---|---|---|
| CHAPELLE DE ROURA. | | | |
| Parfait payement des travaux de la chapelle et du presbytère............ | 16,893f 69c | » | |
| Mobilier de la chapelle et du presbytère............ | 1,953 00 | » | |
| Frais de transport des meubles............ | 140 00 | » | |
| Ornements sacerdotaux, fret, etc., etc., compris........ | 1,583 00 | » | |
| Nivellement du terrain de la chapelle et plus-value sur les matériaux............ | » | 2,000f 00c | 22,569f 69c |
| CHAPELLE DU CANAL TORCY. | | | |
| Parfait payement des travaux de réparations faits à la toiture du presbytère............ | 2,297 50 | » | |
| Entretien courant des digues et ponts qui conduisent à la chapelle............ | 469 84 | 500 00 | 3,267 34 |
| CHAPELLE DE SINNAMARY. | | | |
| Parfait payement des travaux de réparations exécutés à la chapelle............ | » | 442 70 | |
| Achats de meubles pour le presbytère et la chapelle...... | 768 75 | » | 1,211 45 |
| SALLES D'ASILE. | | | |
| Solde du commandeur............ | 210 00 | 150 00 | |
| Entretien des harnais, etc............ | 27 38 | 27 38 | |
| Travaux d'entretien et de réparations............ | 470 64 | 136 94 | |
| Menues dépenses, éclairage, savon, etc............ | 467 67 | 406 00 | 1,896 01 |
| A REPORTER............ | ......... | ......... | 28,944 49 |

| DÉSIGNATION DES SERVICES ou DES ÉTABLISSEMENTS auxquels les sommes ont été appliquées. | SOMMES | | MONTANT des SOMMES dont l'emploi est fixé. |
|---|---|---|---|
| | PAYÉES. | RÉSERVÉES pour des dépenses prévues ou des travaux en cours d'exécution. | |
| Report............ | .......... | .......... | 28,944f 49c |
| BADUEL. | | | |
| Travaux d'installation pour l'établissement d'une chapelle pour les noirs de ce domaine................. | ″ | 600f 00c | |
| Fourniture de planches, briques, etc., etc., à un habitant notable, pour la construction d'une chapelle sur son habitation........... | 272f 72c | ″ | 600 00 272 72 |
| Passage des rivières, les jours de fêtes et dimanches, pour les esclaves............... | ″ | 500 00 | |
| | | | 500 00 |
| Total................. | .......... | | 30,317 21 |
| Achat fait en France d'ornements d'églises................. | | | 1,721 50 |
| | | | 32,038 71 |
| Allocation prévue au budget de l'exercice................. | | 30,000 00 | |
| Supplément de crédit................. | | 15,000 00 | |
| | | | 45,000 00 |
| Reste disponible au 1er septembre 1846............. | | | 12,961 29 |
| Dont voici la destination : | | | |
| Kaw. — Premier à-compte sur les travaux de construction de la chapelle. | | 8,000f 00c | |
| Approuague. — Réparations urgentes à l'église, qui menace ruine....... | | 3,400 00 | |
| Sinnamary. — Portion contributive de l'administration dans la construction du clocher................. | | 1,000 00 | |
| Kourou. — Entretiens courants................. | | 411 29 | |
| Bacs et passages. — Augmentation de solde pour le passeur du Dégrao-Stoupan (chapelle de Roura)................. | | 150 00 | |
| Somme égale............. | | 12,961 29 | |

( 190 )

**2° *Situation des fonds destinés au loyer et à l'ameublement des écoles des frères de Ploërmel et des sœurs institutrices dans les quartiers, au 15 septembre 1846.***

| | | | | |
|---|---|---|---|---|
| Allocation prévue au budget. | Logement des frères................. | 3,500f 00c | | |
| | ——— des sœurs................. | 2,250 00 | | |
| | Ameublement des écoles.............. | 1,000 00 | | |
| | | | 6,750f 00c | |
| Crédit supplémentaire........................................... | | | 8,000 00 | |
| | | | | 14,750f 00c |

### DÉPENSES.

| | | | | |
|---|---|---|---|---|
| Frères de Ploërmel... | Ameublement des frères nouvellement arrivés de France, achats de bancs, etc., pour les écoles..................... | 2,089f 10c | | |
| | Achat de croix en argent pour les noirs esclaves qui suivent les instructions religieuses.................... | 100 00 | | |
| | Achat fait en France de croix en argent, d'images et de chapelets pour la même destination............. | 906 20 | | |
| | Premier à-compte sur les travaux de construction d'un bâtiment devant servir de classe supplémentaire...... | 1,896 63 | | |
| | | 4,991 93 | | |
| Sœurs de Saint-Joseph... Fourniture de bancs et tables pour l'école primaire.... | | 235 00 | | |
| | | | 5,226 93 | |

| | | |
|---|---|---|
| Reste disponible....................... | | 9,523 07 |
| Cette somme est destinée à payer les dépenses ci-après : | | |
| Le loyer de la maison Houget, occupée par les frères...................... | 2,500 00 | |
| L'indemnité au professeur de musique à l'école des frères, à raison de 1,000 francs par an, soit pour quatre mois. (Dépêche du 2 mai 1846, n° 159.).......... | 333 33 | |
| Parfait payement des travaux de construction du bâtiment servant de classe supplémentaire........................................................... | 5,597 17 | |
| Une cession d'objets de literie faite par l'hôpital et non encore régularisée....... | 224 96 | |
| Réparations diverses en cours d'exécution (mobilier des frères).............. | 25 00 | |
| Meubles et objets divers pour les sœurs de Sinnamary.................... | 208 00 | |
| Réparations à la maison principale des sœurs de Sinnamary (travaux terminés, mais non encore payés)........................................ | 902 50 | |
| Ensemble................... | | 9,790 96 |
| Partant, les dépenses excéderont les prévisions de............................. | | 267 89 |

# ANNEXES.

## 7ᵉ SÉRIE.

### DÉCRETS COLONIAUX
SUR LES TERRAINS À METTRE À LA DISPOSITION DES ESCLAVES.

(ARTICLE 2 DE LA LOI DU 18 JUILLET 1845.)

# DÉCRETS COLONIAUX
### SUR LES TERRAINS À METTRE À LA DISPOSITION DES ESCLAVES.

A. *Projet de décret transmis à MM. les gouverneurs par la circulaire du 13 juin 1846, pour l'exécution de l'article 2 de la loi du 18 juillet 1845* (1).

### I.

L'obligation imposée aux maîtres de mettre à la disposition de leurs esclaves des terrains propres à la culture sera mise en vigueur à       , conformément aux dispositions ci-après.

### II.

Sont seuls exceptés du droit à la distribution des terres les esclaves portés sur les recensements comme domestiques employés dans les villes et bourgs, ou comme affectés à la navigation ou à des exploitations non agricoles.

### III.

Le terrain dont la jouissance sera donnée à l'esclave devra être propre à la culture des vivres et avoir une étendue au minimum (2) :

Ares.

Sur les habitations sucreries ................................................

——————— caféières et autres habitations consacrées à la culture des denrées..........

——————— à vivres ...................................................

Tout esclave âgé de plus de 14 ans aura droit à cette étendue de terrain, sans que le maître puisse faire entrer en déduction ce qui aura été livré à d'autres esclaves apparte-

---

(1) Cet article est ainsi conçu :

« L'article 2 du titre II de l'ordonnance royale du 15 octobre 1786, pour la Guadeloupe et la Martinique, portant qu'il sera distribué, pour chaque nègre ou négresse, une petite portion de l'habitation, pour être par eux cultivée à leur profit, ainsi que bon leur semblera, est déclaré applicable aux colonies de la Guyane et de l'île Bourbon et dépendances.

« Un décret du conseil colonial, rendu dans les formes des articles 4 et 8 de la loi du 24 avril 1833, déterminera les exceptions que le paragraphe précédent peut recevoir. »

(2) Cette étendue a été fixée à la Guadeloupe, en 1803, à $1/12^e$ de carré, fixation évidemment insuffisante, le carré ayant 100 pas sur chaque face, ce qui donnerait au noir un jardin de 8 pas en largeur et en longueur, ou environ 6 mètres.

Dans les colonies anglaises (ordre en conseil de 1831) :

Pour chaque esclave âgé de 16 ans et au-dessus, un 1/2 acre de terre propre à la culture, situé à 2 milles au plus du lieu de la résidence de l'esclave.

Pour les enfants âgés de moins de 16 ans, 1/4 d'acre de terre, au père ou à la mère.

Obligation de fournir instruments, semences, etc.

Le produit appartient à l'esclave, et il ne peut être évincé tant que la récolte n'est pas faite.

Les maîtres peuvent forcer leurs esclaves de tenir leurs jardins en bon état. Si le jardin ne suffit pas à la nourriture, le maître y supplée.

nant à la même famille. Cette quantité devra être augmentée d'un cinquième pour chaque enfant âgé de plus de quatre ans.

### IV.

Pourra être réduite à la moitié de l'étendue ci-dessus déterminée la dimension du terrain exigible, quand le maître justifiera, dans les formes déterminées par l'autorité locale, que cette réduction est nécessaire à raison du nombre de ses esclaves comparé à l'étendue totale des terres cultivables dont il dispose.

Pour les cas où il sera constaté que le maître ne peut satisfaire à l'obligation de la concession du terrain, un arrêté du gouverneur réglera les compensations qui seront dues à l'esclave par des fournitures de bétail ou par d'autres allocations.

### V.

Le terrain mis à la disposition de l'esclave ne devra pas être situé à plus d'un kilomètre de distance du point central de l'habitation, à moins que le propriétaire ne justifie, dans les formes ci-dessus prévues, de l'impossibilité de satisfaire à cette condition.

### VI.

A la première livraison du terrain, le maître fournira à l'esclave les semences et les outils nécessaires à la mise en culture, sans être tenu de les renouveler.

### VII.

L'esclave ne pourra être obligé de quitter le terrain qui lui aura été assigné qu'aux conditions ci-après :

1° Lorsque le terrain sera à sa disposition depuis une année révolue;

2° Lorsque sa récolte sera faite, et qu'il aura été averti de ne pas ensemencer de nouveau;

3° Lorsqu'un terrain équivalent en étendue et, autant que possible, en qualité aura été mis à sa disposition.

L'accomplissement de ces conditions sera soumis à la constatation préalable du juge de paix.

### VIII.

Les produits que l'esclave récoltera sur le terrain dont il aura la jouissance lui appartiendront en propre, sans que le maître puisse les faire entrer en déduction de tout ou partie de la ration, à l'égard des noirs qui n'auront pas remplacé leur nourriture par un jour de liberté.

### IX.

Les magistrats chargés du patronage contraindront, en tant que de besoin, les esclaves à cultiver les terrains mis à leur disposition par leurs maîtres, et à y entretenir des vivres dans la proportion qui sera déterminée par les arrêtés locaux.

X.

Les dispositions qui précèdent seront mises en vigueur dans le délai d'un an pour Bourbon et de six mois pour Cayenne, après la publication du présent décret.

---

B. *Décret voté par le conseil colonial de la Martinique.*

Nous, Gouverneur de la Martinique,

Avons proposé et le conseil colonial a adopté ce qui suit, sous la sanction du Roi.

Article premier.

L'obligation imposée aux maîtres de mettre à la disposition de leurs esclaves des terrains propres à la culture sera mise en vigueur à dater de la promulgation du présent décret, conformément aux dispositions ci-après.

Art. 2.

Sont seuls exceptés du droit de la distribution des terres, les esclaves portés sur les recensements comme domestiques employés dans les villes et bourgs, ou comme affectés à la navigation ou à des exploitations non agricoles.

Art. 3.

Le terrain dont la jouissance sera donnée à l'esclave devra être propre à la culture et avoir une étendue au minimum :

Sur les habitations sucreries.................................. 6 ares.
    *Id.*    caféières et autres, consacrées à la culture des denrées. 4 ares.
    *Id.*    à vivres.................................................. 3 ares.

Tout esclave âgé de plus de quatorze ans aura droit à cette étendue de terrain, sans que le maître puisse faire entrer en déduction ce qui aura été livré à d'autres esclaves appartenant à la même famille.

Cette quantité devra être augmentée d'un sixième, pour chaque enfant âgé de plus de huit ans,

Le droit de la mère à la portion de terre formant l'objet d'une augmentation cessera à partir de l'époque où l'enfant qui aura fait naître ce droit aura atteint l'âge de quatorze ans.

Art. 4.

Pourra être réduite à la moitié de l'étendue ci-dessus déterminée, la dimension du terrain exigible, quand le maître justifiera, dans les formes déterminées par un décret colonial, que cette réduction est nécessaire, à l'occasion du nombre de ses esclaves comparé à l'étendue totale des terres cultivables dont il dispose.

### ART. 5.

A la première livraison du terrain, le maître fournira à l'esclave les semences, la houe et le coutelas nécessaires à la mise en culture, sans être tenu de les renouveler.

### ART. 6.

L'esclave ne pourra être obligé de quitter le terrain qui lui aura été assigné, qu'aux conditions ci-après :
1° Lorsque le terrain sera à sa disposition depuis une année révolue ;
2° Lorsque sa récolte sera faite, et qu'il aura été averti de ne pas ensemencer de nouveau ;
3° Lorsque le terrain équivalent en étendue et, autant que possible, en qualité aura été mis à sa disposition.

Fait à Fort-Royal (Martinique), le 2 septembre 1846.

*Signé* A. MATHIEU.

---

## C. *Décret voté par le conseil colonial de la Guadeloupe.*

Basse-Terre, le 31 octobre 1846.

Nous, Gouverneur de la Guadeloupe et dépendances,

Avons proposé et le conseil colonial a adopté ce qui suit, sous la sanction du Roi.

### ARTICLE PREMIER.

L'obligation imposée aux propriétaires de mettre à la disposition de leurs esclaves des terrains propres à la culture sera désormais exécutée à la Guadeloupe, conformément aux dispositions ci-après :

### ART. 2.

Sont seuls exceptés du droit à la distribution des terres les esclaves portés sur les recensements comme domestiques employés dans les villes et bourgs, ou comme affectés à la navigation ou à des exploitations non agricoles.

### ART. 3.

Le terrain dont la jouissance sera donnée à l'esclave devra être propre à la culture des vivres, et avoir une étendue au minimum :
Pour l'esclave admis à disposer d'un jour par semaine, à charge par lui de subvenir à sa nourriture, de.................................................................. 8 ares.
Pour l'esclave nourri par son maître, de........................ 4 ares.
Tout esclave âgé de plus de quatorze ans aura droit à cette étendue de terrain, sans

que le maître puisse faire entrer en déduction ce qui aura été délivré à d'autres esclaves appartenant à la même famille. Ces quantités devront être augmentées d'un cinquième pour chaque enfant âgé de plus de huit ans.

### ART. 4.

Pourra être réduite à la moitié de l'étendue ci-dessus déterminée, la dimension du terrain exigible, quand le maître justifiera, dans les formes déterminées par arrêté du gouverneur, que cette réduction est nécessaire à raison du nombre de ses esclaves comparé à l'étendue totale des terres cultivables dont il dispose.

Pour le cas où il sera constaté que le maître ne peut satisfaire à l'obligation de la concession du terrain, un arrêté du gouverneur réglera les compensations qui seront dues à l'esclave.

### ART. 5.

Le terrain mis à la disposition de l'esclave ne devra pas être situé à plus d'un kilomètre de distance du point central de l'habitation, à moins que le propriétaire ne justifie, dans les formes ci-dessus prévues, l'impossibilité de satisfaire à cette condition, ou qu'il ne convienne à l'esclave d'accepter son jardin à une plus grande distance.

### ART. 6.

Les esclaves auront la faculté de se servir, pour la culture de leurs jardins, des houes, serpes ou coutelas qui leur sont donnés par les maîtres pour la culture de l'habitation.

### ART. 7.

L'esclave ne pourra être obligé de quitter le terrain qui lui aura été assigné qu'aux conditions ci-après :

1° Lorsque le terrain sera à sa disposition depuis une année révolue, à moins qu'il ne l'ait pas encore mis en culture, ou que, l'ayant mis en culture, il l'ait abandonné;

2° Lorsque la récolte sera faite, et qu'il aura été averti de ne pas ensemencer de nouveau;

3° Lorsqu'un terrain équivalent en étendue et, autant que possible, en qualité aura été mis à sa disposition.

### ART. 8.

Les magistrats chargés du patronage contraindront, sur la réclamation du propriétaire, les esclaves à cultiver les terrains mis à leur disposition par leurs maîtres, et à y entretenir des vivres dans la proportion qui sera indiquée par des arrêtés locaux.

Fait à la Basse-Terre, le 31 octobre 1846.

*Signé* LAYRLE.

D. *Décret voté par le conseil colonial de la Guyane française.*

Nous, Gouverneur de la Guyanne Française,

Avons proposé et le conseil colonial a adopté ce qui suit, sous la sanction du Roi.

### Art. 1er.

§ 1er. La petite portion de l'habitation du maître qui doit être distribuée pour chaque nègre ou négresse pour être par eux cultivée à leur profit, ainsi que bon leur semblera, devra être propre à la culture et avoir une étendue au minimum de deux ares en terres hautes ou en terres basses d'un are pris dans les dessèchements.

§ 2. Tout esclave âgé de plus de 14 ans aura droit à cette étendue de terrain, sans que le maître puisse faire entrer en déduction les terrains qui auront été livrés à d'autres esclaves faisant partie de sa famille.

§ 3. Le père ou la mère de tout enfant âgé de plus de 4 ans, mais de moins de 14 ans, aura droit pour chaque enfant de cette catégorie et jusqu'à ce que cet enfant ait 14 ans révolus, à un supplément de terrain égal au cinquième de celui auquel a droit l'esclave âgé de plus de 14 ans.

### Art. 2.

Sont seuls exceptés du droit à des attributions de terrains, les esclaves portés sur les recensements comme domestiques, ouvriers et journaliers employés dans les villes et bourgs, ou comme affectés au cabotage ou à des exploitations urbaines.

### Art. 3.

Le terrain mis à la disposition de l'esclave ne devra pas être situé à plus d'un kilomètre de distance du point central de l'habitation, à moins que le propriétaire ne justifie de l'impossibilité de satisfaire à cette condition.

Cette justification sera faite auprès du juge de paix, qui désignera, dans ce cas, la localité de l'habitation où la concession devra être faite.

### Art. 4.

L'esclave ne pourra être obligé de quitter le terrain qui lui aura été désigné qu'aux conditions suivantes :

1° Lorsque le terrain aura été mis à sa disposition pendant une année entière;

2° Lorsque les fruits du terrain auront été récoltés;

3° Lorsque, depuis trois mois, il aura été averti de ne pas planter ou ensemencer de nouveau son terrain;

4° Lorsqu'un terrain équivalent en étendue et, autant que possible, en qualité aura été mis à sa disposition, au moment où l'ordre d'évacuer le terrain par lui occupé lui aura été donné.

L'accomplissement de ces dispositions sera soumis à la constatation préalable du juge de paix.

Art. 5.

Les produits que l'esclave récoltera sur les terrains dont il aura la jouissance lui appartiendront en propre, sans que le maître puisse les faire entrer en déduction de tout ou partie de la ration, à l'égard des noirs qui n'auront pas remplacé leur nourriture par la concession d'un jour par semaine.

Art. 6.

Les magistrats chargés du patronage contraindront, en tant que de besoin, les esclaves à cultiver les terrains mis à leur disposition par leurs maîtres.

Fait à Cayenne, le 6 novembre 1847.

*Signé* PARISET.

# ANNEXES.

## 8ᵉ SÉRIE.

### DÉCRETS COLONIAUX
SUR LE TRAVAIL ORDINAIRE DES ESCLAVES.

(EXÉCUTION DE L'ARTICLE 3 (§ 2) DE LA LOI DU 18 JUILLET 1845.)

# DÉCRETS COLONIAUX

## SUR LE TRAVAIL ORDINAIRE DES ESCLAVES.

### A. Projet de décret et instructions du département de la marine.

1° *Projet de décret transmis par le Ministre à MM. les Gouverneurs.*

#### ARTICLE PREMIER.

L'exécution des paragraphes 1 et 2 de l'article 3 de la loi du 18 juillet 1845 aura lieu conformément aux dispositions suivantes :

Le repos de deux heures et demie, qui doit diviser la journée de travail, se composera de deux parties.

Le premier repos aura lieu entre neuf et dix heures du matin; il sera d'une demi-heure et pourra se prendre sur le lieu du travail.

Le second repos, qui aura lieu dans les cases, commencera à midi pour finir à deux heures, non compris le temps nécessaire pour quitter et regagner le lieu du travail.

Le temps nécessaire à l'apport des herbes ou du fourrage pour les bestiaux ne devra pas être pris sur le temps du repos.

#### ART. 2.

Les dimanches et fêtes, les esclaves des ateliers ruraux ne pourront être employés aux gardes de nuit, aux gardes de jour, ainsi qu'à la surveillance des bestiaux, qu'à tour de rôle, et dans la proportion d'un esclave sur        esclaves recensés.

Les esclaves employés aux gardes de nuit seront exemptés de travail le lendemain pendant la demi-journée. Les esclaves employés aux gardes de jour et à la garde des bestiaux, les dimanches et fêtes, auront droit, en compensation, à la remise d'un jour ouvrable, sauf à s'entendre avec le maître pour une autre rémunération.

L'apport des herbes le dimanche n'aura lieu qu'à titre de service volontaire et rémunéré.

#### ART. 3.

Le travail sur les habitations sera divisé en deux catégories :
Le travail d'atelier;
Le travail détaché.

#### ART. 4.

Pourront être affectés au travail d'atelier tous les individus valides
Ceux du sexe masculin de 12 à 60 ans;

Ceux du sexe féminin de 12 à 55 ans.

Sur les habitations recensant 40 travailleurs et au delà, l'atelier se divisera en deux parties : le grand atelier et le petit atelier.

Seront compris dans le grand atelier, les hommes de 14 à 60 ans, et les femmes de 14 à 55 ans ;

Le petit atelier comprendra les travailleurs des deux sexes de 12 à 14 ans.

Le petit atelier ne sera employé qu'aux travaux légers de la culture. — Il se rendra au travail une heure plus tard que le grand atelier, et le quittera une heure plus tôt : le repos du milieu du jour se prolongera pour lui d'une demi-heure, et il sera disponible avant tout pour les devoirs de l'instruction religieuse et élémentaire, en exécution de l'ordonnance royale du 18 mai 1846.

Sur les habitations recensant moins de 40 travailleurs, et où l'atelier ne sera pas divisé en deux parties, la somme de travail demandée aux individus âgés de 12 à 14 ans confondus avec les adultes devra être limitée conformément aux dispositions qui précèdent.

### ART. 5.

À l'égard des travailleurs indiqués dans l'article qui précède, le maître pourra substituer le travail individuel et à la tâche, au travail d'atelier à la journée, sous la condition de ne pas excéder le maximum de temps prévu par l'article 3, § 1$^{er}$ de la loi du 18 juillet 1845.

Un arrêté du gouverneur déterminera, pour chaque espèce de culture ou d'occupation, à laquelle l'esclave pourra être attaché, la somme de travail qui devra constituer le maximum de la tâche journalière, dans la limite ci-dessus indiquée, suivant l'âge et le sexe des travailleurs.

### ART. 6.

Les enfants valides au-dessous de 12 ans, les hommes valides âgés de plus de 60 ans, et les femmes valides âgées de plus de 55 ans, ne pourront être employés qu'à des travaux détachés proportionnés à leurs forces, et sans préjudice, quant aux enfants, des devoirs à remplir pour l'instruction religieuse et élémentaire, conformément aux prescriptions de l'ordonnance du 18 mai 1846.

### ART. 7.

Les esclaves employés aux travaux autres que ceux des habitations agricoles seront, par un arrêté du gouverneur, divisés en catégories, par professions, et ledit arrêté déterminera, en ce qui concerne ces esclaves, les règles à suivre pour le travail et le repos, suivant l'âge et le sexe, et dans les limites du maximum de travail quotidien prévu par l'article 3, § 1$^{er}$, de la loi du 18 juillet 1845.

### ART. 8.

Tout esclave des deux sexes âgé de moins de douze ans, tout homme esclave âgé de plus de 60 ans, toute femme esclave âgée de plus de 55 ans, s'ils sont atteints d'une infirmité constatée, seront exempts de tout travail.

Tous autres esclaves atteints d'infirmités seront exempts du travail d'atelier et ne pourront être astreints aux travaux détachés que dans la limite déclarée compatible avec leur état d'infirmité.

ART. 9.

Pour l'exécution des dispositions de l'article 8, il sera fait, immédiatement après la publication du présent décret, une visite générale des esclaves d'habitations et des esclaves des villes et bourgs, à l'effet de faire constater par les médecins, à ce préposés par l'autorité, l'état de chaque individu, et de déterminer la catégorie dans laquelle il devra être classé pour le travail.

Il sera pourvu subséquemment aux changements que cette classification comporterait, au moyen des visites que les magistrats chargés du patronage provoqueront à la suite de leurs tournées.

L'état de maladie accidentelle constaté, soit d'office à la diligence des magistrats, soit sur la demande de l'esclave ou sur celle du maître, motivera l'exemption de travail dans la limite de temps que prescrira le rapport du médecin chargé de la visite.

ART. 10.

Les femmes esclaves en état de grossesse constaté doivent passer du grand au petit atelier, jusqu'au septième mois révolu de gestation, époque à laquelle elles sont exemptées de tout travail.

Elles reprendront le travail au petit atelier, le quarantième jour après leurs couches, et ne rentreront au grand atelier qu'au soixante et quinzième jour accompli.

Après son retour au grand atelier, l'esclave mère, jusqu'à ce que son enfant ait atteint l'âge de 15 mois, se rendra au travail une heure plus tard que les autres travailleurs, et le quittera une heure plus tôt; le repos du milieu du jour sera prolongé pour elle d'une demi-heure.

Sur les exploitations dont le personnel ne comportera pas la formation d'un grand et d'un petit atelier, les dispositions qui précèdent seront également appliquées aux femmes enceintes et aux femmes mères.

ART. 11.

La femme esclave, mère de plus de trois enfants issus de mariage légitime, aura droit à une exemption d'un jour de travail par semaine, à raison de chacun des enfants vivants qu'elle aura en sus de ce nombre.

---

2° INSTRUCTIONS MINISTÉRIELLES JOINTES AU PROJET DE DÉCRET.

Paris, le 13 juin 1846.

Monsieur le Gouverneur, les instructions générales qui ont accompagné la notification aux colonies de la loi du 18 juillet 1845 vous ont annoncé l'envoi subséquent d'un projet de décret destiné à satisfaire, en ce qui concerne les détails du travail des esclaves, aux prescriptions du paragraphe 2 de l'article 3 portant : « Un décret colonial fixera la durée « respective des deux parties du temps de travail, sans excéder le maximum ci-dessus dé-« terminé, et pourra établir une durée moins longue de travail obligatoire, suivant l'âge « ou le sexe des esclaves, leur état de santé ou de maladie, ou la nature des occupations « auxquelles ils seront attachés. »

J'ai dû ajourner la préparation et la transmission de ce projet de décret jusqu'à l'époque de la publication des ordonnances avec lesquelles il devait nécessairement se combiner. Je vous adresse donc aujourd'hui ce travail, et je vous le remets au même titre que le projet de décret sur les terrains, joint à une autre dépêche de ce jour, c'est-à-dire comme base générale des propositions à faire aux conseils coloniaux, mais sous réserve de la rédaction définitive à laquelle MM. les gouverneurs croiront devoir s'arrêter, après examen en conseil privé, examen qui peut conduire à faire reconnaître la nécessité de plusieurs modifications de détail, en présence d'une appréciation plus précise des différentes questions pratiques.

(*Martinique et Guadeloupe.*) — Il me paraît, d'ailleurs, nécessaire qu'un concert préalable s'établisse à ce sujet entre vous et M. le gouverneur de. . . . . . . afin de ne pas s'exposer, dans deux colonies si voisines, et placées dans des conditions à peu près identiques, à des divergences regrettables. Ce concert devra, toutefois, être assez prompt pour ne pas compromettre la très-prochaine présentation du projet de décret aux conseils coloniaux respectifs, conformément aux instructions contenues à ce sujet dans ma dépêche déjà citée plus haut, et relative au décret sur les concessions de terres.

(*Les quatre colonies.*) — Les diverses dispositions du projet de décret ci-joint, bien que se justifiant en grande partie par elles-mêmes, comportent diverses explications dans lesquelles je vais entrer.

L'article 1$^{er}$ règle tout ce qui concerne les heures de repos. Il n'y a pas à s'occuper, dans le décret, des difficultés d'exécution qui se sont rencontrées quant au commencement et à la cessation des travaux, fixés par la loi à six heures du matin et six heures du soir. La solution de ces difficultés est une affaire d'exécution et d'interprétation, qui n'est point du domaine des conseils coloniaux. Je vous écrirai spécialement à ce sujet, et je l'aurais fait plus tôt si je n'avais désiré connaître d'abord comment les choses se seront passées à cet égard à l'île Bourbon, celle de toutes nos colonies où l'application littérale et rigoureuse du paragraphe 1$^{er}$ de l'article 3 de la loi du 18 juillet 1845 pouvait présenter le plus d'embarras.

En ce qui regarde les moments de repos, le projet de décret tient compte, autant que possible, des usages qui existent généralement aux colonies (abstraction faite des exceptions résultant du travail à la tâche, dont je parlerai tout à l'heure). L'interruption du travail, dans le système du travail journalier, se divise partout en deux parties. La première est toujours d'une demi-heure; mais le moment n'est pas le même dans toutes les colonies. Dans certaines localités, ce repos a lieu de huit heures et demie à neuf heures; dans d'autres de neuf heures et demie à dix heures. Ce défaut d'uniformité n'entraîne aucun inconvénient, et la fixation adoptée dans le document ci-joint se prête à tout ce que les usages locaux peuvent exiger. Quant à la seconde interruption de travail, elle a lieu partout de midi à deux heures. Mais, à cet égard, une question a été soulevée : on a prétendu que, d'après le sens de la loi, le temps nécessaire pour quitter le travail et pour le regagner devait être pris sur les deux heures laissées à l'esclave. Cette interprétation ne me paraît pas pouvoir être admise. La loi, accordant à l'esclave deux heures et demie *de repos*, n'a pu vouloir comprendre dans cette suspension de travail les déplacements de l'atelier, qui constituent nécessairement une fatigue. Cette interprétation serait d'ailleurs tout à fait contraire aux usages en vigueur ; il est cependant nécessaire d'y opposer un texte formel.

Par la même raison, il est nécessaire de prévenir explicitement tout abus de même nature en ce qui concerne l'apport des herbes pour les bestiaux.

Art. 2. — *Garde des bestiaux et apport des herbes le dimanche.* — *Gardes de jour et de nuit.* — Ici le projet de décret semble s'étendre à une matière à laquelle il n'est pas chargé de pourvoir ; mais c'est en réalité un détail qui ne peut être passé sous silence. *La garde des bestiaux et les gardes de jour,* du lundi au vendredi, sont bien comprises dans le travail obligatoire prévu pour tous les esclaves par la loi. Les mêmes services, quant au samedi, peuvent être faits par les esclaves qui sont au régime de l'ordinaire, de manière à laisser aux autres leur journée franche. Mais les dimanches et fêtes, de minuit à minuit, on ne peut admettre que l'exemption générale de travail soit poussée jusqu'à laisser entièrement à l'abandon une surveillance qui est, en grande partie, d'intérêt commun à tout l'atelier. Le seul moyen de mettre d'accord la nécessité avec le silence de la loi, c'est de régler ces corvées dans la proportion la plus modérée, et d'y attacher le principe d'une compensation de temps, à moins de rémunération par salaire.

Il en est de même pour les gardes de nuit chaque jour de la semaine. La faculté de reporter les heures de travail du jour dans la nuit étant limitée aux époques de récolte et de fabrication, il se trouverait une période de l'année où les gardes de nuit seraient impossibles si le décret n'y pourvoyait, toujours sous le bénéfice d'une compensation de temps pour les noirs affectés à ce service.

Quant à l'apport des herbes, comme c'est un service à peu près général pour l'atelier, il serait impossible de rendre ce travail obligatoire le dimanche sans enfreindre directement le principe d'exemption de travail inscrit dans l'article 7 de la loi, et il ne peut dès lors en être question que comme d'un service purement facultatif et sujet à rémunération.

Art. 3 et 4. Je me suis attaché à spécifier autant que possible, d'après les usages existants, la division du travail en deux catégories, *travail d'atelier* et *travail détaché*, et les conditions d'âge à prévoir pour l'affectation des esclaves des deux sexes au *travail d'atelier*, en distinguant les ateliers en grande et petite bande. Je n'ai pas établi l'énumération des *travaux légers*, qui doivent être exclusivement le partage du petit atelier : Vous examinerez s'il ne conviendrait pas de mieux préciser cette disposition, soit en faisant l'énumération dont je parle, soit en désignant seulement les travaux les plus pénibles auxquels les individus qui feront partie du petit atelier ne doivent pas être employés.

Art. 5. La substitution du travail à la tâche au travail journalier est évidemment dans les droits du maître pourvu qu'il se conforme à deux conditions, celle de ne pas excéder le maximum de temps établi pour l'esclave comme obligation, et de ne pas accumuler, dans cet espace de temps, une somme de travail supérieure à celle que l'esclave peut accomplir par un emploi modéré de ses forces.

L'intérêt bien entendu des maîtres et des esclaves trouve dans le système de travail à la tâche une égale satisfaction. Il y aurait donc quelque chose de logique à donner au travailleur la faculté de réclamer ce mode de travail, en même temps qu'on reconnaît au maître celle de l'imposer : il est permis de croire que l'usage en deviendrait plus promptement général dans toutes nos colonies. Mais il n'est pas possible de faire ressortir des termes de l'article 3 de la loi ce principe de réciprocité; cet article laisse évidemment au maître seul l'option entre les diverses manières d'employer le temps de travail imposé à l'esclave, à la seule condition de se conformer aux règles déterminées par les décrets à intervenir.

Telles sont les considérations qui m'ont porté à donner aux dispositions concernant le travail à la tâche la limite qu'indique le projet de décret. Il ne m'a pas paru d'ailleurs qu'il convînt de comprendre dans la catégorie des esclaves sujets au travail de la tâche, d'autres travailleurs que ceux qui sont classés par l'article précédent comme travailleurs d'atelier. Si l'article avait besoin de quelque modification sous ce rapport, ce serait à Cayenne seulement, à raison des usages dès à présent établis, et auxquels il ne faudrait apporter aucune innovation préjudiciable.

(*Martinique, Guadeloupe et Bourbon.*) L'arrêté que vous aurez à rendre pour déterminer les tâches pourra se baser en grande partie sur les fixations adoptées à la Guyane, à l'époque où l'ingénieur Guisan y a introduit ce système. Je vous enverrai, à cet effet, un extrait du livre publié à Cayenne sur la culture des terres basses, et dont les exemplaires peuvent être devenus rares ou manquer entièrement dans les autres colonies.

(*Les quatre colonies.*) L'article 6 comme l'article 4 contient, quant au travail des enfants, une restriction formelle destinée à assurer, avant toute autre obligation, l'accomplissement des prescriptions de l'ordonnance royale du 18 mai 1846 sur l'enseignement religieux élémentaire. Cette restriction est un point essentiel à maintenir, et dont l'omission par les conseils coloniaux, lors du vote du décret, serait de nature à motiver un refus de sanction.

Art. 7. Les articles que je viens de passer en revue satisfont, dans la limite de ce qui semble nécessaire en tant qu'il s'agit de travail agricole, aux prescriptions de la loi qui prévoient « la fixation d'une durée moins longue de travail obligatoire suivant l'âge et le sexe. »

Quant à la fixation du travail, *suivant la nature des occupations de l'esclave*, il me paraîtrait difficile d'aborder, à cet égard, une classification détaillée, applicable aux exploitations agricoles des colonies. Vous examinerez cependant si, sous ce rapport, il serait possible d'établir, parmi les esclaves ruraux, des distinctions plus tranchées, d'assigner, par exemple, au travail *journalier* du charpentier ou du raffineur une durée déterminée, différente de celle du cabrouettier ou du tonnelier. Ces spécifications semblent de nature à se rattacher exclusivement au système des tâches.

Mais il n'en est pas de même des occupations étrangères à l'agriculture : il est d'autant plus nécessaire de s'occuper de celles-là, par des dispositions spéciales, que l'article 3 de la loi du 18 juillet est conçue dans des termes qui ne comportent d'application directe et expresse qu'aux travaux de l'agriculture. Toutefois, une difficulté se présente ici. La loi n'a prévu l'intervention du décret pour régler le travail, *suivant la nature des occupations*, qu'autant qu'il s'agit de déterminer une durée de services *inférieure au maximum prévu*. Si toutes ces professions, qui s'exercent de jour, peuvent être ainsi réglementées par application expresse de la loi, il n'en est pas de même de celles pour l'exercice desquelles le travail peut être reporté en partie du jour dans la nuit; pour ces professions, le décret ne peut faire office d'acte réglementaire qu'au moyen d'une interprétation et d'une extension analogues à celles que j'ai déjà considérées plus haut comme admissibles en ce qui regarde les gardes de jour et la garde des bestiaux le dimanche. Du reste, cette extension est légitimée par la nécessité même; car on ne saurait admettre que l'emploi des esclaves à la navigation, à la boulangerie, aux chaufourneries et à quelques autres industries qui sont alternativement diurnes ou nocturnes, soit interdit ou soit purement arbitraire.

Il m'a paru qu'à raison des détails dans lesquels le règlement à préparer à ce sujet devra entrer, il vaudrait mieux le faire émaner de l'administration elle-même, et c'est par cette raison qu'il est question, dans l'article 7, d'un arrêté du gouverneur; rien ne me paraît, du reste, s'opposer absolument à ce que la nomenclature des professions et le mode ainsi que la durée du travail de chacune d'elles soient consignés dans le décret même, et si vous êtes d'avis que ce dernier parti est préférable, vous aurez à faire, préparer et rédiger l'article en ce sens.

Je ne perds pas de vue qu'un point important restera encore en dehors des prévisions du règlement de travail, comme de celles de la loi elle-même; je veux parler du service des domestiques, soit sur les habitations, soit dans les villes; mais ce serait étendre beaucoup trop loin les limites du décret à intervenir que d'y comprendre une disposition interprétative ou complétive de l'article 3 de la loi quant à cette matière, qui devra continuer à rester purement et simplement dans le domaine de l'interprétation et de la jurisprudence, ainsi que l'ont prescrit, dès l'origine, mes instructions générales sur l'exécution de la loi.

Les articles 8 et 9, relatifs aux exemptions de travail complètes ou partielles, permanentes ou temporaires, pour causes d'infirmités ou de maladie accidentelle, ne comportent aucune explication. Il n'échappera pas à l'administration et au conseil colonial que la classification qui sera faite des esclaves infirmes constituera, pour le maître, une obligation légale, et qu'en attendant même la constatation médicale prévue, le maître qui, en présence d'un accident survenu à un esclave et entraînant incapacité de travail, continuerait de l'attacher au grand atelier ou même au petit, s'exposerait à des poursuites sous le coup de l'article 8 et même de l'article 9 de la loi du 18 juillet.

L'article 10 consacre, en les spécifiant mieux que ne le font les règlements actuels, les allégements ou les exemptions de travail dus aux femmes esclaves enceintes ou nourrices.

Quant à l'article 11, qui stipule les exemptions de travail accordées aux esclaves mères d'un certain nombre d'enfants, il a pour but, en même temps, de mettre d'accord les dispositions contradictoires introduites par l'usage ou établies par l'ancienne législation et d'y attacher un principe de morale religieuse dont elles ont été jusqu'à ce jour entièrement dépourvues. A ce double titre, la disposition proposée ne peut manquer d'être maintenue dans le décret à intervenir.

Je ne pousserai pas plus loin, monsieur le gouverneur, ces explications qui me paraissent suffisantes pour vous initier à l'esprit dans lequel sont conçues les dispositions du travail que je vous communique, et pour vous mettre à portée, après la révision que vous en aurez faite, de le soumettre, avec tous les éclaircissements et tous les développements nécessaires, aux délibérations du conseil colonial. J'aime à penser que cette assemblée, dans l'examen et la discussion de cet acte, comprendra la nécessité de se placer exclusivement au point de vue de la délégation de pouvoir qui lui a été faite, et de justifier, par son concours, la confiance avec laquelle les législatures locales ont été chargées de compléter, quant à cette importante matière, l'acte des pouvoirs métropolitains.

Recevez, etc.

*Le Vice-Amiral Pair de France,*
*Ministre Secrétaire d'Etat de la marine et des colonies,*
B<sup>on</sup> DE MACKAU.

---

## B. MARTINIQUE.

*Décret voté par le conseil colonial.*

Nous, Gouverneur de la Martinique,

Avons proposé et le conseil colonial a adopté ce qui suit, sous la sanction du Roi.

### ARTICLE PREMIER.

L'exécution des paragraphes 1<sup>er</sup> et 2<sup>e</sup> de l'article 3 de la loi du 18 juillet 1845 aura lieu conformément aux dispositions suivantes:

Le repos de deux heures et demie, qui doit diviser la journée du travail, se compose de deux parties.

Le premier repos aura lieu entre huit heures et demie et neuf heures et demie du matin; il sera d'une demi-heure et devra se prendre sur le lieu du travail.

Le second repos commencera à midi pour finir à deux heures.

### ART. 2.

Des arrêtés pris par les maires de chaque commune, en conformité du § 3 de l'article 7 de la loi du 18 juillet 1845, régleront à titre de travaux d'urgence, suivant l'usage des lieux et selon les circonstances, tout ce qui a trait aux gardes de nuit, à l'apport des herbes et du fourrage pour les bestiaux, les dimanches et fêtes, aux gardes des dimanches et fêtes, ainsi qu'à celles des bestiaux pendant les mêmes jours.

ART. 3.

Le travail sur les habitations sera divisé en deux catégories:
Le travail d'atelier;
Le travail détaché.

ART. 4.

Pourront être affectés au travail d'atelier tous les individus valides, de l'un et de l'autre sexe, de 10 à 60 ans.

Sur les habitations recensant 40 travailleurs et au delà, l'atelier se divisera en deux parties: le grand atelier et le petit atelier.

Seront compris dans le grand atelier les individus de 14 à 60 ans.

Le petit atelier comprendra les travailleurs des deux sexes, de 10 à 14 ans.

Le petit atelier ne sera employé qu'à des travaux légers de culture.

Sur les habitations recensant moins de 40 travailleurs et où l'atelier ne sera pas divisé en deux parties, le travail demandé aux individus de 10 à 14 ans, confondus avec les adultes, sera conforme aux dispositions qui précèdent.

ART. 5.

Les enfants valides au-dessous de 10 ans, les individus valides âgés de plus de 60 ans, ne pourront être employés qu'à des travaux détachés, proportionnés à leurs forces.

ART. 6.

Tout esclave des deux sexes, âgé de moins de dix ans, tout esclave âgé de plus de 60 ans, s'ils sont atteints d'une infirmité constatée, seront exempts de tout travail.

La constatation de l'infirmité aura lieu par le médecin ordinaire de l'habitation.

ART. 7.

Les femmes esclaves en état de grossesse, doivent passer du grand au petit atelier, jusqu'au septième mois révolu de la grossesse, époque à laquelle elles sont exemptes de tout travail d'atelier.

Elles reprendront le travail au petit atelier, le quarantième jour après leurs couches, et ne rentreront au grand atelier qu'au soixante et quinzième jour accompli.

Après son retour au grand atelier, l'esclave mère, jusqu'à ce que son enfant ait atteint l'âge de 12 mois, se rendra au travail le matin, une demi-heure plus tard que les autres travailleurs, et le quittera le soir une demi-heure plus tôt. Le repos du milieu du jour sera prolongé pour elle d'une demi-heure.

Sur les exploitations dont le personnel ne comportera pas la formation d'un grand et d'un petit atelier, les dispositions qui précèdent seront également appliquées aux femmes enceintes et aux femmes mères.

ART. 8.

La femme esclave mère de plus de quatre enfants issus de mariage légitime aura droit à une exemption d'un jour de travail par semaine à raison de chacun des enfants vivants qu'elle aura en sus de ce nombre. Cette disposition ne s'appliquera ni aux enfants légitimés ni aux enfants reconnus.

Fait à Fort-Royal-Martinique, le 2 septembre 1846.

*Signé*, A. MATHIEU.

Par le Gouverneur,
Le Directeur de l'Intérieur, *signé*, FRÉMY.

## C. GUADELOUPE.

*Décret voté par le Conseil colonial.*

Basse-Terre, le 31 octobre 1846.

Nous, Gouverneur de la Guadeloupe et dépendances,

Avons proposé, et le Conseil colonial a adopté ce qui suit, sous la sanction du Roi :

### ARTICLE PREMIER.

L'exécution des paragraphes 1 et 2 de l'article 3 de la loi du 18 juillet 1845 aura lieu conformément aux dispositions suivantes :

Le repos de deux heures et demie, qui doit diviser la journée de travail, se composera de deux parties.

Le premier repos aura lieu entre 8 heures et 1/2 et 9 heures 1/2 du matin ; il sera d'une demi-heure, et pris sur le lieu du travail.

Le second repos commencera à midi pour finir à 2 heures, non compris le temps nécessaire pour regagner le lieu du travail.

### ART. 2.

Les dimanches et fêtes, les esclaves des ateliers ruraux ne pourront être employés aux gardes de nuit, aux gardes de jour, ainsi qu'à la surveillance des bestiaux, qu'à tour de rôle, et dans la proportion d'un esclave sur 10 esclaves recensés.

Il en sera de même le samedi, ou tout autre jour donné au remplacement de la nourriture.

Les esclaves employés aux gardes de nuit seront exemptés d'apporter les herbes du soir, et ne se rendront au travail, le lendemain, qu'une heure plus tard.

Les esclaves employés aux gardes de jour et à la garde des bestiaux, les dimanches et fêtes, auront droit, en compensation, à la remise d'un jour ouvrable, sauf à s'entendre avec le maître pour une autre rémunération.

La même règle s'appliquera, pour le samedi ou autre jour convenu, aux esclaves qui ne reçoivent pas l'ordinaire.

L'apport des herbes, les dimanches et fêtes, le samedi, ou autre jour convenu, sera obligatoire pour tout l'atelier ; néanmoins, il lui sera facultatif de les fournir en une seule fois le soir.

Chaque paquet d'herbes que devra porter l'atelier, le matin et le soir, devra peser,
Savoir :

Celui des esclaves de 14 à 60 ans, 8 kilos;

Et celui des esclaves âgés de 8 à 14 ans, et de 60 et au-dessus, 4 kilos.

### ART. 3.

Le travail sur les habitations sera divisé en deux catégories :

Le travail d'atelier;

Le travail détaché.

### ART. 4.

Pourront être affectés au travail d'atelier tous les individus valides de 10 à 60 ans.

Sur les habitations recensant 40 travailleurs et au delà, l'atelier pourra être divisé en deux parties : le grand atelier et le petit atelier.

Seront compris dans le grand atelier les individus de 14 à 60 ans.

Le petit atelier comprendra les travailleurs des deux sexes de 10 à 14 ans, et ceux que le maître ne croirait pas propres au travail du grand atelier.

Les travaux du petit atelier seront proportionnés à ses forces.

Sur les habitations recensant moins de 40 travailleurs, et sur celles où l'atelier ne sera pas divisé en deux parties, la somme de travail demandée aux individus âgés de 10 à 14 ans, confondus avec les adultes, sera proportionné à leurs forces.

### ART. 5.

Les enfants valides au-dessous de 10 ans, et les hommes ou femmes valides âgés de plus de 60 ans, ne pourront être employés qu'à des travaux détachés, proportionnés à leurs forces.

### ART. 6.

Les esclaves employés à des travaux autres que ceux des habitations agricoles seront, par un décret colonial, divisés en catégories par professions, et ledit décret déterminera, en ce qui concerne ces esclaves, les règles à suivre pour le travail et le repos, suivant l'âge et le sexe, et dans les limites du maximum de travail quotidien prévu par l'article 3, § 1$^{er}$ de la loi du 18 juillet 1845.

Néanmoins, il pourra, provisoirement et jusqu'à la prochaine réunion du conseil colonial, être statué par M. le gouverneur, en conseil, sur les dispositions ci-dessus.

### ART. 7.

Tout esclave des deux sexes, âgé de moins de 10 ans ou de plus de 60 ans, atteint d'une infirmité constatée par le médecin de l'habitation, sera exempt de tout travail.

Tous autres esclaves atteints d'infirmités seront exempts de travail d'atelier et ne pourront être astreints aux travaux détachés que dans la limite que le médecin aura déclarée compatible avec leur état d'infirmité.

### ART. 8.

Les femmes esclaves en état de grossesse constatée doivent passer du grand au petit atelier jusqu'au septième mois révolu, époque à laquelle elles ne seront plus assujetties qu'à des travaux très-légers.

Elles reprendront le travail au petit atelier le 40° jour après leurs couches, et ne rentreront au grand atelier qu'au 75° jour accompli.

Dans le cas où l'atelier ne serait pas divisé en deux parties, elles ne reprendront le travail, le 40° jour après leurs couches, qu'en proportion de leurs forces, jusqu'au 75° accompli.

A partir de cette époque et jusqu'à ce que son enfant ait atteint l'âge d'un an, l'esclave mère ne se rendra, le matin, au travail qu'une heure plus tard que les autres travailleurs, et le quittera, le soir, une heure plus tôt. Le repos du milieu du jour sera prolongé pour elle d'une demi-heure.

### ART. 9.

La femme esclave, mère de plus de cinq enfants, aura droit à une exemption d'un jour de travail par semaine à raison de chacun des enfants vivants qu'elle aura en sus de ce nombre.

La femme esclave, mère de plus de trois enfants issus de mariage légitime, aura droit à une exemption d'un jour, à raison de chacun des enfants vivants qu'elle aura en sus de ce nombre.

Fait à la Basse-Terre, Guadeloupe, le 31 octobre 1846.

*Signé*, LAYRLE.

Par le Gouverneur:

*Le Directeur de l'administration intérieure*, signé, JULES BILLECOQ.

## D. GUYANE FRANÇAISE.

### 1° *Décret voté par le conseil colonial.*

Nous, Gouverneur de la Guyane française,

Avons proposé et le conseil colonial a adopté ce qui suit, sous la sanction du Roi.

#### ARTICLE PREMIER.

L'exécution des paragraphes 1 et 2 de l'article 3 de la loi du 18 juillet 1845 aura lieu conformément aux dispositions suivantes:

Les neuf heures et demie que doit l'esclave seront divisées en deux parties: de 6 heures à 11 heures du matin, il devra quatre heures; de 11 heures à 6 heures du soir, il devra cinq heures et demie; en tout neuf heures et demie.

Le temps nécessaire à l'apport des herbes ou du fourrage pour les bestiaux devra être pris sur le temps du travail.

#### ART. 2.

Les dimanches et fêtes, les esclaves des ateliers ruraux ne pourront être employés aux gardes de jour, au gardiennage et à la surveillance des bestiaux, à l'apport des herbes et fourrages, à la navigation pour le service de l'habitation, qu'à tour de rôle, suivant leur aptitude et proportionnellement à la force numérique de l'atelier.

Ils auront droit à la restitution du temps qu'ils auront fourni, sauf à s'entendre avec le maître pour toute autre rémunération.

ART. 3.

Le travail sur les habitations sera divisé en deux catégories :
Le travail d'atelier;
Le travail détaché.

ART. 4.

Pourront être affectés au travail d'atelier tous les individus de 14 à 60 ans.

ART. 5.

A l'égard des travailleurs indiqués dans l'article qui précède, le maître pourra substituer le travail à la tâche au travail à la journée.

Un arrêté du Gouverneur détermine, pour chaque espèce de culture ou d'occupation à laquelle l'esclave peut être attaché, la somme de travail qui constitue le maximum de la tâche journalière, suivant l'âge et le sexe du travailleur, sous la condition de ne pas excéder le maximum du temps prévu par l'article 3, § 1$^{er}$ de la loi du 18 juillet 1845.

ART. 6.

Les esclaves valides au-dessous de 14 ans et au-dessus de 60 ans ne pourront être employés qu'à des travaux détachés proportionnés à leurs forces et sans préjudice, quant aux enfants, des devoirs à remplir pour l'instruction religieuse et élémentaire, conformément aux prescriptions de l'ordonnance du 18 mai 1846.

Ces esclaves se rendront au travail une heure plus tard et le quitteront une heure plus tôt.

ART. 7.

Les travaux autres que ceux des habitations agricoles seront divisés en travaux de jour et travaux susceptibles d'être reportés du jour dans la nuit.

Suivant la nature des travaux, les maîtres pourront y affecter les esclaves de 14 à 60 ans.

Les enfants au-dessous de 14 ans pourront y être employés comme apprentis.

Seront classés dans la première catégorie des travaux de jour les professions ci-après :

Les charpentiers, menuisiers, maçons, forgerons, mécaniciens, ferblantiers, peintres, tailleurs et manœuvres des deux sexes et autres professions pourront être assimilés à celles ci-dessus.

Le travail des esclaves de ces professions aura lieu dans les conditions fixées par les articles 4, 5 et 6 du présent décret, sauf les heures de repos, qui peuvent être reportées à d'autres instants du jour.

Sont classés dans la deuxième catégorie;

1° Le cabotage. — Les matelots et mousses seront, quant au travail à bord et à terre, astreints aux usages en vigueur à bord des bâtiments du commerce;

2° La navigation intérieure. — Les esclaves mariniers et canotiers, employés à cette navigation, seront astreints aux travaux nécessités par les marées.

3° Boulangerie, briqueterie et autres professions analogues. — Ces travaux auront lieu par quarts, de manière à ne pas excéder, pour chaque esclave, le maximum de travail quotidien déterminé par le § 1$^{er}$ de l'article 3 de la loi du 18 juillet 1845.

### ART. 8.

Tous esclaves atteints d'infirmités seront exempts du travail d'atelier et ne pourront être astreints aux travaux détachés que dans les limites déclarées compatibles avec leur état d'infirmité. Si, en outre de leur infirmité, ils ont plus de 60 ans, ils seront exempts de tout travail.

### ART. 9.

Les femmes esclaves, en état de grossesse constatée, auront une diminution d'un quart sur le travail jusqu'au 7$^e$ mois révolu de gestation, époque à laquelle elles seront employées à des travaux détachés. Elles reprendront les travaux détachés le 40$^e$ jour après leurs couches et ne rentreront à l'atelier qu'au 75$^e$ jour accompli. Après leur retour à l'atelier, les esclaves mères, jusqu'à ce que leur enfant ait atteint l'âge de 15 mois, auront encore une diminution d'un quart sur leur travail.

Cayenne, le 6 novembre 1846.

*Signé*, PARISET.

Par le Gouverneur:

*Le Sous-Commissaire ordonnateur, par intérim*, JORET.

---

*2° Arrêté du 14 juillet 1846, réglant le mode du travail à la tâche, en exécution de l'article 3 (§ 2) de la loi du 18 juillet 1845.*

Nous, Gouverneur de la Guyane française,

Vu l'article 11 de la loi du 24 avril 1833;

Considérant que le mode du travail à la tâche est le seul admis dans la colonie;

Considérant que, jusqu'à ce jour, c'est l'usage qui a fixé l'importance des différentes tâches adoptées sur les propriétés rurales, sans qu'aucune disposition administrative soit intervenue pour sanctionner ce que l'expérience et une longue habitude avaient créé;

Considérant que de cet état de choses résultait des incertitudes qu'il importe de faire cesser, et qu'il devient dès lors nécessaire de déterminer les tâches et de ramener, autant que possible, celles de même nature à un mode uniforme qui puisse concilier les intérêts de tous et servir en même temps de point de départ dans les appréciations que l'administration pourrait être appelée à faire;

Sur la proposition de l'ordonnateur par intérim:

De l'avis du conseil privé;

AVONS ARRÊTÉ et ARRÊTONS ce qui suit :

### ARTICLE PREMIER.

Les tâches des travailleurs dans les diverses exploitations rurales à la Guyane française, sont fixées conformément au tarif ci-après :

SAVOIR :

#### TRAVAUX DE FOUILLE.

| | | Tâches par jour. |
|---|---|---|
| Fouille de canaux.. | Première pelle en terrain vaseux dur, sur 0$^m$,20, à un jet de pelle........ | 60 m/c |
| | Première pelle en terrain vaseux ramolli par les eaux........ | 70 |
| | Toutes pelles en vase franche humide, ou première pelle dans les fossés humides........ | 80 |

NOTA. — Dans le travail des canaux de 4 mètres de largeur et au-dessus, quand la terre devra être jetée d'un même côté, les tâches ci-dessus seront réduites d'un cinquième pour la partie de la fouille qui devra s'exécuter à partir du milieu du canal jusqu'à la berme opposée.

#### SUCRERIE.

| | |
|---|---|
| Fouille de sillons pour planter les cannes sur une profondeur de 0$^m$ 15 $^c/^m$, la terre jetée à côté, sur un terrain ramolli........ | 105 m/c |
| Fouille de sillons sur un terrain plus compact........ | 90 m/c |
| Labourage de la terre au fond des sillons, avec la houe, sur une profondeur de 0$^m$ 10$^c/^m$ | 300 m/c mesurés à la tête des sillons. |

#### PLANTATIONS.

| | |
|---|---|
| Rigoles de 10 mètres chacune de longueur, avec deux rangs de plants, les plants en tête des carreaux........ | 100 rigoles pour trois travailleurs dont 2 planteurs et 1 porteur. |
| Sarclage et binage pour couvrir et chausser les jeunes cannes........ | 240 m/c |
| Sarclage suivant les difficultés du travail........ | 360 m/c<br>480 m/c<br>600 m/c |
| Épaillage des grandes cannes........ | 800 m/c |
| Coupe de cannes. | jusqu'à 50 mètres de distance, 3 mètres de longueur sur 1,33 de hauteur, la canne ayant un mètre de longueur soit...... | 4 stères. |
| | de 51 à 100 mètres de distance, 2 mètres 66 de longueur, la canne ayant un mètre de longueur soit........ | 3 50 |
| | de 101 à 150 mètres de distance, 2 mètres 33 de longueur, la canne ayant un mètre de longueur soit........ | 3 10 |
| Sabrage des grandes herbes........ | 640 m/c |
| Bois à brûler. | Palétuvier jusqu'à 50 mètres de l'eau, 2 mètres de long sur 1 mètre 33 de hauteur, le bois ayant 1 mètre, soit........ | 2$^{st}$66 |
| | de 51 à 100, 1 mètre 66 de longueur, le bois ayant 1 mètre soit........ | 2 20 |
| | Bois d'autres essences à 50 mètres de distance, 2$^m$ 66$^c$ de longueur, soit........ | 3 50 |

### ROCOU.

| | |
|---|---|
| Sabrage des grandes herbes | De 640 à 800 m/c. |
| Sarclage, suivant la difficulté du travail | De 400 à 600 |
| Égrainage de rocou frais | 30 kilogrammes. |

NOTA. Il est impossible de déterminer la tâche pour la récolte, par la raison que la quantité de rocou à cueillir dépend de l'abondance ou de la rareté des fruits mûrs et des distances à parcourir, il en est de même quant à la manipulation et à la cuisson; ces travaux seront exécutés à la journée.

### GIROFLE.

| | |
|---|---|
| Fouille des trous pour nouvelles plantations de $0^m,65$ de côté sur $0^m,50$ de profondeur. | 10 trous. |
| Sabrage des grandes herbes | De 640 à 800 m/c. |
| Sarclage, suivant la difficulté du travail | De 400 à 600. |
| Émondage | De 20 à 25 arbres. |
| Récolte | De 30 à 50 kilogr. |
| Égrainage | De 80 à 90 kilogr. de bouquets frais. |

NOTA. Il est impossible de déterminer une tâche pour les autres travaux, qui devront être exécutés à la journée.

### COTON.

| | |
|---|---|
| Sabrage des grandes herbes | De 640 à 800 m/c. |
| Sarclage, suivant la difficulté du travail | De 400 à 600. |
| Émondage | 1 hectare pour 5 travailleurs. |
| Récolte { d'octobre à décembre | 40 kilogrammes. |
| { dans les autres mois | 20 kilogrammes. |
| Emballage à la presse | 800 kilogrammes pour 5 travailleurs. |

NOTA. Les autres travaux devront être exécutés à la journée.

### CACAO ET CAFÉ.

| | |
|---|---|
| Sabrage des grandes herbes et sarclage | De 400 à 600 m/c. |

NOTA. Il est impossible de régler la tâche pour la récolte du cacao et du café, parce que la quantité à ramasser par chaque personne dépend de la quantité des fruits mûrs sur les arbres et de la distance à parcourir.

### MANIOC.

| | |
|---|---|
| Sarclage, suivant la difficulté du travail | 360 m/c. |
| | 480 |
| | 600 |
| Extraction de la racine sur place | 300 kilogrammes. |
| Peler ou grager | 180 kilogrammes. |

NOTA. Les travaux de défrichement, de transport et de fabrication auront lieu à la journée, vu les difficultés qu'ils présentent dans leur appréciation.

### BANANIER.

| | |
|---|---|
| Extraction des plants | 150 plants. |
| Fouille des trous de $0^m,35$ de côté | 100 trous. |
| Plantage, les plants rendus sur le terrain | 150 plants. |
| Sabrage des grandes herbes | De 640 à 800 m/c. |
| Sarclage, suivant la difficulté du travail | De 400 à 600. |

## EXPLOITATION DE BOIS.

| Équarrissage | | |
|---|---|---|
| | Bois de 11 à 13 centimètres................................. | 13$^m$,25 de long. |
| | —— de 14 à 15................................................... | 11$^m$,50 idem. |
| | —— de 16 à 20................................................... | 10$^m$,00 idem. |
| | —— de 21 à 25................................................... | 8$^m$,25 idem. |
| | —— de 26 à 29................................................... | 6$^m$,50 idem. |
| | —— de 30 à 33................................................... | 5$^m$,00 idem. |

Sciage. — Planches ou madriers de 0$^m$,33 de largeur.................... { 20 m. de longueur pour 2 ouvriers.

Confection de bardeaux, quelle que soit l'essence du bois sur place............ 100 pour 3 ouvriers

| Palissades et piquets (sur place.) | | |
|---|---|---|
| | Bois de 1$^m$,60 de longueur................................ | { 50 palissades ou piquets. |
| | —— de 2$^m$,00................................................... | 40 idem. |
| | —— de 3$^m$,00 à 3$^m$,25................................................... | 25 idem. |
| | —— de 4$^m$,00................................................... | 20 idem. |

| Barreaux | | |
|---|---|---|
| | Bois de 2 mètres de longueur................................ | 60. |
| | —— de 3 mètres................................................... | 40. |

Merrains, bois de toute essence................................................ { de 300 à 350 pour 3 ouvriers.

Chevrons en grume de 7 à 8 mètres de longueur, sur place, suivant la grosseur...... 20 à 25.

Lattes en pinot de 4 mètres de longueur sur place................................ 100

Feuille pour couverture en barrouloux coupé, paquets de 25 brins chaque sur place.. 25 paquets.

| Gaulettes. | | |
|---|---|---|
| | Plates, sur place................................................... | 500 |
| | Rondes, idem................................................... | 1,000 |

Nota. — L'abatage, le halage des bois ainsi que les divers transports se font, en dehors des tâches, à la journée.

Les pièces destinées à être sciées seront montées, plombées et lignées dans les mêmes conditions.

### ART. 2.

Il n'est pas dérogé à l'usage établi de diminuer les tâches d'un tiers ou de moitié, suivant la force et la validité des individus.

### ART. 3.

L'ordonnateur et le procureur général sont chargés, chacun en ce qui le concerne, de l'exécution du présent arrêté, qui sera enregistré partout où besoin sera et inséré au bulletin officiel de la colonie.

*Signé* PARISET.

Par le Gouverneur :

*Le Commissaire ordonnateur,*

Signé CADÉOT.

# ANNEXES.

## 9ᵉ SÉRIE.

### DÉCRETS COLONIAUX
#### SUR LE TRAVAIL EXTRAORDINAIRE DES ESCLAVES,

(EXÉCUTION DE L'ART. 3 (§ 3) DE LA LOI DU 18 JUILLET 1845.)

# DÉCRETS COLONIAUX
## SUR LE TRAVAIL EXTRAORDINAIRE DES ESCLAVES.

### A. MARTINIQUE.

Nous, Gouverneur de la Martinique, avons proposé, et le conseil colonial a adopté ce qui suit, sous la sanction du Roi :

#### ARTICLE 1$^{er}$.

Le travail supplémentaire de deux heures, reconnu exigible par l'article 3 de la loi du 18 juillet 1845, est obligatoire pendant tout le temps nécessaire à la récolte et à la fabrication, soit continues, soit discontinues, des produits de la culture, de quelque nature qu'ils soient. Chaque période, dite de récolte, commencera au moment où les fruits seront coupés, arrachés ou cueillis, jusqu'au moment où ils pourront être propres à être consommés ou vendus.

#### ART. 2.

Pendant la durée de la récolte, les heures du repos qui séparent l'intervalle du travail obligatoire de chaque journée se régleront, quant aux individus employés aux travaux continus, conformément à l'usage suivi jusqu'à présent, c'est-à-dire que ces individus auront leurs heures de repos chacun à son tour et successivement.

#### ART. 3.

Sera punie conformément à l'article 7 de la loi du 18 juillet 1845 toute contravention aux dispositions du présent décret.

Fait à Fort-Royal (Martinique), le 2 septembre 1846.

*Signé* A. MATHIEU.

Par le Gouverneur :

*Le Directeur de l'intérieur,* Signé F. Frémy.

## B. GUADELOUPE.

Nous, Gouverneur de la Guadeloupe et Dépendances, avons proposé, et le conseil colonial a adopté ce qui suit, sous la sanction du Roi :

### ARTICLE 1er.

Le temps de récolte et de fabrication pendant lequel, aux termes du paragraphe 3 de l'article 3 de la loi du 18 juillet 1845, le maximum du temps de travail obligatoire peut être prolongé de deux heures par jour, et les heures de travail obligatoire peuvent être reportés du jour dans la nuit, est réglé ainsi qu'il suit :

Pour les habitations sucreries, à *cent quatre-vingt-dix jours*;
Pour toutes autres exploitations, à *cent jours*.

### ART. 2.

La récolte et la fabrication sur chaque habitation commencent du jour où l'on coupe, arrache ou cueille les fruits.

### ART. 3.

L'interruption des travaux de récolte et de fabrication, qu'elle qu'en soit la cause, suspendra l'exercice de la faculté mentionnée à l'article 1er.

Le droit au travail extraordinaire, s'il n'a déjà été épuisé, renaîtra avec la reprise des travaux.

Ce droit est limité aux nécessités de la récolte et de la fabrication proprement dites; il cesse avec ces nécessités, alors même que le nombre de jours indiqué à l'article 1er ne serait pas absorbé.

### ART. 4.

L'esclave, en vertu du droit de convention créé par le paragraphe 6 de l'article 3, pourra répartir sur un nombre de jours déterminé, de concert avec le propriétaire, les deux heures de travail obligatoire qu'il doit par période de vingt-quatre heures, pendant le temps de récolte et de fabrication.

### ART. 5.

Sera punie, conformément à l'article 7 de la loi du 18 juillet 1845, toute contravention aux dispositions du présent décret.

Fait à la Basse-Terre (Guadeloupe), le 29 décembre 1846.

*Signé* LAYRLE.

Par le Gouverneur :
*Le Directeur de l'intérieur,* Signé Jules Billecocq.

## C. GUYANE FRANÇAISE.

1° *Décret portant fixation du mode à employer pour déterminer les époques de la récolte et de la fabrication et des travaux continus.*

Nous, Gouverneur de la Guyane française, avons proposé, et le conseil colonial a adopté ce qui suit, sous la sanction du Roi.

#### ARTICLE PREMIER.

Il sera statué, par voie d'arrêtés délibérés en conseil privé, sur les époques de la récolte et de la fabrication, et du travail continu pour tous les genres d'exploitations en usage à la Guyane française.

#### ART. 2.

Le présent décret sera mis en vigueur pour être exécuté jusqu'au 30 avril 1847, sauf à le proroger ou à le modifier, s'il y a lieu.

Le conseil privé entendu;

Les dispositions qui précèdent, attendu l'urgence, et vu l'article 8 de la loi du 24 avril 1833, seront exécutées provisoirement et sans attendre la sanction du Roi.

Fait à Cayenne, le 29 novembre 1845.

*Signé* CADEOT.

Par le Gouverneur :

*Ordonnateur* JORET.

2° *Arrêté rendu pour l'application du décret ci-dessus.*

Nous, Gouverneur de la Guyane française,

Vu les paragraphes 3 et 4 de l'article 3, et l'article 7 de la loi du 18 juillet 1845, sur le régime des esclaves aux colonies;

Vu le décret colonial du 29 novembre 1845, qui concède momentanément à l'administration le droit de statuer, par voie d'arrêtés, sur les époques de la récolte et de la fabrication, et sur le temps du travail extraordinaire et continu;

Vu l'article 18 de l'arrêté du 5 floréal an XI, rappelé par la décision du 25 janvier 1832, portant obligation à tout propriétaire d'un atelier de 10 noirs et au-dessus d'avoir un régisseur libre sachant lire et écrire;

Sur le rapport de l'ordonnateur par intérim, et de l'avis du conseil privé,

Avons arrêté et arrêtons ce qui suit :

#### ARTICLE PREMIER.

Les époques du travail extraordinaire de jour et de nuit, dans les exploitations rurales, sont celles de la récolte et de la fabrication des denrées coloniales.

Ces époques sont réglées à la Guyane de la manière suivante :

Pour les sucreries, du 1ᵉʳ août au 31 décembre;

Pour les rocoueries, du 1ᵉʳ avril au 10 juin et du ..... novembre au 31 janvier.
Pour les girofleries, du 15 juillet au 15 novembre.
Pour les cotonneries, du 15 mars au 15 avril et du 15 octobre au 15 janvier.
Pour les caféières, du 1ᵉʳ mai au 30 juin et du 1ᵉʳ octobre au 30 novembre.
Pour les jardins potagers, du 1ᵉʳ août au 31 décembre.

### ART. 2.

Dans les cas où, par des circonstances imprévues, l'époque de la récolte et de la fabrication du sucre et du rocou serait modifiée, ce temps sera légalement, pour les sucreries, de trois jours avant la mise du feu aux fourneaux, jusques et y compris son extinction; et pour les rocoueries, du moment où la situation des plantages l'exigera jusqu'à la fin des opérations.

Tous les faits du travail ordinaire et extraordinaire de la récolte et de la fabrication seront constatés par un registre spécial ou journal, coté et paraphé chaque année par le juge de paix du canton, ou, à défaut, par le commissaire commandant du quartier, et visé, de plus, par les officiers du ministère public, dans leurs tournées d'inspection.

L'ensemble des récoltes et des fabrications partielles, pour une habitation, ne pourra excéder cent vingt jours par an.

### ART. 3.

Pour les habitations où le journal mentionné dans l'article 2 ne pourra être tenu, faute d'un agent lettré, les contestations entre les maîtres et leurs esclaves, en matière de travaux extraordinaires, seront réglées d'après la notoriété ou par voie d'enquête, par l'autorité judiciaire compétente.

### ART. 4.

Les travaux continus seront accomplis par un nombre d'esclaves suffisant pour leur bonne exécution, et divisés par quarts, soit de jour, soit de nuit; de manière que le travail de chaque esclave n'excède pas le maximum fixé pour chaque période de vingt-quatre heures.

Cayenne, le 30 décembre 1845.

*Signé* CADEOT.

Par le Gouverneur

*L'Ordonnateur* JORET.

## D. BOURBON.

Nous, Gouverneur de l'île Bourbon et de ses dépendances,

Avons proposé, et le Conseil colonial a adopté ce qui suit, sous la sanction du Roi :

### ART. 1er.

L'époque de la récolte et de la fabrication, pendant laquelle la durée du travail obligatoire peut être prolongée de deux heures par jour, aux termes du paragraphe 3 de l'article 3 de la loi du 18 juillet 1845, est fixée du 1er juillet au 31 janvier.

Dans le cas de précocité ou de retard dans les récoltes, le gouvernement déterminera exceptionnellement, par voie d'arrêté, les époques où devra commencer et cesser le travail obligatoire de jour et de nuit.

### ART. 2.

La faculté accordée au maître de reporter du jour dans la nuit les heures du travail obligatoire ne peut s'exercer que pendant la période déterminée dans l'article précédent, considérée comme l'époque des *travaux continus*.

Cette règle n'est point applicable aux industries qui, par leur nature, exigent en toute saison des travaux de nuit et de jour, tels que la boulangerie, le roulage, le batelage, l'approvisionnement des marchés, etc., etc. Ces industries restent d'ailleurs soumises à la règle générale, qui borne à neuf heures et demie le travail imposé aux esclaves, pour chaque journée de vingt-quatre heures.

Le Conseil privé entendu,

Les dispositions qui précèdent seront, attendu l'urgence et vu l'article 8 de la loi du 24 avril 1833, exécutées provisoirement et sans attendre la sanction du Roi.

Saint-Denis, le 22 mars 1846.

*Signé* BAZOCHE.

Par le Gouverneur :

*Le Directeur de l'intérieur,* A. DE LA SALLE.

# ANNEXES.

## 10ᵉ SÉRIE.

### DÉCRETS COLONIAUX
SUR LE MINIMUM DU SALAIRE A ALLOUER AUX ESCLAVES

DANS LE CAS PRÉVU PAR L'ART. 3 (§ 6) DE LA LOI DU 18 JUILLET 1845.

# DÉCRETS COLONIAUX

SUR LE MINIMUM DU SALAIRE DES ESCLAVES DANS LES CAS DE TRAVAIL FACULTATIF.

## A. MARTINIQUE.

Nous, Gouverneur de la Martinique,

Avons proposé, et le Conseil colonial a adopté ce qui suit, sous la sanction du Roi :

### ARTICLE UNIQUE.

Le minimum du salaire qui pourra être convenu entre le maître et son esclave, pour l'emploi des heures et des jours pendant lesquels le travail n'est pas obligatoire, demeure fixé comme suit, savoir :

Pour les hommes et pour les femmes indistinctement, à 10 centimes par heure ou à 5 francs par mois ;

Le conseil privé entendu,

Les dispositions qui précèdent seront, attendu l'urgence et vu l'article 8 de la loi du 24 avril 1833, exécutées provisoirement et sans attendre la sanction du Roi.

Fait à Fort-Royal, Martinique, le 7 octobre 1845.

*Signé* A. MATHIEU.

Par le Gouverneur :

*Le Commissaire de la marine, Directeur de l'intérieur par intérim,* Signé C. DE GLATIGNY

## B. GUADELOUPE.

Nous, Gouverneur de la Guadeloupe et dépendances,

Avons proposé, et le Conseil colonial a adopté ce qui suit, sous la sanction du Roi :

### ARTICLE UNIQUE.

Le minimum du salaire qui pourra être convenu entre le maître et son esclave, pour l'emploi des heures et des jours pendant lesquels le travail n'est pas obligatoire, demeure fixé comme suit, savoir :

Pour les hommes et pour les femmes indistinctement, à 10 centimes par heure.

Le conseil privé entendu,

Les dispositions qui précèdent seront, attendu l'urgence et vu l'article 8 de la loi du 24 avril 1843, exécutées provisoirement et sans attendre la sanction du Roi.

Fait à la Basse-Terre, Guadeloupe, le 7 novembre 1845.

*Signé* LAYRLE.

Par le Gouverneur :

*Le Directeur de l'administration intérieure,* J. BILLECOCQ.

## C. GUYANE.

Nous Gouverneur de la Guyane française,

Avons proposé, et le conseil colonial a adopté ce qui suit, sous la sanction du Roi :

### ARTICLE PREMIER.

Le minimum du salaire qui pourra être convenu entre le maître et son esclave pour l'emploi des heures et des jours pendant lesquels le travail n'est pas obligatoire, est fixé comme suit ;

SAVOIR :

|  | PAR JOURNÉE de TRAVAIL. de 9 h. 1/2. | PAR HEURE. |
|---|---|---|
|  | fr. c. | fr. mil. |
| Commandeurs et chefs d'ateliers, sans distinction de profession... | 1 70 | 0 180 |
| Journaliers et ouvriers de première classe, sans distinction d'affectation ni de profession............ | 0 75 | 0 080 |
| Idem de deuxième classe idem................ | 0 50 | 0 053 |
| Femmes de première classe, sans distinction d'affectation...... | 0 50 | 0 053 |
| Idem de deuxième classe, idem.................. | 0 30 | 0 032 |
| Enfants de 12 à 16 ans, sans distinction d'affectation.......... | 0 20 | 0 022 |

### ART. 2.

Indépendamment des peines prévues par l'article 7 de la loi du 18 juillet 1845, tout propriétaire qui ferait travailler son esclave malgré lui hors le temps obligatoire prévu par l'article 3 de ladite loi sera contraint de payer à l'esclave le prix du temps indûment exigé sur le pied du minimum déterminé par l'article 1er du présent decret.

Le conseil privé entendu,

Les dispositions qui précèdent seront, attendu l'urgence et vu l'article 8 de la loi du 24 avril 1833, exécutées provisoirement et sans attendre la sanction du Roi.

Fait à Cayenne, le 29 novembre 1845.

Signé CADEOT.

Vu par le Gouverneur.

L'Ordonnateur par intérim, JORET.

## D. BOURBON.

Nous, Gouverneur de l'île Bourbon et de ses dépendances,

Avons proposé, et le conseil colonial a adopté ce qui suit, sous la sanction du Roi :

### ARTICLE PREMIER.

Les salaires à payer par les maîtres aux esclaves pour l'emploi des heures et des jours où le travail n'est pas obligatoire ne pourront être moindres que ceux fixés au présent decret, et seront payés à l'esclave en outre de la nourriture fournie par le maître, hors le cas prévu par le § 1er de l'article 1er de la loi du 18 juillet 1845, concernant le régime des esclaves.

### ART. 2.

Le minimum des salaires par chaque journée de travail, réglé ainsi qu'il est dit aux §§ 1er et 3 de la loi du 18 juillet 1845, est fixé ainsi qu'il suit, pour les esclaves valides de 14 à 60 ans :

Pour les manœuvres cultivateurs et les esclaves attachés aux travaux ordinaires de la fabrication du sucre.................................................... 0f 75c

Pour les ouvriers des villes et des campagnes et les sous-commandeurs..... 1 10

Pour les commandeurs, chefs d'ateliers, de pompe, de batterie ou de purgerie............................................................................ 2 00

Pour chaque heure de travail en sus du travail obligatoire et extraordinaire, soit que ces heures soient fournies pendant les jours où le travail est obligatoire ou pendant les jours fériés et lorsque l'esclave n'aura été employé qu'une partie de la journée :

Pour les manœuvres, cultivateurs et les esclaves attachés aux travaux ordinaires de la fabrication du sucre.................................................... 0f 10c

Pour les ouvriers des villes et des campagnes et les sous-commandeurs,... 0 15

Pour les commandeurs................................................................. 0 25

### ART. 3.

Les femmes auront droit aux mêmes salaires que ceux fixés en l'article précédent, et ces salaires leur seront payés d'après l'assimilation qui pourra être raisonnablement faite de leur travail avec celui des trois catégories de travailleurs indiqués au présent decret.

### ART. 4.

Les salaires acquis par les esclaves leur seront versés à la fin de chaque semaine; sur le décompte qui en sera fait par le maître, à moins de conventions contraires établissant un autre mode de règlement.

Le Conseil privé entendu,

Les dispositions qui précèdent seront, attendu l'urgence et vu l'article 8 de la loi du 24 avril 1833, exécutées provisoirement et sans attendre la sanction du Roi.

Saint-Denis, le 2 mars 1846.

*Signé* BAZOCHE.

Par le Gouverneur :

*Le Directeur de l'Intérieur,* A. DE LA SALLE.

# ANNEXES.

## 11ᵉ SÉRIE.

### PÉCULE. — RACHATS FORCÉS.

RACHATS AVEC LE CONCOURS DES FONDS DE L'ÉTAT. — EMPLOI DES FONDS ALLOUÉS PAR LA LOI DU 19 JUILLET 1845.

A. MARTINIQUE. — Tableau

| NUMÉROS D'ORDRE. | NOMS DES ESCLAVES. | LEUR AGE. | SEXE HOMMES. | SEXE FEMMES. | SEXE ENFANTS. | PROFESSIONS. | QUOTITÉ de l'allocation. | MOTIFS DES ALLOCATIONS POUR CHAQUE DEMANDE. | SITUATION du pécule au moment de la demande. | REMISE OU DON du maître. |
|---|---|---|---|---|---|---|---|---|---|---|
| 1 | Rosette | 40 ans. | » | 1 | » | Cultivatrice | 1,100f | Rachats à la suite d'une affaire de services. | » | » |
| 2 | Vincent (son fils) | 8 | » | » | 1 | | 600 | | » | » |
| 3 | Baldor | 52 | 1 | » | » | Charpentier | » | | 750f | » |
| 4 | Hilarion | 37 | 1 | » | » | Cultivateur | » | | 2,000 | » |
| 5 | Agapit | 30 | 1 | » | » | Maître potier | 500 | Mariage à contracter | 1,700 | 800f |
| 6 | Régis, dit Banguio | 41 | 1 | » | » | Patron de canot | 1,500 | Services rendus à la colonie | » | 900 |
| 7 | Clémencin | 39 | 1 | » | » | Rumier | 800 | Mariage et légitimation | 1,000 | » |
| 8 | Achille | 42 | 1 | » | » | Maître maçon | 800 | Idem | 700 | 700 |
| 9 | Astrée | 28 | 1 | » | » | Cuisinier | 700 | Très-bon sujet | 800 | 900 |
| 10 | Raymond | 45 | 1 | » | » | Patron | 1,100 | Mariage et légitimation | 1,000 | » |
| 11 | Gabriel Charlery | 35 | 1 | » | » | Vinaigrier | 1,200 | Idem | 1,000 | » |
| 12 | Paul Laguerre | 33 | 1 | » | » | Cultivateur | 800 | Très-bon sujet | 1,000 | » |
| 13 | Pascaline | 43 | » | 1 | » | Domestique | | | | |
| 14 | Siméon | 25 | 1 | » | » | Tailleur | | | | |
| 15 | Amédée } Enfants | 22 | 1 | » | » | Idem | 2,000 | Famille très digne d'intérêt, très-laborieuse. | 1,500 | 3,500 |
| 16 | Charles } de | 17 | 1 | » | » | Idem | | | | |
| 17 | Herminie } Pascaline. | 13 | » | » | 1 | | | | | |
| 18 | Louise } | 8 | » | » | 1 | | | | | |
| 19 | Louisia | 40 | » | 1 | » | Cultivatrice | | | | |
| 20 | Amélie } Enfants | 8 | » | » | 1 | | 1,250 | Famille intéressante et qui a éprouvé de grandes pertes par suite d'un incendie. | 1,100 | » |
| 21 | François } de | 4 | » | » | 1 | | | | | |
| 22 | Claudon } Louisia. | 1 | » | » | 1 | | | | | |
| 23 | Virginie | 40 | » | 1 | » | Cultivatrice | | Excellent sujet | | |
| 24 | Alexandrine | 11 | » | » | 1 | | | | | |
| 25 | Octavie | 9 | » | » | 1 | | | | | |
| 26 | Paul } Enfants | 5 | » | » | 1 | | 2,650 | | 2,000 | » |
| 27 | Théleins } de | 3 | » | » | 1 | | | | | |
| 28 | Doriska } Virginie. | 6 | » | » | 1 | | | | | |
| 29 | Pauline } | 1 | » | » | 1 | | | | | |
| 30 | Suzanne, dite Médeile | 29 | » | 1 | » | Marchande | 600 | Conduite irréprochable | 900 | 300 |
| 31 | Marie-Henriette | 47 | » | 1 | » | Servante | 400 | Très-bon sujet | 300 | 500 |
| 32 | Célestin | 30 | » | 1 | » | Marchande | 550 | Active et industrieuse | 450 | 600 |
| 33 | Nathalie | 17 | » | 1 | » | Servante | 500 | Fort bon sujet | 700 | » |
| | A REPORTER | | 13 | 8 | 12 | | 17,050 | | 16,900 | 8,200 |

Emploi des fonds de rachat.

( 237 )

| NOMS DES ESCLAVES. | LEUR ÂGE. | SEXE. HOMMES. | SEXE. FEMMES. | SEXE. ENFANTS. | PROFESSIONS. | QUOTITÉ de l'allocation. | MOTIFS DES ALLOCATIONS POUR CHAQUE DEMANDE. | SITUATION du pécule au moment de la demande. | REMISE OU DON du maître. | PRIX du RACHAT. |
|---|---|---|---|---|---|---|---|---|---|---|
| Reports | | 13 | 8 | 12 | | 17,050ف | | 16,900ف | 8,200ف | 42,150ف |
| Célina | 34 ans. | » | 1 | » | Servante | | | | | |
| Léonce | 11 | » | » | 1 | Idem | | | | | |
| Marie-Léonie } Enfants de Célina. | 7 | » | » | 1 | | 700 | Pas de renseignement spécial | 500 | 1,300 | 2,500 |
| Marie | 6 | » | » | 1 | | | | | | |
| Marie-Henr.te | 2 | » | » | 1 | | | | | | |
| Charles Gilbert | 12 | » | » | 1 | Calfat | | | | | |
| Émilien Méraud. } Enfants de Surélie, affranchis le 19 juin 1845. | 10 | » | » | 1 | | | | | | |
| Ch.-Edouard-Volmar. | 9 | » | » | 1 | | 2,518 | Réunion de la famille | 432 | » | 2,950 |
| Ch.-Isidore | 6 | » | » | 1 | | | | | | |
| Nicolas-Gustave. | 4 | » | » | 1 | | | | | | |
| Leocadie | 19 | » | 1 | » | Servante | 600 | Excellent sujet | 400 | 600 | 1,600 |
| Eucharis, son enfant | 1 | » | » | 1 | | | | | | |
| Anaïsa, dite Cécile | 17 | » | 1 | » | | 900 | Très-bons antécédents | » | 500 | 1,400 |
| Cécile-Clotilde, son enfant | 3 mois | » | » | 1 | | | | | | |
| Solange | 54 ans. | » | 1 | » | Blanchisseuse | 700 | Très-bon sujet | 500 | 400 | 1,600 |
| Armand-Joachim, son enfant. | 12 | » | » | 1 | | | | | | |
| Marie-Sainte | 30 | » | 1 | » | Blanchisseuse | 600 | Mariage | 900 | » | 1,500 |
| Marcel | 12 | » | » | 1 | Cultivateur | 400 | Intelligent | 500 | » | 900 |
| Aimée | 24 | » | 1 | » | Servante | 1,000 | Liberté litigieuse | » | 1,000 | 2,000 |
| Alphonsine, son enfant | 5 | » | » | 1 | | | | | | |
| Delphine | 24 | » | 1 | » | Journalière | 500 | Idem | » | 1,000 | 1,500 |
| Marie, dite Sophie | 29 | » | 1 | » | Servante | 625 | Idem | 625 | 750 | 2,000 |
| Henriette, son enfant | 5 | » | » | 1 | | | | | | |
| Justine | 32 | » | 1 | » | Domestique | 1,800 | Modèle des bons sujets | » | » | 1,800 |
| Elisabeth | 24 | » | 1 | » | Idem | 1,400 | Bon sujet | » | » | 1,400 |
| Alexandre, son fils | 10 | » | » | 1 | | | | | | |
| Jean-Lucien | 45 | 1 | » | » | Patron de canot | 900 | Excellents antécédents | 900 | » | 1,800 |
| Louis | 36 | 1 | » | » | Cultivateur | 1,000 | Idem | 1,000 | » | 2,000 |
| Adelson | 40 | 1 | » | » | Idem | 400 | Excellent sujet | 1,000 | » | 1,400 |
| Thomassine | 25 | » | 1 | » | Cultivatrice | 400 | Très-bons renseignements | 1,100 | » | 1,500 |
| Victorine-Colomba | 45 | » | 1 | » | Idem | 500 | Idem | 900 | » | 1,400 |
| Alexandre | 28 | 1 | » | » | Cultivateur | 800 | Offre toute garantie | » | 1,200 | 2,000 |
| A reporter | | 17 | 20 | 28 | | 32,793 | | 25,657 | 14,950 | 73,400 |

( 238 )

| NUMÉROS D'ORDRE. | NOMS DES ESCLAVES. | LEUR ÂGE. | SEXE. HOMMES. | SEXE. FEMMES. | SEXE. ENFANTS. | PROFESSIONS. | QUOTITÉ de l'allocation. | MOTIFS DES ALLOCATIONS POUR CHAQUE DEMANDE. | SITUATION du pécule au moment de la demande. | REMISE OU DON du maître. | |
|---|---|---|---|---|---|---|---|---|---|---|---|
| | Report......... | | 17 | 20 | 28 | | 32,793f 00c | | 25,657f 00c | 14,950f 00c | 72,40 |
| 66 | Victoire........ | 18 ans. | » | 1 | » | Cultivatrice...... | 700 00 | Sujet précieux...... | 800 00 | » | 1,500 |
| 67 | Émilienne....... | 24.... | » | 1 | » | Idem........ | | Bons renseignements... | | | |
| 68 | Tiburce.... } Enfants | 4.... | » | » | 1 | | | | | | |
| 69 | Antonia-José- } d'Émi- phine..... } lienne. | 2.... | » | » | 1 | | 1,100 00 | | 1,100 00 | » | 2,200 |
| 70 | Jeanne..... } | 10 mois | » | » | 1 | | | | | | |
| 71 | Auguste........ | 40 ans. | 1 | » | » | Cultivateur...... | 400 00 | Mariage....... | 800 00 | » | 1,200 |
| 72 | Jean......... | 32.... | 1 | » | » | Idem........ | 691 20 | Très-bon sujet....... | 604 80 | » | 1,296 |
| 73 | Henri......... | 29.... | 1 | » | » | Tonnelier...... | 963 20 | Idem......... | 1,036 80 | » | 2,000 |
| 74 | Ozée......... | 51.... | 1 | » | » | Raffineur....... | 508 80 | Pas de renseignement spécial... | 691 20 | » | 1,200 |
| 75 | Scholastique..... | 27.... | » | 1 | » | Domestique...... | | Mariage et légitimation....... | | | |
| 76 | Thérésia... } Enfants | 5.... | » | » | 1 | | | | | | |
| 77 | Clémence... } de Scholasti- | 3.... | » | » | 1 | | 1,692 80 | | 907 20 | » | 2,600 |
| 78 | Marie Fanny. } que. | 1.... | » | » | 1 | | | | | | |
| 79 | Lucette........ | 57.... | » | 1 | » | Domestique...... | | | | | |
| 80 | Zulina..... } Enfants | 16.... | » | 1 | » | | 763 20 | Très-bons sujets....... | 2,073 60 | » | 2,836 |
| 81 | Hersilie.... } de Lucette. | 14.... | » | 1 | » | | | | | | |
| 82 | Augustine...... | 20.... | » | 1 | » | | | | | | |
| 83 | Marie-Zulma, sa fille | 18 mois | » | » | 1 | | 800 00 | Très-bons renseignements..... | 800 00 | 900 00 | 2,500 |
| 84 | Louisia, sœur d'Augustine. | 14 ans. | » | 1 | » | | | | | | |
| 85 | Félicie, dite Félicité..... | 43.... | » | 1 | » | Cultivatrice...... | | Très-bons antécédents....... | | | |
| 86 | Aveillette... } Enfants | 12.... | » | » | 1 | | 1,200 00 | | 1,150 00 | » | 2,350 |
| 87 | Leobert.... } de Félicie. | 7.... | » | » | 1 | | | | | | |
| 88 | Mathurine.. } | 2.... | » | » | 1 | | | | | | |
| 89 | Pierre......... | 15.... | 1 | » | » | | 600 00 | Se recommande sous tous les rapports.. | 400 00 | 500 00 | 1,500 |
| 90 | Hélène, dite Doudon.... | 17.... | » | 1 | » | Domestique...... | 500 00 | Bon sujet....... | 400 00 | 600 00 | 1,500 |
| 91 | Louisia........ | 24.... | » | 1 | » | Marchande...... | | Très-bons renseignements..... | | | |
| 92 | Marie-Denise } Enfants | 6.... | » | » | 1 | | 900 00 | | 600 00 | 900 00 | 2,400 |
| 93 | Marie-Eulalie } de Louisia. | 1.... | » | » | 1 | | | | | | |
| 94 | Léontine....... | 15 ans. | » | 1 | » | Domestique...... | | Très-bon sujet........ | | | |
| 95 | Pauline, son enfant..... | 4 mois. | » | » | 1 | | 608 80 | | 691 20 | » | 1,300 |
| 96 | Marie-Catherine, dite Clai- rice......... | 34 ans. | » | 1 | » | Journalière...... | 764 00 | Très-bon sujet........ | 100 00 | 1,136 00 | 2,000 |
| 97 | Gilles, son enfant...... | 14.... | » | » | 1 | | | | | | |
| | A REPORTER........ | | 22 | 33 | 42 | | 44,985 00 | | 37,311 80 | 18,986 00 | 101,7 |

( 239 )

| NOMS DES ESCLAVES. | LEUR ÂGE. | SEXE HOMMES. | SEXE FEMMES. | SEXE ENFANTS. | PROFESSIONS. | QUOTITÉ de l'allocation. | MOTIFS DES ALLOCATIONS POUR CHAQUE DEMANDE. | SITUATION du pécule au moment de la demande. | REMISE OU DON du maître. | PRIX du rachat. |
|---|---|---|---|---|---|---|---|---|---|---|
| Report | | 22 | 33 | 42 | | 44,985f00c | | 37,811f80c | 19,986f00c | 101,782 80 |
| Victorine | 40 ans | » | 1 | » | Domestique | | Active et zélée | | | |
| Adrien ⎫ Enfants | 14 | » | » | 1 | | | | | | |
| Étiennette ⎬ de | 13 | » | » | 1 | | 2,000f00c | | » | 800f00c | 2,800f00c |
| Sophronise ⎭ Victorine | 9 | » | » | 1 | | | | | | |
| Jean, dit Coco | 37 | 1 | » | » | Journalier | 131 55 | Très-bon sujet | 650f35c | » | 790 90 |
| Israël | 16 | 1 | » | » | Cultivateur | 500 00 | Offre toutes garanties | 700 00 | » | 1,200 00 |
| Adèle | 32 | » | 1 | » | Cuisinière | 700 00 | Excellents antécédents | 300 00 | 1,000 00 | 2,000 00 |
| Siméon, son fils | 8 | » | » | 1 | | | | | | |
| Élisa | 38 | » | 1 | » | Couturière | | Liberté litigieuse | | | |
| Louis-Belloni ⎫ Enfants | 2 | » | » | 1 | | 900 00 | | 300 00 | » | 1,200 00 |
| Louise-Adé- ⎬ de | vient de naître | » | » | 1 | | | | | | |
| laïde ⎭ d'Élisa | | | | | | | | | | |
| Lucie | 28 ans | » | 1 | » | Blanchisseuse | | Liberté litigieuse | | | |
| Aline | 8 | » | » | 1 | | 900 00 | | 300 00 | 1,300 00 | 2,500 00 |
| Louis-Maurice | 2 | » | » | 1 | | | | | | |
| Francillette | 37 | » | 1 | » | Cultivatrice | | Liberté litigieuse | | | |
| Tullus Sully ⎫ Enfants | 13 | » | » | 1 | | 1,200 00 | | 1,600 00 | » | 2,800 00 |
| Marie Anno- ⎬ de | 3 | » | » | 1 | | | | | | |
| na ⎭ Francillette | | | | | | | | | | |
| Valmin | 14 | 1 | » | » | Cultivateur | | Bons renseignements | | | |
| Bénédicta, sa mère | 47 | » | 1 | » | Idem | 1,250 00 | | 1,100 00 | » | 2,350 00 |
| Eschna, sœur de Valmin | 6 | » | » | 1 | | | | | | |
| Théolinde | 35 | » | 1 | » | Domestique | | Très-bon sujet | | | |
| Guido ⎫ Enfants | 5 | » | » | 1 | | 600 00 | | 700 00 | 750 00 | 2,050 00 |
| Lalouse ⎬ de Théolinde | 18 mois | » | » | 1 | | | | | | |
| Zélie | 36 ans | » | 1 | » | Cultivatrice | 500 00 | Très-bon sujet | 500 00 | » | 1,000 00 |
| Marius | 20 | 1 | » | » | Domestique | 500 00 | Intelligents et fidèles | 300 00 | 800 00 | 1,600 00 |
| Emmanuel | 19 | 1 | » | » | Idem | 500 00 | | 300 00 | 800 00 | 1,600 00 |
| Ingastine-Caroline | 4 | » | » | 1 | | 250 00 | Libertés litigieuses | » | 150 00 | 400 00 |
| Augustin, son frère | 2 | » | » | 1 | | | | | | |
| Mazoune | 26 | » | 1 | » | Blanchisseuse | | Réunion de la famille : la mère a un autre de ses enfants impubère affranchi | | | |
| Marcellus ⎫ Enfants | 5 | » | » | 1 | | 700 00 | | » | 1,300 00 | 2,000 00 |
| J.-Edmond- ⎬ de | 1 | » | » | 1 | | | | | | |
| Paul ⎭ Mazoune | | | | | | | | | | |
| Louise | 24 | » | 1 | » | Journalière | | Liberté litigieuse | | | |
| À REPORTER | | 27 | 43 | 59 | | 55,616 55 | | 44,571 15 | 25,886 00 | 126,073 70 |

( 240 )

| NUMÉROS D'ORDRE. | NOMS DES ESCLAVES. | LEUR ÂGE. | SEXE. HOMMES. | SEXE. FEMMES. | SEXE. ENFANTS. | PROFESSIONS. | QUOTITÉ de l'allocation. | MOTIFS DES ALLOCATIONS POUR CHAQUE DEMANDE. | SITUATION du pécule au moment de la demande. | REMISE ou boy du maître. |
|---|---|---|---|---|---|---|---|---|---|---|
| | Report............ | | 27 | 43 | 59 | | 55,616f53c | | 44,571f15c | 25,856f00c |
| 130 | Marie-Louise-Robertine. } Enfants de Louise. | 2 ans. | » | » | 1 | | 700 00 | | 300 00 | 1,100f00c |
| 131 | Louis-Isid.-Gaston. | 4 mois | » | » | 1 | | | | | |
| 132 | Simphorien........ | 25 ans. | 1 | » | » | Cultivateur...... | 1,000f00c | Intelligent et laborieux... | 1,000f00c | |
| 133 | Didier............ | 34.... | 1 | » | » | Idem........... | 800 00 | Sujet fort habile...... | 1,000 00 | |
| 134 | Narcisse........... | 38.... | 1 | » | » | Idem........... | 549 60 | Laborieux et intelligent... | 950 40 | |
| 135 | Gabriel-Jean, dit Coroze.. | 21.... | 1 | » | » | Ouvrier......... | 1,100 00 | Idem................ | 1,100 00 | |
| 136 | Thérésia.......... | 14.... | » | 1 | » | Domestique...... | 436 00 | Très-bon sujet........ | 864 00 | |
| 137 | Charles, dit Petit-Frère.. | 40.... | 1 | » | » | Cultivateur...... | 800 00 | Digne d'intérêt sous tous les rapports.. | 800 00 | |
| 138 | Hypolite.......... | 19.... | 1 | » | » | Idem........... | 400 00 | Très-bon sujet........ | 400 00 | 200 00 |
| 139 | Thomassine, dite Kikline, | 31.... | » | 1 | » | Cultivatrice..... | | | | |
| 140 | Louis-Barthélemy. } Enfants de Thomassine | 11.... | » | » | 1 | | | | | |
| 141 | Babotin..... | 8.... | » | » | 1 | | 1,550 00 | Famille digne d'intérêt : le mari de Thomassine est esclave sur une autre habitation................ | 2,200 00 | |
| 142 | Séraphin.... | 6.... | » | » | 1 | | | | | |
| 143 | Marie-Romne. | 3.... | » | » | 1 | | | | | |
| 144 | Jules....... | 1.... | » | » | 1 | | | | | |
| 145 | Louisonne......... | 41.... | » | 1 | » | Cultivatrice..... | | | | |
| 146 | Lucien, dit Arnold... | 11.... | » | » | 1 | | | | | |
| 147 | Gustave.... } Enfants de Louisonne. | 7.... | » | » | 1 | | 1,850 00 | Famille digne d'intérêt....... | 1,250 00 | |
| 148 | Émile....... | 7.... | » | » | 1 | | | | | |
| 149 | Louise, dite Nononne. | 5.... | » | » | 1 | | | | | |
| 150 | Colombe Moyenne...... | 30.... | » | 1 | » | Cultivatrice..... | | Mariage et légitimation...... | | |
| 151 | Luce........ } Enfants de Colombe. | 11.... | » | » | 1 | | 1,200 00 | | 1,300 00 | |
| 152 | Cécilia..... | 9.... | » | » | 1 | | | | | |
| 153 | Rosélia.......... | 20.... | » | 1 | » | Domestique...... | | Bon sujet............ | | |
| 154 | Eugénie.... } Enfants de Rosélia. | 5.... | » | » | 1 | | 700 00 | | 900 00 | 650 00 |
| 155 | Marie...... | 6 mois | » | » | 1 | | | | | |
| 156 | Louise-Anne........ | 31 ans. | » | 1 | » | Cultivatrice..... | | Liberté litigieuse........ | | |
| 157 | Suzanne..... | 8.... | » | » | 1 | | | | | |
| 158 | Ferdinand.. | 6.... | » | » | 1 | | | | | |
| 159 | Alphonse... } Enfants de Louise. | 5.... | » | » | 1 | | 1,500 00 | | 500 00 | 1,500 00 |
| 160 | Anne....... | 2.... | » | » | 1 | | | | | |
| 161 | Donatien.... | 1.... | » | » | 1 | | | | | |
| 162 | Jeanne...... | naissant | » | » | 1 | | | | | |
| | A REPORTER........ | | 33 | 49 | 80 | | 68,202 15 | | 57,135 55 | 29,336 00 |

| NOMS DES ESCLAVES. | LEUR ÂGE. | SEXE. | | | PROFESSIONS. | QUOTITÉ de l'allocation. | MOTIFS DES ALLOCATIONS POUR CHAQUE DEMANDE. | SITUATION du pécule au moment de la demande. | REMISE OU DON du maître. | PRIX du RACHAT. |
|---|---|---|---|---|---|---|---|---|---|---|
| | | HOMMES. | FEMMES. | ENFANTS. | | | | | | |
| Report........... | | 33 | 49 | 80 | ............ | 68,202f15c | ............ | 57,135f55c | 29,336f00c | 154,673f70 |
| Zélie............ | 43 ans. | » | 1 | » | Journalière.... | | Liberté litigieuse...... | | | |
| Céline........ ⎫ | 13.... | » | » | 1 | ............ | | ............ | | 500 00 | 1,500 00 |
| Félicité....... ⎬ Enfants de Zélie. | 3.... | » | » | 1 | ............ | 1,000f00c | ............ | | | |
| Charles-Herminie.. ⎭ | 1.... | » | » | 1 | ............ | | ............ | | | |
| Méliette........ | 23.... | » | 1 | » | Domestique.... | | Liberté litigieuse...... | | 300 00 | 1,200 00 |
| Marie-Anne.. ⎫ Enfants de Méliette. | 5.... | » | » | 1 | ............ | 900 00 | ............ | | | |
| Scholastique. ⎭ | 3.... | » | » | 1 | ............ | | ............ | | | |
| Gustave......... | 20.... | 1 | » | » | Domestique.... | 364 00 | Bon sujet........ | 500 00 | 636 00 | 1,500 00 |
| Élias............ | 25.... | 1 | » | » | Idem........ | 200 00 | Digne d'intérêt...... | 200 00 | 1,100 00 | 1,500 00 |
| Saint-Phar...... | 26.... | 1 | » | » | Coiffeur...... | 700 00 | Actif, industrieux, intelligent.... | 800 00 | 500 00 | 2,000 00 |
| Auguste......... | 25.... | 1 | » | » | Journalier.... | 1,000 00 | Services rendus à la colonie...... | » | 1,200 00 | 2,200 00 |
| Landry.......... | 42.... | 1 | » | » | Charpentier.... | 1,000 00 | Idem.......... | 500 00 | » | 1,500 00 |
| Anzin........... | 20.... | 1 | » | » | Cuisinier..... | 1,500 00 | Laborieux....... | 1,500 00 | » | 3,000 00 |
| Camille.......... | 41.... | » | 1 | » | Cultivatrice... | 300 00 | Mère de deux enfants libres..... | 300 00 | 700 00 | 1,300 00 |
| Thomas......... | 34.... | 1 | » | » | Cultivateur.... | 900 00 | Marié à une esclave, et père de deux enfants. | 1,100 00 | » | 2,000 00 |
| Clotilde......... | 31.... | » | 1 | » | Cultivatrice... | 800 00 | Bons antécédents........ | 1,700 00 | » | 2,500 00 |
| Amédée, son fils.. | 10.... | » | » | 1 | ............ | | ............ | | | |
| Théotiste........ | 36.... | » | 1 | » | Idem........ | 400 00 | Très-bon sujet...... | » | 1,100 00 | 1,500 00 |
| Louisy.......... | 23.... | 1 | » | » | Pêcheur...... | 700 00 | Idem.......... | 500 00 | 800 00 | 2,000 00 |
| Félicité......... | 39.... | » | 1 | » | Journalière... | 400 00 | Liberté litigieuse...... | 500 00 | 300 00 | 1,200 00 |
| Robertine....... | 28.... | » | 1 | » | Servante...... | | Réunion de la famille...... | | | |
| Amélie....... ⎫ Enfants de Robertine. | 13.... | » | » | 1 | ............ | 1,500 00 | ............ | 1,500 00 | » | 3,000 00 |
| Herminie..... ⎬ | 8.... | » | » | 1 | ............ | | ............ | | | |
| Louis-Marie.. ⎭ | 3.... | » | » | 1 | ............ | | ............ | | | |
| Félicité......... | 15.... | » | 1 | » | Domestique... | 500 00 | Réunion de la famille...... | 1,200 00 | » | 1,700 00 |
| Louisia.......... | 25.... | » | 1 | » | Journalière... | | Liberté litigieuse...... | | | |
| Monique..... ⎫ Enfants de Louisia. | 2.... | » | » | 1 | ............ | 500 00 | ............ | 300 00 | 1,000 00 | 1,800 00 |
| Jules........ ⎭ | 5 mois | » | » | 1 | ............ | | ............ | | | |
| Rosa............ | 31 ans. | » | 1 | » | Domestique... | 800 00 | Liberté litigieuse...... | 700 00 | 800 00 | 2,300 00 |
| Rose, son enfant.. | 8.... | » | » | 1 | ............ | | ............ | 600 00 | 700 00 | 1,800 00 |
| Eugène.......... | 31.... | 1 | » | » | Domestique... | 500 00 | Les meilleurs renseignements.... | 600 00 | 700 00 | 1,800 00 |
| A REPORTER...... | | 42 | 59 | 92 | ............ | 82,166 15 | ............ | 69,035 55 | 35,972 00 | 190,173 70 |

RÉGIME DES ESCLAVES.

( 242 )

| NUMÉROS D'ORDRE. | NOMS DES ESCLAVES. | LEUR ÂGE. | SEXE. HOMMES. | SEXE. FEMMES. | SEXE. ENFANTS. | PROFESSIONS. | QUOTITÉ de l'allocation. | MOTIFS DES ALLOCATIONS POUR CHAQUE DEMANDE. | SITUATION du pécule au moment de la demande. | REMISE OU DON du maître. | |
|---|---|---|---|---|---|---|---|---|---|---|---|
| | Report........ | | 42 | 59 | 92 | | 82,166f 15c | | 69,035f 55c | 38,972f 00c | |
| 194 | Ernestine........ | 28 ans. | » | 1 | » | Marchande........ | | Réunion de la famille........ | | | |
| 195 | Augustine... | 7.... | » | » | 1 | | | | | | |
| 196 | Victorine-Élisabeth. Enfants | 3.... | » | » | 1 | | 1,200 00 | | 1,300 00 | 0 | |
| 197 | Marie Poly-carpe. d'Ernestine | 1.... | » | » | 1 | | | | | | |
| 198 | Adélia-Marie-Théotiste... | 24.... | » | 1 | » | Couturière........ | | Liberté litigieuse........ | | | |
| 199 | Louise, son enfant..... | 6.... | » | » | 1 | | 1,000 00 | | » | 1,200 00 | |
| 200 | Arthur (Louis-Joseph)... | 25.... | 1 | » | » | Peintre en bâtiments..... | 500 00 | Moral et laborieux........ | 700 00 | 800 00 | |
| 201 | Robertine, dite Couloute. | 28.... | » | 1 | » | | | Bons antécédents........ | | | |
| 202 | Clémence, dite Constance, sa fille. | 7.... | » | » | 1 | | 800 00 | | 500 00 | 900 00 | |
| 203 | Marie-Jos., dite Virginie. | 17.... | » | 1 | » | Couturière........ | 500 00 | Bons antécédents........ | 800 00 | » | |
| 204 | Noël-Adèle........ | 25.... | » | 1 | » | Journalière........ | 400 00 | Idem | | | |
| 205 | Petite-Femme........ | 36.... | » | 1 | » | Idem........ | | Idem | 650 00 | 750 00 | |
| 206 | Louis Homère dit Louisé. Enfants de | 7.... | » | » | 1 | | 1,100 00 | Idem | 777 60 | 1,022 40 | |
| 207 | Mathilde, dite Petite-Ma-Fille. Petite-Femme. | 6.... | » | » | 1 | | | | | | |
| 208 | Hypolite........ | 40.... | 1 | » | » | Cultivateur........ | 800 00 | Sujet d'élite : sa femme et son enfant sont déjà libres. | 1,000 00 | | |
| 209 | Eugène........ | 15.... | 1 | » | » | Domestique........ | 600 00 | | 600 00 | | |
| 210 | César........ | 37.... | 1 | » | » | Cultivateur........ | 800 00 | Bons sujets........ | 1,000 00 | | |
| 211 | Henri Coco........ | 32.... | 1 | » | » | Idem........ | 1,000 00 | | 1,200 00 | | |
| 212 | Gabriel........ | 48.... | 1 | » | » | Idem........ | 600 00 | | 900 00 | | |
| 213 | Gustave........ | 36.... | 1 | » | » | Idem........ | 900 00 | Fils d'une femme affranchie........ | 900 00 | | |
| 214 | Ambroise........ | 33.... | 1 | » | » | Charpentier........ | 800 00 | Très-bon sujet........ | 1,200 00 | | |
| 215 | Georges........ | 28.... | 1 | » | » | Cultivateur........ | 1,000 00 | Laborieux et intelligent........ | 1,100 00 | | |
| 216 | Amédée........ | 22.... | 1 | » | » | Idem........ | 800 00 | | 1,200 00 | | |
| 217 | Xavier........ | 46.... | 1 | » | » | Cultivateur........ | 425 00 | Mariés ; ayant cinq enfants qu'ils se proposent de racheter. | 575 00 | | |
| 218 | Joséphine, dite Zozo..... | 39.... | » | 1 | » | Idem........ | 725 00 | | 575 00 | | |
| 219 | Mizérine..... | 36.... | » | 1 | » | Idem........ | | Liberté litigieuse........ | | | |
| 220 | Corine..... Enfants | 9.... | » | » | 1 | | | | | | |
| 221 | Denise...... de | 6.... | » | » | 1 | | 1,400 00 | | 1,500 00 | » | |
| 222 | Hortense.... Joséphine. | 2.... | » | » | 1 | | | | | | |
| 223 | Amédée.... | 1.... | » | » | 1 | | | | | | |
| 224 | Betzy........ | 32.... | » | 1 | » | Cultivateur........ | 600 00 | Bonne moralité, religieuse........ | 1,200 00 | | |
| | A REPORTER........ | | 61 | 77 | 118 | | 95,116 15 | | 86,713 15 | 43,644 40 | |

| NOMS DES ESCLAVES. | LEUR ÂGE. | SEXE. HOMMES. | FEMMES. | ENFANTS. | PROFESSIONS. | QUOTITÉ de l'allocation. | MOTIFS DES ALLOCATIONS POUR CHAQUE DEMANDE. | SITUATION du pécule au moment de la demande. | REMISE OU DON du maître. | PRIX du RACHAT. |
|---|---|---|---|---|---|---|---|---|---|---|
| Report... | | 53 | 68 | 103 | | 98,116 15 | | 86,713 15 | 43,544 40 | 228,473 70 |
| Adèle... | 34 ans | " | 1 | " | Cultivatrice... | | Sujet d'élite... | | | |
| Elphège... } Enfants | 7... | " | " | 1 | | 1,000 00 | | 1,200 00 | " | 2,200 00 |
| Augustine... } d'Adèle... | 4... | " | " | 1 | | | | | | |
| Saint-Prix... | 51... | 1 | " | " | Domestique... | 200 00 | Bon sujet... | 172 80 | 377 20 | 750 00 |
| Adrien... | 19... | 1 | " | " | Ferblantier... | 500 00 | Bons renseignements... | 1,000 00 | 300 00 | 1,800 00 |
| Florentin... | 26... | 1 | " | " | Maçon... | 700 00 | Excellent sujet... | 800 00 | 500 00 | 2,000 00 |
| Louisia... | 16... | " | 1 | " | Blanchisseuse... | 500 00 | Fille d'une femme affranchie... | 700 00 | 300 00 | 1,500 00 |
| Jean-Baptiste... | 43... | 1 | " | " | Forgeron... | 800 00 | Intelligent... | 1,000 00 | " | 1,800 00 |
| Bouillette... | 29... | " | 1 | " | Domestique... | 600 00 | Bonne ouvrière... | 864 00 | 336 00 | 1,800 00 |
| Loyéa... | 37... | " | 1 | " | Blanchisseuse... | | Sujet très-recommandable... | | | |
| Marie Cépha- } Enfants | 2... | " | " | 1 | | 900 00 | | 900 00 | " | 1,800 00 |
| lise...    } de | | | | | | | | | | |
| Agnès...   } Loyéa. | 1... | " | " | 1 | | | | | | |
| Casimir... | 35... | 1 | " | " | Maçon... | 700 00 | Renseignements favorables... | 500 00 | 600 00 | 1,800 00 |
| Léopold... | 28... | 1 | " | " | Domestique... | 500 00 | Laborieux... | 500 00 | 500 00 | 1,500 00 |
| Léonise... | 27... | " | 1 | " | Servante... | | Tout à fait méritant... | | | |
| Simon Judith } Enfants | 4... | " | " | 1 | | 1,000 00 | | 1,000 00 | " | 2,000 00 |
| Marie Sido- } de | | | | | | | | | | |
| nie.        } Léonise. | 1... | " | " | 1 | | | | | | |
| Parfait... | 48... | 1 | " | " | Domestique... | 250 00 | Bons renseignements... | 250 00 | 1,000 00 | 1,500 00 |
| Jérémie... | 42... | 1 | " | " | Cultivateur... | 500 00 | Excellent sujet... | 500 00 | " | 1,000 00 |
| Théobald... | 7... | " | " | 1 | Idem... | 300 00 | Pas de renseignement spécial... | 300 00 | " | 600 00 |
| Andrinette... | 41... | " | 1 | " | Idem... | | Idem... | | | |
| Félix... | 14... | " | " | 1 | | | | | | |
| Félicia... | 13... | " | " | 1 | | | | | | |
| Félicina... } Enfants | 11... | " | " | 1 | | 1,500 00 | | " | 2,500 00 | 4,000 00 |
| Rose Médélia } d'Andri- | 6... | " | " | 1 | | | | | | |
| Flora Médé-  } nette. | 4... | " | " | 1 | | | | | | |
| line. | | | | | | | | | | |
| Sonsonne... | 31... | " | 1 | " | Marchande... | | Bonne conduite... | 1,100 00 | " | 2,100 00 |
| Agnès...    } Enfants | 7... | " | " | 1 | | 1,000 00 | | | | |
| Françoise... } de Sonsonne. | 6 mois | " | " | 1 | | | | | | |
| Olympe... | 23 ans | " | 1 | " | Domestique... | 500 00 | Bonne conduite... | " | 1,100 00 | 1,600 00 |
| Lolotte Égyptienne... | 25... | " | 1 | " | Idem... | 1,000 00 | Liberté litigieuse... | " | 1,000 00 | 2,000 00 |
| Lola, sa fille... | 3... | " | " | 1 | | | | | | |
| À REPORTER... | | 53 | 68 | 103 | | 110,566 15 | | 92,4 9 95 | 52,157 60 | 260,223 70 |

31.

( 244 )

| NUMÉROS D'ORDRE. | NOMS DES ESCLAVES. | LEUR ÂGE. | SEXE. HOMMES. | SEXE. FEMMES. | SEXE. ENFANTS. | PROFESSIONS. | QUOTITÉ de l'allocation. | MOTIFS DES ALLOCATIONS POUR CHAQUE DEMANDE. | SITUATION du pécule au moment de la demande. | REMISE OU DON du maître. | PR |
|---|---|---|---|---|---|---|---|---|---|---|---|
| | Report........ | | 61 | 77 | 118 | | 110,566 15 | | 97,499 95 | 52,157 60 | |
| 257 | Félicité........ | 34 ans. | " | " | " | Blanchisseuse | 586 85 | D'une bonne moralité........ | 413 15 | 500 00 | 1,500 |
| 258 | Hyppolite, son enfant... | 1.... | " | 1 | 1 | | | | | | |
| 259 | Laure........ | 42.... | " | 1 | " | Journalière...... | | | | | |
| 260 | Félix...... Enfants | 12.... | " | " | 1 | | 675 00 | Famille digne d'intérêt...... | 825 00 | 1,500 00 | 3,000 |
| 261 | Élina...... de | 9.... | " | " | 1 | | | | | | |
| 262 | Oculy...... Laure. | 5.... | " | " | 1 | | | | | | |
| 263 | Henri........ | 33.... | 1 | " | " | Domestique...... | 500 00 | | " | 1,300 00 | 1,800 |
| 264 | Célanie....... | 39.... | " | 1 | " | Journalière...... | 400 00 | Digne d'intérêt...... | 300 00 | 500 00 | 1,200 |
| 265 | Cécile........ | 30.... | " | 1 | " | Domestique...... | 1,000 00 | Bonne conduite....... | 600 00 | 200 00 | 1,800 |
| 266 | Louisa, son enfant... | 10.... | " | " | 1 | | | | | | |
| 267 | Adée........ | 25.... | " | 1 | " | Domestique...... | 1,100 00 | Pas de renseignement spécial...... | 1,000 00 | " | 2,100 |
| 268 | Rosambert.. Enfants | 4.... | " | " | 1 | | | | | | |
| 269 | Jean-Paul... d'Adée. | 3.... | " | " | 1 | | | | | | |
| 270 | Marcelin..... | 6 mois. | " | " | 1 | | | | | | |
| | À reporter....... | | 62 | 82 | 126 | | 114,828 00 | | 100,638 10 | 56,157 60 | |

( 245 )

| NOMS DES ESCLAVES. | LEUR ÂGE. | SEXE. ||| PROFESSIONS. | QUOTITÉ de l'allocation. | MOTIFS DES ALLOCATIONS POUR CHAQUE DEMANDE. | SITUATION du pécule au moment de la demande. | REMISE OU DON du maître. | PRIX du RACHAT. |
|---|---|---|---|---|---|---|---|---|---|---|
| | | HOMMES. | FEMMES. | ENFANTS. | | | | | | |
| REPORT............ | | 62 | 89 | 126 | | 114,828 00 | | 100,638 10 | 56,157 60 | 271,623 70 |
| Lucia................ | 42 | " | 1 | " | Cultivatrice........ | ⎫ | Mariage et légitimation...... | ⎫ | | |
| Jean........ ⎫ | 15 | " | " | 1 | .................. | ⎪ | | ⎪ | | |
| Nicolas..... Enfants | 12 | " | " | 1 | .................. | ⎬ 1,500 00 | | ⎬ 1,000 00 | 2,000 00 | 4,500 00 |
| Jeanne Rose.. de Lucia. | 8 | " | " | 1 | .................. | ⎪ | | ⎪ | | |
| Firmin.....⎭ | 5 | " | " | 1 | .................. | ⎭ | | ⎭ | | |
| Françoise........... | 26 | " | 1 | " | Couturière........ | 500 00 | Liberté litigieuse...... | " | 1,000 00 | 1,500 00 |
| Marguerite......... | 38 | " | 1 | " | Domestique....... | ⎫ 1,000 00 | Bons renseignements...... | " | 1,500 00 | 2,500 00 |
| Herminie, sa fille.. | 10 | " | " | 1 | .................. | ⎭ | | | | |
| Adélaïde............ | 56 | " | 1 | " | Cultivatrice........ | ⎫ | Liberté litigieuse...... | ⎫ | | |
| Adolphe....⎫ | 19 | " | " | 1 | Charpentier....... | ⎪ | | ⎪ | | |
| Céphise.... Enfants | 16 | " | " | 1 | Blanchisseuse..... | ⎬ 3,050 00 | | ⎬ 2,000 00 | " | 5,050 00 |
| Gustav. Mour- d'Adélaïde. tour.... | 12 | " | " | 1 | Apprenti.......... | ⎪ | | ⎪ | | |
| Marius....⎭ | 3 | " | " | 1 | .................. | ⎭ | | ⎭ | | |
| Caroline Débat..... | 20 | " | 1 | " | Cultivatrice........ | " | .................. | 1,500 00 | " | 1,500 00 |
| TOTAL........ | | 62 | 87 | 135 | | 120,878 00 | | 105,138 10 | 60,657 60 | 286,673 70 |

| | | |
|---|---|---|
| À ajouter au total des subventions : | | moyenne |
| 600 francs accordés à titre de récompense par arrêté du 2 novembre, ci. | 600 00 | 1,009 42 |
| au même titre (Arrêté du 7 août), ci.................. | 400 00 | |
| TOTAL des subventions.................. | 121,878 00 | |
| ...à rectifier.................. | 122 00 | |
| TOTAL des subventions.................. | 122,000 00 | |

( 246 )

## B. GUADELOUPE.

*1° Tableau présentant l'emploi des fonds de rachat.*

| NOMS DES ESCLAVES | LEUR AGE. | SEXE. HOMMES. | FEMMES. | ENFANTS. | PROFESSIONS. | QUOTITÉ de L'ALLOCATION. | MOTIFS DES ALLOCATIONS pour chaque demande. Mariage. Légitimation. | Libertés litigieuses. | Bons renseignements. | SITUATION du PÉCULE des esclaves au moment de la demande. | PRIX du RACHAT. |
|---|---|---|---|---|---|---|---|---|---|---|---|
| Pétronille.............. | 47..... | » | 1 | » | Domestique. | 201 00 | » | » | 1 | 1,549f 00c | 1,750f |
| Et son fils Lubin......... | 13..... | » | » | 1 | | | | | | | |
| Marguerite.............. | 39..... | » | 1 | » | Domestique. | 800 00 | 1 | » | » | » | 1,200 |
| Adeline................. | 44..... | » | 1 | » | Cultivateur. | 1,000 00 | » | 1 | » | » | 1,500 |
| Et ses enfants, Isaac et Charles................. | 10, 7... | » | » | 2 | | | | | | | |
| Magdeleine.............. | 42..... | » | 1 | » | Domestique. | 600 00 | » | » | 1 | » | 1,200 |
| Rose, dite Clara......... | 17..... | » | 1 | » | Idem. | 500 00 | » | » | 1 | » | 1,000 |
| Marie-Claire............. | 45..... | » | 1 | » | Idem. | 400 00 | » | 1 | » | » | 1,000 |
| Et ses enfants Antoine et Georgette.............. | 6, 5.... | » | » | 2 | | | | | | | |
| Isidore................. | 54..... | 1 | 1 | » | Maçon. | 375 00 | » | » | 1 | » | 900 |
| Jean-Baptiste dit Acco.... | 35..... | 1 | » | » | Charpentier. | 1,162 00 | 1 | » | » | » | 2,500 |
| Cécile................. | 14..... | » | 1 | » | Couturière. | 200 00 | » | 1 | » | 400 00 | 600 |
| Hortense................ | 32..... | » | 1 | » | Domestique. | 700 00 | » | » | 1 | 1,500 00 | 2,200 |
| Et ses enfants Jules et Pauline................ | 5, 7.... | » | » | 2 | | | | | | | |
| Ambroise................ | 55..... | 1 | » | » | Cultivateur. | 900 00 | 1 | » | » | 500 00 | 1,400 |
| Brigitte................ | 60..... | » | 1 | » | Domestique. | 200 00 | » | 1 | » | 300 00 | 500 |
| Mathurine............... | 16..... | » | 1 | » | Cultivateur. | 400 00 | » | » | » | 400 00 | 800 |
| Félicie................. | 30..... | » | 1 | » | Domestique. | 1,000 00 | 1 | » | » | 800 00 | 1,800 |
| Et ses enfants Louis et Marie-Clémentine........ | 8, 3.... | » | » | 2 | ............ | | | | | | |
| Janvier................. | 23..... | 1 | » | » | Cultivateur. | 310 60 | » | » | » | 1,089 40 | 1,400 |
| Siffrain................ | 34..... | 1 | 1 | » | Idem. | 500 60 | » | 1 | 1 | 500 00 | 1,000 |
| Penny.................. | 24..... | » | 1 | » | Domestique. | 500 00 | » | 1 | » | Le m. ab. 500f | 1,000 |
| Lucile.................. | 69..... | » | 1 | » | Blanchisseuse. | 300 00 | » | » | » | Point. | 300 |
| Catherine............... | 31..... | » | 1 | » | Cultivateur. | 600 00 | » | » | » | Article 47. | 600 |
| Elvina.................. | 21..... | » | 1 | » | Domestique. | 300 00 | 1 | » | 1 | 650 00 | 950 |
| Pollux.................. | 35..... | 1 | » | » | Pêcheur. | 500 00 | » | » | 1 | 1,000 00 | 1,500 |
| Paul.................... | 19..... | 1 | » | » | Boulanger. | 700 00 | » | » | 1 | 800 00 | 1,500 |
| Auguste................. | 37..... | 1 | » | » | Maçon. | 200 00 | » | » | 1 | 1,700 00 | 1,900 |
| Louis-Adolphe........... | 20..... | 1 | » | » | Cultivateur. | 564 00 | » | 1 | » | 300 00 | 864 |
| Fiorise dite Antoinette... | 20..... | » | 1 | » | Couturière. | 800 00 | » | 1 | » | 700 00 | 1,500 |
| Et son fils Paul......... | 4..... | » | » | 1 | | | | | | | |
| Saint-Jean.............. | 16..... | 1 | » | » | Cultivateur. | 600 00 | » | 1 | 1 | 200 00 | 500 |
| Auguste et André, frères.. | 16, 14.. | 2 | » | » | Idem. | Même mait. | » | » | » | 300 00 | 600 |
| Rébecca................. | 28..... | » | 1 | » | Domestique. | 600 00 | 1 | » | » | 700 00 | 1,300 |
| Et ses enfants Amédée, Euphrasie et Eugène..... | 7, 4, 1. | » | » | 3 | | | | | | | |
| Lucile.................. | 38..... | » | 1 | » | Domestique. | 700 00 | 1 | » | » | 700 00 | 1,400 |
| Et ses enfants Lucien et Joséphine............... | 4, 1.... | » | » | 2 | ............ | | | | | | |
| Rosa................... | 30..... | » | » | » | Domestique. | 600 00 | » | » | 1 | 400 00 | 1,000 |
| Et ses enfants Victor et Hyppolite.............. | 6, 4.... | » | » | 2 | | | | | | | |
| Marie-Luce.............. | 36..... | » | 1 | » | Cultivateur. | 600 00 | » | 1 | » | 400 00 | 1,200 |
| Et son enfant Virginie.... | 1..... | » | » | 1 | | | | | | | |
| Totaux............ | | 12 | 20 | 18 | ............ | 16,812 60 | 7 | 11 | 11 | 14,488 97 | |

( 247 )

| NOMS DES ESCLAVES | LEUR AGE. | SEXE. HOMMES | SEXE. FEMMES | SEXE. ENFANTS | PROFESSIONS. | QUOTITÉ de L'ALLOCATION. | MOTIFS DES ALLOCATIONS Mariage. Légitimation. | MOTIFS DES ALLOCATIONS Libertés litigieuses. | MOTIFS DES ALLOCATIONS Bons renseignements. | SITUATION du PÉCULE des esclaves au moment de la demande. | PRIX du RACHAT. |
|---|---|---|---|---|---|---|---|---|---|---|---|
| Jean-Charles | 45 | 1 | » | » | Cultivateur. | 400f 00c | 1 | » | » | 800 00 | 1,200f |
| Gustave | 40 | 1 | » | » | Tonnelier. | 500 00 | » | » | 1 | 1,300 00 | 1,800 |
| Julie et son enfant Gilles | 26, 5 | » | 1 | 1 | Cultivateur. | 500 00 | » | 1 | » | 200 00 | 1,200 |
| Anaïs | 36 | » | 1 | » | Domestique. | 300 00 | » | 1 | 1 | 1,000 00 | 1,300 |
| Et ses enfants Lambert et Joséphine | 3, 1 | » | » | 2 | | | | | | | |
| Véronique | 33 | » | 1 | » | Cultivateur. | 400 00 | » | » | 1 | 1,600 00 | 2,000 |
| Et sa fille Joséphine | 4 | » | » | 1 | | | | | | | |
| Reinette | 29 | » | 1 | » | Cultivateur. | 500 00 | » | » | » | 800 00 | 1,000 |
| Pierre dit Nègro | 53 | 1 | » | » | Commandeur. | 600 00 | 1 | » | » | 300 00 | 900 |
| Augusta | 35 | » | 1 | » | Domestique. | 1,000 00 | 1 | » | » | 1,000 00 | 2,000 |
| Et ses enfants Ida et Marie | Bas âge | » | » | 2 | | | | | | | |
| Luce et Brigitte, sœurs | 10, 11 | » | » | 2 | | 400 00 | » | 1 | » | 400 00 | 800 |
| Zénoïde | 22 | » | 1 | » | | | | | | | |
| Et Pierre-Méloé, frère de la précédente | 20 | » | 1 | » | Cultivateur. | 1,000 00 | » | 1 | » | 1,500 00 | 2,700 |
| Catichette | 53 | » | 1 | » | Domestique. | 500 00 | » | » | » | 300 00 | 800 |
| Dieudonnée | 39 | » | 1 | » | Idem. | 500 00 | » | » | 1 | 700 00 | 1,000 |
| Et ses enfants Volny, Anastasie et Élisabeth | 13, 7, 3 | » | » | 3 | | | | | | | |
| John Webster | 38 | 1 | » | » | Tonnelier. | 297 75 | » | » | 1 | 502 25 | 800 |
| Clorinde | 47 | » | 1 | » | Blanchisseuse. | 300 00 | » | » | 1 | 700 00 | 1,000 |
| Adolphe | 30 | 1 | » | » | Charpentier. | 279 08 | » | » | 1 | 1,220 92 | 1,500 |
| Henry | 27 | 1 | » | » | Domestique. | 450 00 | 1 | » | » | 400 00 | 850 |
| Denis | 27 | 1 | » | » | Idem. | 200 00 | » | » | 1 | 1,000 00 | 1,200 |
| Félicie et son enfant Alfred | 40, 4 | » | 1 | 1 | Idem. | 300 00 | » | » | 1 | 300 00 | 600 |
| Marguerite | 23 | » | 1 | » | Idem. | 390 00 | » | » | 1 | 600 00 | 1,100 |
| Marie-Reine | 18 | » | 1 | » | Idem. | 300 00 | » | » | 1 | 700 00 | 1,400 |
| Et sa fille Marie-Marthe | 1 | » | » | 1 | | | | | | | |
| Marguerite | 45 | » | 1 | » | Domestique. | 330 66 | » | » | 1 | 519 34 | 850 |
| Jeannette | 18 | » | 1 | » | Cultivateur. | 600 00 | » | 1 | » | 500 00 | 1,100 |
| Ernest | 11 | » | » | 1 | Domestique. | 500 00 | » | 1 | » | 100 00 | 700 |
| Anicette | 16 | » | 1 | » | Cultivateur. | 600 00 | 1 | » | » | 600 00 | 1,200 |
| Et son enfant Théodore | 1 mois | » | » | 1 | Domestique. | | | | | | |
| Alexandre | 27 | 1 | » | » | Domestique. | 400 00 | 1 | » | » | 600 00 | 1,000 |
| Robertine | 34 | » | 1 | » | Cultivateur. | 300 00 | 1 | » | » | 1,200 00 | 1,500 |
| Et son enfant Charlottine | 1 | » | » | 1 | | | | | | | |
| Zénon | 27 | 1 | » | » | Cultivateur. | 350 00 | » | » | 1 | 650 00 | 1,000 |
| Benoît | 27 | 1 | » | » | Idem. | 600 00 | 1 | » | » | 400 00 | 1,000 |
| Héloïse | 46 | » | 1 | » | Idem. | 600 00 | 1 | » | » | 900 00 | 2,000 |
| et ses enfants Joséphine et Charles | 9, 5 | » | » | 2 | | | | | | | |
| Pierre | 50 | 1 | » | » | Cultivateur. | 300 00 | 1 | » | » | 1,050 00 | 1,450 |
| Romain, sa femme Augustine | 46 | 1 | 1 | » | Idem. | 1,500 00 | 1 | » | » | 1,728 00 | 4,000 |
| Et leur fille Célina | 41, 17 | » | » | 1 | | | | | | | |
| TOTAUX | | 13 | 19 | 18 | | 15,197 49 | 11 | 7 | 13 | 23,170 51 | |

| NOMS DES ESCLAVES. | LEUR AGE. | SEXE. | | | PROFES- SIONS. | QUOTITÉ de l'alloca- tion. | MOTIFS DES ALLOCATIONS pour chaque demande. | | | | SITUATION du PÉCULE des esclaves au moment de la demande. | PRIX du RACHAT. |
|---|---|---|---|---|---|---|---|---|---|---|---|---|
| | | HOMMES. | FEMMES. | ENFANTS. | | | Mariage. Légitimation. | Libertés litigieuses. | | Bons renseignements. | | |
| Lindor, sa femme Eugénie. Et leurs enfants Émilie... Montcarmel, Amélie..... Et Sainte-Messe......... | 35, 27 ans 9...... 7, 6.... 3...... | 1 » » » | 1 » » » | » 1 2 1 | Cultivateur. ............ ............ ............ | 2,000 | 1 | » | | » | 1,800f 00c Arrangement avec le maître. | 5,600f |
| Louisa ............... | 23..... | » | 1 | » | Cultivateur. | 500 | » | » | | 1 | 700 00 | 1,300 |
| Jeanne ............... | 55..... | » | 1 | » | Idem. | 400 | » | » | | 1 | 500 00 | 900 |
| Gabriel............... | 45..... | 1 | » | » | Idem. | 200 | » | » | | 1 | 1,300 00 | 1,500 |
| Raymond ............. | 52..... | 1 | » | » | Idem. | 200 | » | » | | 1 | 900 00 | 1,100 |
| Anne.................. | 33..... | » | 1 | » | Idem. | 200 | » | » | | 1 | 800 00 | 1,000 |
| Joséphine............. Et ses enfants Silvanie et Alcide................. | 42..... 18, 16... | » 1 | 1 1 | » » | Domestique. Idem. | 1,400 | » | » | | 1 | 2,500 00 | 3,900 |
| Valrose............... | 36..... | 1 | » | » | Cultivateur. | 300 | » | » | | 1 | 1,645 52 | 2,000 |
| Félicie............... Et ses enfants Cidaline et Hilarion .............. | 36..... 12, 11... | » » | 1 » | » 2 | Domestique. ............ | 600 | » | » | | 1 | 1,400 00 | 2,000 |
| Modeste .............. | 31..... | 1 | » | » | Cultivateur. | 500 | » | » | | 1 | 1,000 00 | 1,900 |
| Pierre................ | 43..... | 1 | » | » | Idem. | 400 | » | » | | 1 | 800 00 | 1,200 |
| Volny................. | 21..... | 1 | » | » | Charpentier. | 300 | » | » | | 1 | 1,200 00 | 1,800 |
| Scholastique.......... | 17..... | » | 1 | » | Cultivateur. | 300 | » | » | | 1 | 900 00 | 1,400 |
| Élise................. | 60..... | » | 1 | » | Idem. | 300 | » | » | | 1 | 100 00 | 400 |
| Noël.................. | 38..... | 1 | » | » | Charpentier. | 300 | » | » | | 1 | 700 00 | 1,400 |
| Pierre-Fanfan......... | 25..... | 1 | » | » | Maçon. | 500 | » | » | | 1 | 1,000 00 | 2,000 |
| Benjamin.............. | 43..... | 1 | » | » | Cultivateur. | 1,000 | 1 | » | | » | 1,000 00 | 2,000 |
| Marie-Louise Souqui... | 42..... | » | 1 | » | Domestique. | 500 | 1 | » | | » | 500 00 | 1,000 |
| Charlotte ............ Et ses enfants Toussaint et Toussine.............. | 33..... 4, 6 mois. | » » | 1 » | » 2 | Cultivateur. ............ | 600 | 1 | » | | » | 864 00 | 1,500 |
| Clara ................ Et ses enfants Alcide, Charles et Adélaïde............ | 39..... 17, 7, 4. | » 1 | 1 » | » 2 | Cultivateur. 1 cultivateur. | 1,000 | 1 | » | | » | 1,000 00 | 2,000 |
| Adolphe............... | 24..... | 1 | » | » | Ferblantier. | 400 | 1 | » | | » | 800 00 | 1,600 |
| Abraham .............. | 50..... | 1 | » | » | Journalier. | 400 | 1 | » | | » | 500 00 | 1,000 |
| Laurent............... | 59..... | 1 | » | » | Charpentier. | 500 | 1 | » | | » | 1,500 00 | 3,000 |
| Adèle ................ Et ses enfants Alexandrine, Georges-Janvier et Thérèse-Jeanne................ | 25..... 12, 9, 7. | » » | 1 » | » 3 | Domestique. ............ | 800 | 1 | » | | » | 800 00 | 2,000 |
| Louison............... | 53..... | 1 | » | » | Cultivateur. | 650 | 1 | » | | » | 345 50 | 1,200 |
| Ajax.................. | 15..... | 1 | » | » | Idem. | 600 | » | » | | 1 | Point. | 600 |
| TOTAUX.......... | ........ | 17 | 13 | 13 | ............ | 14,850 | 10 | » | | 16 | 24,555 02 | |

( 249 )

| NOMS DES ESCLAVES. | LEUR AGE. | SEXE. HOMMES. | SEXE. FEMMES. | SEXE. ENFANTS. | PROFESSION. | QUOTITÉ de l'allocation. | MOTIFS DES ALLOCATIONS pour chaque demande. Mariage. Légitimation. | MOTIFS DES ALLOCATIONS pour chaque demande. Libertés litigieuses. | MOTIFS DES ALLOCATIONS pour chaque demande. Bons renseignements. | SITUATION du PÉCULE des esclaves au moment de la demande. | PRIX du RACHAT. |
|---|---|---|---|---|---|---|---|---|---|---|---|
| Anicette.............. Et ses enfants Marie-Louise-Toussine et Germance.... | 23..... 3, 2..... | » » | 1 » | » 2 | Domestique. ............... | 600 | » | 1 | « | Point. Article 47. Transaction. | 600f 00« |
| Clémence et ses enfants Pierre et Louis................ | 30, 6 1/2 | » | 1 | 2 | Domestique. | 1,000 | » | 1 | » | 400f 00« | 1,500 00 |
| Céline................ Et ses enfants Pollux, Sophie Léon et Élisabeth........ | 38..... 22, 8, 6, 4 | » 1 | 1 » | » 3 | Idem. 1 domestique. | 1,800 | » | 1 | » | 1,500 00 | 3,500 00 |
| Marguerite dite Joujoute et son fils Henry........ | 36, 6.... | » | 1 | 1 | Cultivateur. | 500 | » | 1 | » | 700 00 | 1,400 00 |
| Élisabeth............. Et ses enfants Louise-Adélaïde et Joinville......... | 35..... 10, 8.... | » » | 1 » | » 2 | Idem. ............... | 500 | » | 1 | » | 1,500 00 | 2,000 00 |
| Mimi................ | 50..... | » | 1 | » | Cultivateur. | 400 | » | 1 | » | 700 00 | 1,100 00 |
| Louise............... | 17..... | » | 1 | » | Couturière. | 300 | » | 1 | » | 750 00 | 1,100 00 |
| Alphonse et Marie...... | 58, 50... | 1 | 1 | » | Cultivateurs. | 300 | » | 1 | » | 1,900 00 | 2,200 00 |
| Severin.............. | 20..... | 1 | » | » | Idem. | 500 | » | 1 | » | 750 00 | 1,500 00 |
| Lisette et son enfant en bas âge................ | 20..... | » | 1 | 1 | Idem. | 300 | » | 1 | » | 500 00 | 900 00 |
| Marie-Françoise dite la Misère Et son enfant Madeleine.. | 41..... 12..... | » » | 1 » | » 1 | Idem. ............... | 500 | » | 1 | » | 600 00 | 1,200 00 |
| Clémence............. | 16..... | » | 1 | » | Domestique. | 500 | » | 1 | » | 600 00 | 1,200 00 |
| Toinette.............. | 20..... | » | 1 | » | Idem. | 400 | » | 1 | » | 500 00 | 1,000 00 |
| Angèle............... | 37..... | » | 1 | » | Cultivateur. | 300 | » | » | 1 | 600 00 | 900 00 |
| Ursule............... | 30..... | » | 1 | » | Marchande. | 300 | » | » | 1 | 700 00 | 1,000 00 |
| Anselme.............. | 46..... | 1 | » | » | Cultivateur. | 300 | » | » | 1 | 800 00 | 1,100 00 |
| Marie................ | 50..... | » | 1 | » | Domestique. | 300 | » | » | 1 | 500 00 | 800 00 |
| Eugène............... | 29..... | 1 | » | » | Cordonnier. | 400 | » | » | 1 | 600 00 | 1,000 00 |
| Laurent.............. | 49..... | 1 | » | » | Domestique. | 300 | » | » | 1 | 700 00 | 1,000 00 |
| Frivole............... | 27..... | » | 1 | » | Cultivateur. | 500 | » | » | 1 | 500 00 | 1,000 00 |
| Alexandre dit Siusin.... | 21..... | 1 | » | » | Marin. | 400 | » | » | 1 | 900 00 | 1,320 00 |
| Rosillette et sa fille Louise.. | 37, 9.... | » | 1 | 1 | Cultivateur. | 600 | » | » | 1 | 900 00 | 1,500 00 |
| Honorine............. | 21..... | » | 1 | » | Idem. | 300 | » | » | 1 | 500 00 | 800 00 |
| Julie................. | 48..... | » | 1 | » | Idem. | 300 | » | » | 1 | 400 00 | 800 00 |
| Questy............... | 48..... | » | 1 | » | Idem. | 300 | » | » | 1 | 400 00 | 800 00 |
| Sophie............... | 25..... | » | 1 | » | Domestique. | 300 | » | » | 1 | 800 00 | 1,200 00 |
| Marianne............. | 45..... | » | 1 | » | Idem. | 300 | » | » | 1 | 1,005 00 | 1,400 00 |
| Marie-Françoise et son enfant Firmin............... | 32, 7.... | » | 1 | 1 | Cultivateur. | 500 | » | » | 1 | 960 00 | 1,600 00 |
| Étienne.............. | 19..... | 1 | » | » | Charpentier. | 300 | » | » | 1 | 905 73 | 1,271 85 |
| Jean-Charles.......... | 33..... | 1 | » | » | Maçon. | 300 | » | » | 1 | 831 60 | 1,500 00 |
| Louis................ | 32..... | 1 | » | » | Charpentier. | 300 | » | » | 1 | 700 00 | 1,200 00 |
| Élisée................ | 40..... | 1 | » | » | Idem. | 300 | » | » | 1 | 1,093 35 | 1,600 00 |
| TOTAUX........ | ...... | 11 | 23 | 14 | ............... | 14,200 | » | 14 | 19 | 21,996 68 | |

| NOMS DES ESCLAVES. | LEUR AGE. | SEXE. HOMMES. | SEXE. FEMMES. | SEXE. ENFANTS. | PROFESSIONS. | QUOTITÉ de l'allocation. | MOTIFS DES ALLOCATIONS pour chaque demande. Mariage. Légitimation. | MOTIFS DES ALLOCATIONS pour chaque demande. Libertés litigieuses. | MOTIFS DES ALLOCATIONS pour chaque demande. Bons renseignements. | SITUATION du PÉCULE des esclaves au moment de la demande. | PRIX du RACHAT. |
|---|---|---|---|---|---|---|---|---|---|---|---|
| Solitaire.............. | 31 ans... | 1 | » | » | Boulanger. | 600f | » | » | 1 | 700f | 1,500f |
| Berthile.............. | 59..... | » | 1 | » | Blanchisseuse | 200 | » | » | 1 | 450 | 1,000 |
| Séverine.............. | 31..... | » | 1 | » | Domestique. | 300 | » | » | 1 | 500 | 1,000 |
| Civilise.............. | 30..... | » | 1 | » | Idem. | 600 | » | » | 1 | 2,000 | 3,000 |
| Et ses enfants Paulvida, Augustine et Hippolyte... | 11, 7, 6.. | » | » | 3 | | | | | | | |
| Dieudonnée............ | 35..... | » | 1 | » | Cultivateur. | 300 | » | » | 1 | 1,000 | 1,600 |
| Jean-Jacques.......... | 56..... | 1 | » | » | Idem. | 300 | » | » | 1 | 500 | 1,000 |
| Anna et son enfant Agathe.. | 17, 1... | » | 1 | 1 | Idem. | 300 | » | » | 1 | 800 | 1,300 |
| Rock................. | 29..... | 1 | » | » | Domestique. | 500 | » | » | 1 | 300 | 1,000 |
| Aveline et son fils Emile... | 26, 4... | » | 1 | 1 | Idem. | 600 | 1 | » | » | 800 | 1,800 |
| Saint-Hilaire-Télesphor... | 22..... | 1 | » | » | Relieur. | 600 | 1 | » | » | 900 | 1,500 |
| François............. | 46..... | 1 | » | » | Cultivateur. | 600 | 1 | » | » | Inconnu. | 1,900 |
| Jean-Marie........... | 34..... | 1 | » | » | Boulanger. | 800 | 1 | » | » | 400 | 1,600 |
| Élise................ | 29..... | » | 1 | » | Cultivateur. | 800 | » | 1 | » | 300 | 1,400 |
| Auguste............. | 25..... | 1 | » | » | Charpentier. | 500 | » | 1 | » | 600 | 1,600 |
| Sylvain et Eugène, frères... | 21, 17... | 2 | » | » | Cultivateurs. | 1,000 | » | 1 | » | 1,000 | 2,700 |
| Malgrémoi et Marcellin frère et sœur | 19, 15.. | 1 | 1 | » | Idem. | 1,000 | » | 1 | » | 1,350 | 2,400 |
| Lausélia.............. | 9...... | » | » | 1 | .......... | 400 | » | 1 | » | 400 | 800 |
| Gabriel............... | 38..... | 1 | » | » | Marin. | 500 | 1 | » | » | 400 | 1,000 |
| Paul................. | 17..... | 1 | » | » | Domestique. | 400 | 1 | » | » | 600 | 1,000 |
| Marie-Claire.......... | 39..... | » | 1 | » | Idem. | 800 | 1 | » | » | 1,000 | 1,800 |
| Et ses enfants Henri, Marie, Léopold, Judith et Louis. | 6, 5, 4, 3, 1 | » | » | 5 | .......... | | | | | | |
| Constance............ | 35..... | » | 1 | » | Domestique. | 1,500 | 1 | » | » | 1,500 | 3,000 |
| Et ses enfants Charles, Gentil, Thomas et Léo... | 9, 7, 5, 3m | » | » | 4 | .......... | | | | | | |
| Louis, dit Joyeux..... | 58..... | 1 | » | » | Marin. | 400 | 1 | » | » | 700 | 1,200 |
| Léonce............... | 24..... | 1 | » | » | Domestique. | 500 | 1 | » | » | 500 | 1,200 |
| Saint-Jean............ | 21..... | 1 | » | » | Ferblantier. | 400 | 1 | » | » | 700 | 1,500 |
| Damas............... | 54..... | 1 | » | » | Cultivateur. | 500 | 1 | » | » | 600 | 1,200 |
| Lucile............... | 40..... | » | 1 | » | Domestique. | 400 | 1 | » | » | 400 | 800 |
| Élie, dit Lalate....... | 19..... | 1 | » | » | Forgeron. | 300 | » | 1 | » | Point. Engagᵗ avec le maître. | 1,000 |
| Cidalise et son enfant Armantine. | 20, 1.... | » | 1 | 1 | Domestique. | 500 | » | 1 | » | 400 | 1,200 |
| Eugène............... | 18..... | 1 | » | » | Idem. | 500 | » | 1 | » | Point. Art. 47. | 600 |
| Anna................ | 31..... | » | 1 | » | Cultivateur. | 1,000 | » | 1 | » | 600 | 2,000 |
| Et ses enfants Paulina et Anais.............. | 5, 2.... | » | » | 2 | .......... | | | | | | |
| TOTAUX........... | | 18 | 13 | 18 | .......... | 17,100 | 13 | 9 | 8 | 19,500 | |

( 251 )

| NOMS DES ESCLAVES. | LEUR AGE. | SEXE. HOMMES. | SEXE. FEMMES. | SEXE. ENFANTS. | PROFESSIONS. | QUOTITÉ de l'allocation. | MOTIFS DES ALLOCATIONS pour chaque demande. Mariage. Légitimation. | MOTIFS DES ALLOCATIONS Libertés litigieuses. | MOTIFS DES ALLOCATIONS Bons renseignements. | SITUATION du PÉCULE des esclaves au moment de la demande. | PRIX de RACHAT. |
|---|---|---|---|---|---|---|---|---|---|---|---|
| Marianne, dite Céralis | 15 ans | » | 1 | » | Domestique. | 450f | » | 1 | » | 518f | 1,000f |
| Jeannille | 22 | » | 1 | » | Idem. | | » | 1 | » | | |
| Et ses enfants Léontine, Ermance et Victoire | 8, 5, 1 | » | » | 3 | .......... | 1,000 | » | 1 | » | Point. Art. 47. | 1,000 |
| Marie Noël, dite Maine | 47 | » | 1 | » | Domestique. | 500 | » | 1 | » | 400 | 1,000 |
| Pierre, dit Pierrot | 29 | 1 | » | » | Journalier. | 250 | » | 1 | » | 250 | 500 |
| Louisy | 23 | 1 | » | » | Cultivateur. | 500 | » | 1 | » | 1,000 | 1,500 |
| Bélicia | 43 | » | 1 | » | Idem. | | » | » | » | | |
| Et ses enfants Présent, Joseph et Mary-Grace | 9, 5, 9m | » | » | 3 | .......... | 900 | » | » | 1 | 864 | 1,800 |
| Petite-Julie et ses enfants Jules et Félix | 31, 13, 12 | » | 1 | 2 | Domestique. | 500 | » | » | 1 | Engagement avec le maître. | 1,200 |
| Désirée | 34 | » | 1 | » | Idem. | | » | » | 1 | | |
| Et ses enfants Alcide-Pierre, Lisemarre et Jacques Dorville | 12, 10, 6 | » | » | 3 | .......... | 1,000 | » | » | 1 | 2,000 | 3,200 |
| Lucie | 21 | » | 1 | » | Domestique. | | » | » | 1 | | |
| Et ses enfants Marie-Octavie et Nella | 4, 1 | » | » | 2 | .......... | 500 | » | » | 1 | 700 | 1,400 |
| Solange | 21 | 1 | » | » | Tonnelier. | 300 | » | » | 1 | 500 | 1,000 |
| Fréjus | 29 | 1 | » | » | Domestique. | 300 | » | » | 1 | 600 | 1,200 |
| Noelline | 26 | » | 1 | » | Idem. | | » | » | » | | |
| Et ses enfants Edgard-Louis et Louis-Edouard | 4, 1 | » | » | 2 | .......... | 500 | » | » | 1 | 1,000 | 1,500 |
| Françoise | 40 | » | 1 | » | Domestique. | 250 | » | » | 1 | 350 | 600 |
| Désir | 30 | 1 | » | » | Idem. | 500 | » | » | 1 | 600 | 1,200 |
| Vincent, dit Bicoutre | 35 | 1 | » | » | Idem. | 300 | » | » | 1 | Engagement avec le maître. | 1,000 |
| Alphonse | 25 | 1 | » | » | Cultivateur. | 500 | » | 1 | » | 1,000 | 1,700 |
| Marie, dite Adélaide | 7 | » | 1 | » | Idem. | 200 | » | 1 | » | 365 | 600 |
| Martial | 16 | 1 | » | » | Idem. | 500 | » | 1 | » | 500 | 1,150 |
| Blaise | 23 | 1 | » | » | Journalier. | 300 | » | » | 1 | 900 | 1,150 |
| Étienne, dit Culotte | 40 | 1 | » | » | Forgeron. | 400 | » | » | 1 | 800 | 1,600 |
| Malgrétout | 33 | » | 1 | » | Cultivateur. | | » | » | 1 | | |
| Et ses enfants Gustave et Marie-Amélie | 10, 2 | » | » | 2 | .......... | 600 | » | » | 1 | 1,000 | 1,800 |
| Berthile | 18 | » | 1 | » | Cultivateur. | 300 | » | » | 1 | 700 | 1,200 |
| Proserpine, dite Éléonore | 57 | » | 1 | » | Idem. | 500 | » | 1 sévic. | » | » | 500 |
| Héloïse | 36 | » | 1 | » | Idem. | 1,300 | 1 | » | » | » | 1,300 |
| Henri | 46 | 1 | » | » | Idem. | 500 | 1 | » | » | 300 | 1,200 |
| Cocofené | 48 | 1 | » | » | Forgeron. | 500 | 1 | » | » | 1,000 | 2,000 |
| Félicité | 28 | » | 1 | » | Cultivateur. | 500 | 1 | » | » | 750 | 1,500 |
| Fragile | 27 | » | 1 | » | Domestique. | | 1 | » | » | | |
| Et ses enfants Pierre-Doval, Euphrasie et Noël | 11, 4, 2 | » | » | 3 | .......... | 600 | 1 | » | » | 1,000 | 1,800 |
| TOTAUX | | 12 | 16 | 20 | .......... | 14,450 | 5 | 8 | 15 | 17,097 | |

32.

| NOMS DES ESCLAVES. | LEUR AGE. | SEXE. | | | PROFES- SIONS. | QUOTITÉ de l'alloca- tion. | MOTIFS DES ALLOCATIONS pour chaque demande. | | | SITUATION du PÉCULE des esclaves au moment de la demande. | PRIX de RACHAT. |
|---|---|---|---|---|---|---|---|---|---|---|---|
| | | HOMMES. | FEMMES. | ENFANTS. | | | Mariage. Légitimation. | Libertés litigieuses. | Bons renseignements. | | |
| Auguste.............. | 28 ans... | 1 | » | » | Cultivateur. | 500 | 1 | » | » | 1,200f 00c | 1,800f |
| Siméon............... | 46...... | 1 | » | » | Idem. | 400 | 1 | » | » | 670 00 | 1,200 |
| Bernadine............ Et ses enfts Sigismd et Eaulna | 31...... 11, 14.. | » » | 1 1 | » 1 | Idem. Idem. | 800 | 1 | » | » | 2,000 00 | 3,000 |
| Michel............... | 26...... | 1 | » | » | Domestique. | 400 | 1 | » | » | 700 00 | 1,200 |
| Paul................. | 23...... | 1 | » | » | Idem. | 300 | 1 | » | » | 700 00 | 1,200 |
| Valère............... | 70...... | 1 | » | » | Tonnelier. | 200 | 1 | » | » | 100 00 | 500 |
| Eulalie, dite Matoute...... | 39...... | » | 1 | » | Domestique. | 500 | 1 | » | » | 700 00 | 1,300 |
| Célestine............. | 18...... | » | 1 | » | Journalière. | 400 | » | 1 | » | 500 00 | 1,000 |
| Clémence............. | 14...... | » | 1 | » | Cultivateur. | 300 | » | 1 | » | 700 00 | 1,000 |
| Clémence............. | 46...... | » | 1 | » | Blanchisseuse | 500 | » | 1 | » |  | 500 |
| Emma................ | 36...... | » | 1 | » | Domestique. | 400 | » | 1 | » | 600 00 | 1,200 |
| Jeanne............... | 49...... | » | 1 | » | Cultivateur. | 400 | » | 1 | » | 300 00 | 800 |
| Anézine............... | 41...... | » | 1 | » | Idem. | 400 | » | » | 1 | 100 00 | 600 |
| Madeleine............ | 24...... | » | 1 | » | Domestique. | 300 | » | » | 1 | 600 00 | 900 |
| Marguerite........... Et ses enfants Florestine et Victoire.............. | 38...... 7, 5... | » » | 1 » | » 2 | Idem. ............ | 400 | » | » | 1 | 800 00 | 1,200 |
| Fanny................ | 47...... | » | 1 | » | Domestique. | 400 | » | » | 1 | 400 00 | 900 |
| Saint-Amour, dit Toussaint. | 28...... | 1 | » | » | Cultivateur. | 500 | » | » | 1 | 858 85 | 1,600 |
| Avrillette et sa fille Louise.. | 22, 1... | » | 1 | 1 | Idem. | 400 | » | » | 1 | 800 00 | 1,500 |
| Héloïse............... Et ses enfts Augustin et Marie | 25...... m. de 14. | » » | 1 » | » 2 | Domestique. ............ | 800 | » | » | 1 | 1,000 00 | 2,000 |
| Alexandrine.......... | 48...... | » | 1 | » | Cultivateur. | 400 | » | » | 1 | 500 00 | 1,000 |
| Jean-Pierre........... | 36...... | 1 | » | » | Idem. | 300 | » | » | 1 | 900 00 | 1,400 |
| Janvier............... | 28...... | 1 | » | » | Domestique. | 300 | » | » | 1 | 900 00 | 1,200 |
| Saint Clair............ | 15...... | 1 | » | » | Tonnelier. | 400 | » | » | 1 | 800 00 | 1,500 |
| Dorsaint.............. | 25...... | 1 | » | » | Domestique. | 300 | » | » | 1 | 800 00 | 1,200 |
| Cyprien.............. | 42...... | 1 | » | » | Cultivateur. | 300 | » | » | 1 | 500 00 | 900 |
| Pascal................ | 32...... | 1 | » | » | Idem. | 300 | » | » | 1 | 700 00 | 1,000 |
| Saint-Louis........... | 30...... | 1 | » | » | Marin. | 400 | » | » | 1 | 400 00 | 1,000 |
| Marie-Jeanne......... | 49...... | » | 1 | » | Domestique. | 200 | » | » | 1 | 300 00 | 500 |
| Lindor............... | 33...... | 1 | » | » | Cultivateur. | 500 | » | » | 1 | 400 00 | 1,400 |
| Mathurine et sa fille Bernadine | 43, 4... | » | 1 | 1 | Idem. | 600 | » | » | 1 | 1,000 00 | 1,700 |
| Minsky............... | 50...... | » | 1 | » | Domestique. | 300 | » | » | 1 | 360 00 | 700 |
| TOTAUX............ | ........ | 14 | 18 | 7 | ............ | 12,600 | 7 | 5 | 19 | 20,288 85 | |

( 253 )

| NOMS DES ESCLAVES. | LEUR AGE. | SEXE. HOMMES. | SEXE. FEMMES. | SEXE. ENFANTS. | PROFESSIONS. | QUOTITÉ de l'allocation. | MOTIFS DES ALLOCATIONS pour chaque demande. Mariage Légitimation. | MOTIFS Libertés litigieuses. | MOTIFS Bons renseignements. | SITUATION du PÉCULE des esclaves au moment de la demande. | PRIX du RACHAT. |
|---|---|---|---|---|---|---|---|---|---|---|---|
| Angélique............ | 57 ans... | » | 1 | » | Cultivateur. | 300 | » | » | 1 | 300f 00c | 800f |
| Rosa et sa fille Luce...... | 26, 4... | » | 1 | 1 | Domestique. | 500 | » | » | 1 | 500 00 | 1,500 |
| Fanchou............. | 42..... | » | 1 | » | Idem. | 600 | » | » | 1 | 400 00 | 1,000 |
| Et ses enfants Médaline et Joséphine............. | 11, 10... | » | » | 2 | ........... | | | | | | |
| Aline et sa fille Césarine.... | 25, 4... | » | 1 | 1 | Cultivateur. | 600 | » | » | 1 | 800 00 | 1,800 |
| César............... | 39..... | 1 | » | » | Domestique. | 300 | » | » | 1 | 600 00 | 1,000 |
| Marc............... | 46..... | 1 | » | » | Maçon. | 400 | » | » | 1 | 900 00 | 1,800 |
| Pollux.............. | 32..... | 1 | » | » | Mario. | 400 | » | » | 1 | 700 00 | 1,300 |
| Jeannette............ | 26..... | » | 1 | » | Blanchisseuse | 500 | » | 1 | » | 250 00 | 900 |
| Victorine............ | 40..... | » | 1 | » | Cultivateur. | 600 | » | 1 | » | 1,000 00 | 1,900 |
| Et ses enfants Montout et Joséphine............. | 6, 3... | » | » | 2 | ........... | | | | | | |
| James-Georges et Georges.. | 15, 13.. | 1 | » | 1 | Cultivateur. | | | | | | |
| John Abraham........ | 12..... | » | » | 1 | ........... | 1,200 | » | 1 | » | 2,000 00 | 3,600 |
| Abraham Spencer..... | 9...... | » | » | 1 | ........... | | | | | | |
| Nelson Ides.......... | 5...... | » | » | 1 | ........... | | | | | | |
| Agnès Corinne........ | 21..... | » | 1 | » | Domestique. | 400 | » | 1 | » | 600 00 | 1,200 |
| Augustine............ | 59..... | » | 1 | » | Idem. | 300 | » | 1 | » | 400 00 | 1,000 |
| Marie Aveline........ | 10..... | » | » | 1 | ........... | | | | | | |
| Charlotte............ | 8...... | » | » | 1 | ........... | 800 | » | 1 | » | 400 00 | 1,400 |
| Appoline............ | 4...... | » | » | 1 | ........... | | | | | | |
| Adalise et son fils Anatole.. | 32, 3... | » | 1 | 1 | Domestique. | 700 | » | 1 | » | 300 00 | 1,100 |
| Judith.............. | 42..... | » | 1 | » | Cultivateur. | 600 | » | 1 Art. 47. | » | » | » |
| Elise................ | 46..... | » | 1 | » | Idem. | 1,200 | » | 1 | » | 600 00 | » |
| Et ses enfants Séraphine, Léoncine et Marie-Caroline | 15,12, 9. | » | 1 | 2 | Idem. | | | | | | |
| Zoé................ | 14..... | » | 1 | » | Couturière. | 500 | » | 1 | » | 400 00 | 1,200 |
| Bernard............. | 30..... | 1 | » | » | Charpentier. | 400 | » | 1 | » | 1,100 00 | 1,700 |
| Joseph, dit Galette...... | 45..... | 1 | » | » | Maçon. | 500 | » | 1 | » | 1,200 00 | 2,000 |
| Marie-Anne.......... | 39..... | » | 1 | » | Cultivateur. | 900 | » | 1 | » | 500 00 | 2,000 |
| Et ses enfants Victor et Marie Sainte............. | 9, 4... | » | » | 2 | ........... | | | | | | |
| Alcindor............ | 24..... | 1 | » | » | Charpentier. | 500 | » | 1 | » | Inconnu. | 1,500 |
| Eurydice............ | 36..... | » | 1 | » | Blanchisseuse | 500 | 1 | » | » | 700 00 | 1,300 |
| Saint-Jean........... | 40..... | 1 | » | » | Cultivateur. | 1,200 | 1 | » | » | 800 00 | 4,700 |
| Sa femme Thérèse..... | 35..... | » | 1 | » | Idem. | | | | | | |
| TOTAUX......... | | 8 | 16 | 18 | ........... | 13,900 | 2 | 14 | 7 | 14,450 00 | |

( 254 )

| NOMS DES ESCLAVES. | LEUR AGE. | SEXE. | | | PROFES- SIONS. | QUOTITÉ de l'allocation. | MOTIFS DES ALLOCATIONS pour chaque demande. | | | SITUATION du PÉCULE des esclaves au moment de la demande. | PRIX du RACHAT. |
|---|---|---|---|---|---|---|---|---|---|---|---|
| | | HOMMES. | FEMMES. | ENFANTS. | | | Mariage. Légitimation. | Libertés litigieuses. | Bons renseignements. | | |
| Et leurs enfants : Saint-Gilles, Théodine, Baptistine et Euphrasie..... | 13, 9 ans, 7, 9 mois. | » | » | 4 | ............ | de l'autre part. | » | » | » | » | » |
| Télinie et son fils Léon..... | 27, 6.... | » | 1 | 1 | Blanchisseuse | 500ᶠ | 1 | » | » | 1,000ᶠ 00ᶜ | 1,500ᶠ |
| Herbine, dite *Mangure*..... | 29..... | » | 1 | » | Cultivateur. | 500 | 1 | » | » | 700 00 | 1,200 |
| Saint-Cloud.............. | 30..... | 1 | » | » | Idem. | 500 | 1 | » | » | 600 00 | 1,400 |
| Joseph................. | 60..... | 1 | » | » | Tonnelier. | 800 | 1 | » | » | 1,000 00 | 2,000 |
| Jeanneton, sa femme..... | 55..... | » | 1 | » | Cultivateur. | | | | | | |
| Jean-Louis.............. | 43..... | 1 | » | » | Commandeur. | 500 | » | » | 1 | 400 00 | 1,900 |
| Louisa et sa fille Antoinette. | 40, 7.. | » | 1 | 1 | Colporteuse. | 400 | » | » | 1 | 1,000 00 | 1,600 |
| Clairine................. | 52..... | » | 1 | » | Couturière. | 300 | » | » | 1 | 500 00 | 1,000 |
| Lucette................. | 31..... | » | 1 | » | Blanchisseuse | 300 | » | » | 1 | 1,000 00 | 1,350 |
| Saint-Louis.............. | 40..... | 1 | » | » | Maçon. | 400 | » | » | 1 | 700 00 | 1,500 |
| Édouard, dit *Montout*..... | 43..... | 1 | » | » | Idem. | 400 | » | » | 1 | 1,036 80 | 1,600 |
| Ulysse................. | 24..... | 1 | » | » | Forgeron. | 200 | » | » | 1 | 700 00 | 1,000 |
| Marie................. | 18..... | » | 1 | » | Domestique. | 300 | » | » | 1 | 800 00 | 1,200 |
| Zouzoune et son enfant Némosa | 18, 2... | » | 1 | 1 | Idem. | 400 | » | » | 1 | 700 00 | 1,200 |
| Catherine.............. | 39..... | » | 1 | » | Idem. | 300 | » | » | 1 | 650 00 | 1,000 |
| Sainte-Croix (Édouard).... | 26..... | 1 | » | » | Tonnelier. | 300 | » | » | 1 | 700 00 | 1,400 |
| Désirée................ | 48..... | » | 1 | » | Cultivateur. | 400 | » | » | 1 | 500 00 | 1,000 |
| Justine................ | 46..... | » | 1 | » | Idem. | 300 | » | » | 1 | 650 00 | 1,000 |
| Adélaïde............... | 57..... | » | 1 | » | Idem. | 150 | » | » | 1 | 250 00 | 400 |
| Joseph-Robert.......... | 41..... | 1 | » | » | Tonnelier. | 300 | » | » | 1 | 600 00 | 1,000 |
| Brigitte................ | 60..... | » | 1 | » | Domestique. | 200 | » | » | 1 | 400 00 | 600 |
| Marie-Claire............ | 42..... | » | 1 | » | Cultivateur. | 300 | » | » | 1 | 400 00 | 900 |
| Abraham............... | 24..... | 1 | » | » | Idem. | 400 | » | » | 1 | 850 00 | 1,300 |
| Rosette................ | 54..... | » | 1 | » | Idem. | 300 | » | » | 1 | 700 00 | 1,000 |
| Jeanne, dite *Camère*..... | 38..... | » | 1 | » | Idem. | 300 | » | » | 1 | 800 00 | 1,200 |
| Saint-Louis............. | 46..... | 1 | » | » | Idem. | 300 | » | » | 1 | 800 00 | 1,200 |
| Anne-Louise, dite *Piquianne*. Et son fils Daniel........ | 19, 6 mois | » | 1 | 1 | Domestique. | 300 | » | » | 1 | 700 00 | 1,200 |
| John................. | 46..... | 1 | » | » | Cultivateur. | 200 | » | » | 1 | » | 200 |
| Polydore Crawfish....... | 60..... | 1 | » | » | Idem. | 200 | » | » | 1 | 350 00 | 600 |
| William et Lucrétia, frère et sœur................. | 15, 12... | 1 | » | 1 | Domestique. | 400 | » | » | 1 | 600 00 | 1,100 |
| TOTAUX............. | | 13 | 17 | 9 | ............ | 10,150 | 4 | » | 25 | 18,386 80 | |

( 255 )

| NOMS DES ESCLAVES. | LEUR AGE. | SEXE. | | | PROFES-SIONS. | QUOTITÉ de l'alloca-tion. | MOTIFS DES ALLOCATIONS pour chaque demande. | | | SITUATION du PÉCULE des esclaves au moment de la demande. | PRIX du RACHAT. |
|---|---|---|---|---|---|---|---|---|---|---|---|
| | | HOMMES. | FEMMES. | ENFANTS. | | | Mariage, Légitimation. | Libertés litigieuses. | Bons renseignements. | | |
| Suckey............ | 35..... | " | 1 | " | Conturière. | 400f | | | 1 | 360f 00c | 800f |
| Et ses enfants Susanna et Benjamin............ | 5, 2..... | " | " | 2 | ............ | | | | | | |
| Severine............ | 20..... | " | 1 | " | Domestique. | 600 | | | 1 | Point. | 700 |
| Et ses enfants Marie-Madeleine et Marie........ | 4, 1..... | " | " | 2 | ............ | | | | | | |
| Thérésine............ | 53..... | " | 1 | " | Cuisinière. | 400 | | | 1 | 750 00 | 1,200 |
| Et sa fille Euphémie.... | 11..... | " | " | 1 | ............ | | | | | | |
| Adolphe............ | 37..... | 1 | " | " | Domestique. | 300 | | | 1 | 700 00 | 1,200 |
| Nelsine............ | 24..... | " | 1 | " | Idem. | 600 | | | 1 | 900 00 | 1,700 |
| Et ses enfants Célestine, dite Ambroisine, et Louis, dit Saint-Aure........... | 5, 1..... | " | " | 2 | ............ | | | | | | |
| Julie............... | 26..... | " | 1 | " | Domestique. | 800 | | | 1 | 700 00 | 2,100 |
| Et ses enfants Gervais et Hortense........... | 7, 3..... | " | " | 2 | ............ | | | | | | |
| Anicette............ | 51..... | " | 1 | " | Domestique. | 200 | | | 1 | 200 00 | 500 |
| Eulalie............. | 38..... | " | 1 | " | Idem. | 1,200 | | | 1 | 800 00 | 2,400 |
| Et ses enfants Ernestine, Isabelle et Pauline...... | 16, 2, 1.. | " | 1 | 2 | Idem. | | | | | | |
| Césaire............. | 22..... | 1 | " | " | Cultivateur. | 300 | | | 1 | 1,100 00 | 1,500 |
| Louis............... | 45..... | 1 | " | " | Idem. | 300 | | | 1 | 600 00 | 1,000 |
| Louis............... | 31..... | 1 | " | " | Domestique. | 300 | | | 1 | 700 00 | 1,200 |
| Rosette............. | 43..... | " | 1 | " | Cultivateur. | 800 | | | 1 | 1,650 00 | 2,500 |
| Et ses enfants Ernest, Parfaite et Ernestine...... | Moins de 14 ans. | " | " | 3 | ............ | | | | | | |
| Pascal............... | 21..... | 1 | " | " | Cultivateur. | 300 | | | 1 | 600 00 | 1,200 |
| Philippe, dit Frère...... | 44..... | 1 | " | " | Charpentier. | 300 | " | " | 1 | 400 00 | 900 |
| Frédéric............. | 36..... | 1 | " | " | Cultivateur. | 1,200 | | | 1 | Point. | 1,200 |
| Joachim............. | 24..... | 1 | " | " | Domestique. | 400 | | | 1 | 1,000 00 | 1,600 |
| Benjamin............ | 46..... | 1 | " | " | Marin. | 500 | | | 1 | 400 00 | 1,200 |
| Tonton.............. | 26..... | 1 | " | " | Idem. | 300 | | | 1 | 500 00 | 1,000 |
| Thérésine, dite Popote.... | 25..... | " | 1 | " | Domestique. | 300 | | | 1 | 600 00 | 1,100 |
| Aurélia............. | 21..... | " | 1 | " | Idem. | 400 | | | 1 | 1,300 00 | 2,000 |
| Benjamin............ | 57..... | 1 | " | " | Tonnelier. | 400 | " | | 1 | 900 00 | 1,500 |
| Marie............... | 42..... | " | 1 | " | Domestique. | 1,200 | 1 | | | | 1,200 |
| Louise-Alphonsine...... | 24..... | " | 1 | " | Idem. | 500 | " | | 1 | 500 00 | 1,000 |
| Et son fils Auguste...... | 2..... | " | " | 1 | ............ | | | | | | |
| Noël................ | 20..... | 1 | " | " | Domestique. | 400 | " | 1 | " | 600 00 | 1,000 |
| TOTAUX............ | | 12 | 13 | 15 | | 12,400 | 1 | 1 | 22 | 15,260 00 | |

( 256 )

| NOMS DES ESCLAVES. | | LEUR AGE. | SEXE. | | | PROFESSIONS. | QUOTITÉ de l'allocation. | MOTIFS DES ALLOCATIONS pour chaque demande. | | | SITUATION du PÉCULE des esclaves au moment de la demande. | PRIX du RACHAT. |
|---|---|---|---|---|---|---|---|---|---|---|---|---|
| | | | HOMMES. | FEMMES. | ENFANTS. | | | Mariage. Légitimation. | Libertés litigieuses. | Bons renseignements. | | |
| Sainville...... | Frères... | 31... | 1 | " | " | Tonnelier. | 1,000ᶠ | " | 1 | " | 2,000ᶠ | 3,000ᶠ |
| Jean-Jacques.. | | 28... | 1 | " | " | Idem. | | | | | | |
| Toussaint............... | | " | 1 | " | " | Cultivateur. | 400 | " | " | 1 | 1,100 | 1,500 |
| Roseline............... | | 10... | " | " | 1 | | 250 | " | 1 | " | " | " |
| Pierre................ | | 8... | " | " | 1 | | 400 | " | 1 | " | " | 400 |
| Lucile et ses enfants... | | " | " | 1 | " | Cultivateur. | | | | | | |
| Elisabeth-Félicia...... | | 13... | " | " | 1 | | 1,000 | " | " | 1 | " | 1,000 |
| Marie-Louise-Lydie.... | | 8... | " | " | 1 | | | | | | | |
| Élodie............... | | 7... | " | " | 1 | | | | | | | |
| Et Germain-Saint-Félix.. | | 3... | " | " | 1 | | | | | | | |
| Severin................ | | 36... | 1 | " | " | Domestique. | 600 | " | 1 | " | 750 | 1,500 |
| Presse, dit Coco........ | | " | 1 | " | " | Cultivateur. | 600 | " | " | 1 | 600 | 1,200 |
| TOTAL......... | | | 5 | 1 | 6 | | 4,250 | " | 4 | 3 | 4,450 | |

TOTAL des pécules... 203,643ᶠ83ᶜ

### RÉCAPITULATION.

| ALLOCATIONS. | | HOMMES. | FEMMES. | ENFANTS. | MOTIFS POUR CHAQUE DEMANDE. | | |
|---|---|---|---|---|---|---|---|
| | | | | | Mariages, etc. | Libertés litigieuses. | Bons renseignements. |
| 1ʳᵉ page....... | 16,812ᶠ60ᶜ | 12 | 20 | 18 | 7 | 11 | 11 |
| 2ᵉ............ | 15,197 49 | 13 | 19 | 18 | 11 | 7 | 13 |
| 3ᵉ............ | 14,850 00 | 17 | 13 | 13 | 10 | " | 16 |
| 4ᵉ............ | 14,200 00 | 11 | 23 | 14 | " | 14 | 19 |
| 5ᵉ............ | 17,100 00 | 18 | 13 | 18 | 13 | 9 | 8 |
| 6ᵉ............ | 14,450 00 | 12 | 16 | 20 | 5 | 8 | 15 |
| 7ᵉ............ | 12,600 00 | 14 | 18 | 7 | 7 | 5 | 19 |
| 8ᵉ............ | 13,900 00 | 8 | 16 | 18 | 2 | 14 | 7 |
| 9ᵉ............ | 10,150 00 | 13 | 17 | 9 | 4 | " | 25 |
| 10ᵉ............ | 12,400 00 | 12 | 13 | 15 | 1 | 1 | 22 |
| 11ᵉ............ | 4,250 90 | 5 | 1 | 6 | " | 4 | 3 |
| | 145,910 09 | 135 | 169 | 156 | 60 (A) | 73 (B) | 158 |
| Secrétaire de la commission........ | 1,922 23 | | 460 | | | 291 demandes (c). | |
| Taxes à témoins, 2ᵉ et 3ᵉ trimestres.. | 340 62 | | | | | | |
| Fourniture de meubles pour le bureau de la commission. | 130 00 | | | | | | |
| Allocation à deux esclaves du domaine pour mariage.... | 200 00 | | | | | | |
| TOTAL des dépenses | 148,502 94 | | | | | | |
| Pour faire face aux taxes à témoins du 4ᵉ trimestre..... | 497 06 | | | | | | |
| TOTAL ÉGAL..... | 149,000 00 | | | | | | |

(A) Parmi les allocations motivées sur le mariage, les unes avaient pour but de faire consacrer par les liens civils des mariages déjà existants, soit entre deux esclaves, soit entre un esclave et une personne libre; les autres de faciliter le mariage d'un esclave ayant des relations avec une personne libre. Dans plusieurs cas ces mariages devaient avoir pour conséquence la légitimation d'un ou de plusieurs enfants.

(B) Les allocations basées sur l'article 47 ont été indépendantes du pécule de l'esclave. Mais presque toujours le propriétaire a abandonné, à titre de transaction, une partie de la valeur de l'esclave.

(c) Indépendamment des demandes qui figurent dans ce tableau, 102 demandes, comprenant 173 individus, ont été ajournées, soit parce que le pécule était trop minime, soit parce que les renseignements obtenus n'étaient pas favorables. 85 nouvelles demandes, comprenant 136 individus, ont été présentées depuis que les fonds votés pour l'exercice 1846 ont été épuisés. Plusieurs de ces demandes paraissent devoir être accueillies favorablement.

2° TABLEAU des professions des individus qui ont obtenu des allocations.

| PROFESSIONS. | HOMMES. | FEMMES. | TOTAL. |
|---|---|---|---|
| Domestiques.................................... | 24 | 81 | 105 |
| Cultivateurs..................................... | 58 | 71 | 129 |
| Maçons.......................................... | 8 | " | 8 |
| Charpentiers.................................... | 12 | " | 12 |
| Couturières..................................... | " | 6 | 6 |
| Blanchisseuses.................................. | " | 8 | 8 |
| Pêcheurs........................................ | 1 | " | 1 |
| Boulangers...................................... | 3 | " | 3 |
| Tonneliers...................................... | 2 | " | 2 |
| Ferblantiers.................................... | 2 | " | 2 |
| Journaliers..................................... | 3 | 1 | 4 |
| Colporteuses.................................... | " | 2 | 2 |
| Cordonniers..................................... | 1 | " | 1 |
| Marins.......................................... | 7 | " | 7 |
| Relieurs........................................ | 1 | " | 1 |
| Forgerons....................................... | 4 | " | 4 |
| TOTAUX......................... | 137 | 169 | 306 |
| Enfants des deux sexes............ | 156 | ......... | 156 |
|  |  |  | 462 |

3° TABLEAU des individus qui ont obtenu des allocations, et dont les rachats sont ou ne sont pas encore consommés.

| INDIVIDUS DONT LE RACHAT EST DÉJÀ CONSOMMÉ. | | | | | | INDIVIDUS dont LE RACHAT N'EST PAS ENCORE CONSOMMÉ. | | |
|---|---|---|---|---|---|---|---|---|
| Rachats forcés. | | | Rachats amiables. | | | Rachats forcés et rachats amiables. | | |
| Hommes. | Femmes. | Enfants. | Hommes. | Femmes. | Enfants. | Hommes. | Femmes. | Enfants. |
| 9 | 18 | 13 | 54 | 68 | 68 | 74 | 83 | 75 |
| 40 | | | 190 (A) | | | 232 | | |
| 462 | | | | | | | | |

(A) 21 individus, dont les rachats amiables ont déjà été consommés, obtiendront leur patente de liberté dans le mois de janvier courant. Un plus grand nombre sont en mesure de désintéresser complétement leurs maîtres, et n'attendent, pour le faire, que le cautionnement que doit fournir le maître.

4° Etat des individus qui ont été estimés par la commission.

| MOIS. | INDIVIDUS ESTIMÉS. | | | PRIX MOYEN des ESTIMATIONS. | OBSERVATIONS. |
|---|---|---|---|---|---|
| | HOMMES. | FEMMES. | ENFANTS. | | |
| Novembre 1845............ | 1 | » | » | 2,000 | 1° Plusieurs esclaves, après avoir été estimés par la commission, s'entendent avec leurs maîtres, qui leur accordent, soit une diminution de prix, soit des termes pour le payement. Les rachats forcés se convertissent ainsi en rachats amiables.<br><br>2° Dans la plupart des rachats qui ont été précédés d'une estimation de la commission, les maîtres avaient refusé de fixer un prix.<br><br>3° Alors même qu'il y a eu convention à l'amiable, si le prix fixé paraît trop élevé, le parquet saisit la commission. Cette mesure a été souvent prise à l'égard d'esclaves qui demandaient une allocation. |
| Décembre................. | 2 | » | » | 1,300 | |
| Janvier 1846.............. | 2 | » | » | 850 | |
| Février................... | » | 2 | » | 1,250 | |
| Mars..................... | 1 | » | » | 1,900 | |
| Avril..................... | 5 | 3 | 2 | 1,160 | |
| Mai...................... | 4 | 6 | 5 | 726 | |
| Juin..................... | 7 | 10 | 9 | 965 | |
| Juillet................... | 4 | 12 | 13 | 913 | |
| Août..................... | 15 | 10 | 16 | 1,100 | |
| Septembre................ | 5 | 8 | 9 | 945 | |
| Octobre.................. | 4 | 3 | 6 | 1,035 | |
| Novembre................ | 3 | 3 | 6 | 896 | |
| Décembre................ | 4 | 10 | 8 | 868 | |
| Totaux........ | 58 | 67 | 74 | Moyenne générale : 1,136 | |
| | | 199 | | | |

Basse-Terre, le 11 janvier 1847.

*Le Premier Substitut du Procureur général,*

L. MITTAINE.

## C. GUYANE FRANÇAISE.

*Tableau présentant l'emploi des fonds de rachat.*

| NUMÉROS D'ORDRE. | NOMS. | SEXE. | ÂGE. | PROFESSIONS des esclaves. | NOMS DES MAÎTRES. | MONTANT DES ALLOCATIONS qui leur ont été faites. | MOTIFS DES ALLOCATIONS. | SITUATION DU PÉCULE DES ESCLAVES. | OBSERVATIONS. |
|---|---|---|---|---|---|---|---|---|---|
| 1 | Justine............ | Fém. | 24 | Cultivatrice.. | V° Vernier........ | 3,600f | Blessures faites à Justine par son maître avec un fusil. Le maître a été acquitté par la cour d'assises. | Néant. | |
| 2 | Mathieu, fils de Justine. | Masc. | 9 | Cultivateur.. | Idem............ | | ............ | Id. | |
| 3 | Virgile, idem..... | Id. | 4 | Idem........ | Idem............ | | ............ | Id. | |
| 4 | Magdelaine, fille id. | Fém. | 1 | Cultivatrice.. | Idem............ | | ............ | Id. | |
| 5 | Michaud.......... | Masc. | 45 | Cultivateur.. | Félicité dite Tournachon. | 1,400 | Il avait payé à son maître une certaine somme pour son rachat, somme perdue par la déconfiture de son maître; bons services; industrie. | Id. | |
| 6 | Amélie........... | Fém. | » | Cultivatrice.. | Martin (César).... | 600 | Bons services; industrie.... | 800f | |
| 7 | Félicité.......... | Id. | 50 | Idem....... | Dételle frères..... | 400 | Bons services; rachat par sa fille. | 600 | |
| 8 | Paul............. | Masc. | 6 | Cultivateur.. | Mme ve Vidal de Lingendes et M. Bidon. | 200 | Rachat par son père; très-bonne famille légitime. | 400 | |
| 9 | Hélène........... | Fém. | 25 | Domestique.. | Burel............ | 1,500 | Mariage avec un Yoloff qui restera à Cayenne après son congé; industrie. | 500 | |
| 10 | Étienne, époux d'Antoinette. | Masc. | 41 | Cultivateur.. | Larivot.......... | 3,200 | Dévouement pour sauver des naufragés; bonne conduite. | 1,000 | |
| 11 | Antoinette, épouse d'Étienne....... | Fém. | 40 | Cultivatrice.. | Idem............ | | Bonne conduite........ | | |
| 12 | John............. | Masc. | 50 | Chef de chantier et charpentier. | Mme ve Vidal de Lingendes et M. Bidon. | 1,000 | Industrie, capacité comme chef de chantier. | 2,000 | |
| 13 | Charles, époux de Pauline. | Id. | 73 | Cultivateur.. | Lesage........... | 2,100 | Ancien commandeur; bons services. | 1,600 | Charles est porté comme ayant 73 ans, mais il ne paraît pas avoir cet âge, et il y a eu probablement erreur dans les anciens recensements. |
| 14 | Pauline, épouse de Charles. | Fém. | 58 | Cultivatrice.. | Idem............ | | Bons services......... | | |
| 15 | Stanis........... | Masc. | 46 | Cultivateur.. | Habitation Sablance (Lalanne). | 1,100 | Idem................ | 300 | |
| 16 | Nina............. | Fém. | 48 | Cultivatrice.. | Idem............ | 900 | Idem................ | | |
| 17 | Marie-Claire...... | Id. | 23 | Idem....... | V° Richard....... | 1,900 | Mariage avec un libre; industrie. | Néant. | |
| 18 | Castor........... | Masc. | 58 | Cultivateur.. | Habitation le Collége | 400 | Anciens droits à la liberté.... | Id. | |
| 19 | Figaro........... | Id. | 35 | Infirmier.... | Berthier......... | 2,000 | Mariage avec une femme libre; industrie. | Id. | |
| 20 | Joseph........... | Id. | 43 | Charpentier.. | Dominique Pain... | 1,000 | Rachat par les économies de sa mère; bon travailleur. | 800 | |
| | | | | | Totaux...... | 21,300 | ................ | 8,000 | |

Certifié :
Cayenne, le 16 décembre 1846.
*Le Procureur général,*
**VIDAL DE LINGENDES.**

# ANNEXES.

## 12ᵉ SÉRIE.

### RÉPRESSION DES SÉVICES.

APPLICATION DES PÉNALITÉS PRÉVUES PAR LA LOI DU 18 JUILLET 1845.

## RÉPRESSION DES SÉVICES. — APPLICATION DES PÉNALITÉS PRÉVUES PAR LA LOI DU 18 JUILLET 1845.

Depuis la publication de la loi du 18 juillet 1845, MM. les gouverneurs des colonies ont été invités, d'une manière expresse, à rendre compte au département de la marine des résultats de toutes les plaintes qui viendraient à se produire de la part des esclaves envers les propriétaires ou gérants, à raison de sévices, châtiments illégaux ou autres infractions aux nouvelles ordonnances concernant soit le régime disciplinaire, soit la nourriture et l'entretien des personnes non libres.

Ce travail est parvenu de chaque colonie. En voici le résumé :

### 1° MARTINIQUE.

Le nombre des plaintes en sévices, etc., dont le ministère public a eu à s'occuper, à partir de l'époque où la loi et les ordonnances précitées ont été promulguées à la Martinique, s'est élevé à 72.

De ces 72 plaintes, 40 ont été classées au parquet, après une enquête préliminaire, comme n'étant susceptibles d'aucune suite, soit parce qu'elles n'étaient pas fondées, soit parce qu'elles ne constituaient, en l'état, ni crime, ni délit, soit enfin parce qu'elles étaient dénuées de toute gravité. Les 32 autres ont été communiquées au juge d'instruction pour être l'objet d'une information préalable. Sur ce nombre, 26 ont motivé le renvoi des prévenus devant la chambre d'accusation. Cette chambre a rendu 2 arrêts de non-lieu à suivre, et a renvoyé 3 affaires aux assises de l'arrondissement de Saint-Pierre, 16 à la juridiction correctionnelle de la cour royale, et 5 devant les tribunaux de simple police. Le résultat de l'information des 6 autres plaintes n'est point encore connu.

Dans les 32 affaires qui ont donné lieu à des poursuites figuraient 40 prévenus, et 28 seulement en défalquant ceux que comprennent les 6 procédures sur le résulat desquelles des renseignements n'ont point encore été fournis par l'administration de la Martinique. Sur les 28 prévenus jugés, 2 ont été relaxés des poursuites par la chambre d'accusation; 8 ont été acquittés, dont 4 par la cour d'assises de Saint-Pierre, devant laquelle ils avaient été renvoyés, et 4 par la chambre correctionnelle de la cour royale. Les 18 autres ont été condamnés, tant par cette dernière chambre que par les tribunaux de police, savoir :

    1 à 1 mois de prison et 50 francs d'amende.
    1 à 16 jours de prison et 200 francs d'amende.

A REPORTER.. ... 3

REPORT......... 3
             1 à 16 jours de prison et 170 francs d'amende.
             1 à 15 jours de prison et 100 francs d'amende.
             1 à 200 francs d'amende.
             1 à 150 francs d'amende.
             4 à 101 francs d'amende.
             1 à 40 francs d'amende.
             1 à 25 francs d'amende.
      Et  6 de 5 à 15 francs d'amende.

Total égal..... 18

Sur les 32 accusations jugées, 4 étaient basées sur des faits antérieurs à la promulgation de la loi du 18 juillet 1845; ce sont les 3 qui ont été renvoyées aux assises de Saint-Pierre et une parmi celles qui ont été portées devant la cour royale (chambre correctionnelle).

## 2° GUADELOUPE.

Les états parvenus de cette colonie sur les affaires de sévices ne contiennent aucune mention sur le nombre des plaintes que le parquet a reçues directement de la part des esclaves, et qu'il a cru devoir laisser sans poursuites; ils se bornent seulement à celles qui ont donné lieu à des procédures. Le nombre de ces dernières affaires s'est élevé, depuis la promulgation de la loi de juillet, à 29. Elles comprenaient 35 prévenus; 7 de ces poursuites, dans lesquelles figuraient 10 prévenus, ont été suivies d'arrêts de non-lieu : 14 affaires ont été renvoyées en police correctionnelle; 10 étaient déjà jugées à la date du 11 janvier 1847.

La cour royale a acquitté dans 3 affaires, et elle a prononcé des condamnations dans les 7 autres. Voici la nature de ces condamnations, qui ont frappé 8 prévenus :

| Emprisonnement et amende. | | Amende. |
|---|---|---|
| 1 — 4 mois................ 150$^f$ | 1............................ 200$^f$ |
| 1 — 3 mois................ 150 | 1............................ 500 |
| 2 — 8 jours................ 150 | 1............................ 50 |
| | 1............................ 25 |

Les 4 autres affaires ont dû être portées à la session du mois de janvier 1847, et le résultat n'en est point encore connu.

2 affaires ont été renvoyées aux assises de la Pointe-à-Pître; l'une a été jugée le 20 octobre 1845, et a donné lieu à un acquittement. La seconde a dû être présentée à la session des assises du premier trimestre de 1847.

Enfin 4 procédures étaient en voie d'instruction au commencement du mois de janvier dernier.

A ces poursuites, il faut ajouter celles qui, sans instruction préalable, ont été portées devant les tribunaux de simple police. Elles sont au nombre de 6 ; chacune d'elles comprenait plusieurs contraventions, et chacune de ces contraventions a motivé des condamnations à des amendes plus ou moins considérables.

Indépendamment des deux accusations renvoyées aux assises de la Pointe-à-Pitre par suite de crimes de sévices commis depuis la loi du 18 juillet, 2 autres accusations, basées sur des faits analogues remontant à une époque antérieure, ont été jugées par cette cour, composée conformément à l'article 14 de la loi précitée, c'est-à-dire de 4 conseillers et de 3 assesseurs. L'un des accusés a été acquitté, l'autre a été condamné à cinq années de reclusion : de plus, il lui a été interdit de posséder, à l'avenir, des esclaves.

### 3° GUYANE FRANÇAISE.

4 affaires de sévices ont été jugées, dans cette colonie, depuis la loi du 18 juillet. Elles comprenaient 5 prévenus : 2 de ces affaires ont été terminées par des arrêts de non-lieu, et 2 par des arrêts d'acquittement de la cour d'assises. A la suite de ce verdict, l'administration de Cayenne a cru devoir, à raison des faits qu'avaient révélés les débats, affranchir 4 esclaves par voie de rachat, au moyen des crédits ouverts par la loi du 19 juillet 1845.

### 4° BOURBON.

Le nombre d'accusations de sévices contre les esclaves a été de 3 depuis la mise en vigueur à Bourbon de la loi du 18 juillet. Toutes trois ont motivé le renvoi des accusés devant la cour d'assises de Saint-Denis. Les accusés étaient au nombre de 5 ; 2 d'entre eux ont été condamnés, savoir : l'un à un an et un jour de prison, et l'autre à un mois de la même peine ; les 3 derniers ont été acquittés.

### 5° RÉCAPITULATION POUR LES QUATRE COLONIES.

74 affaires de sévices ont donné lieu à des procédures. Sur ce nombre, 15 n'avaient pas encore été jugées au mois de janvier 1847, et le résultat n'en est point encore connu. Sur les 59 autres, 11 ont été terminées par des arrêts de non-lieu, 34 par des arrêts ou jugements de condamnation, dont 1 à une peine afflictive et infamante, avec interdiction de posséder des esclaves, et 14 par l'acquittement des prévenus. L'ensemble des 74 affaires dont il s'agit comprenait 91 prévenus ou accusés ; 15 ont été relaxés des poursuites, 35 ont été condamnés, savoir : 3 par la cour d'assises, 32 par la juridiction correctionnelle et par les tribunaux de simple police ; et 18 ont été acquittés, dont 11 en cour d'assises et 7 en police correctionnelle : 23 prévenus n'avaient point encore été jugés à l'époque où s'arrêtent les renseignements parvenus des quatre colonies.

6° *Relevé des suicides d'esclaves qui ont eu lieu dans les quatre colonies, depuis la promulgation de la loi du 18 juillet 1845.*

     Martinique............ 5
     Guadeloupe........... 8
     Bourbon.............. 5
     Guyane .............. 1
        Total....... 19 suicides,

dont 10 ont eu lieu par strangulation ou suspension, 6 par submersion, 2 par chute volontaire, et 1 par le poison.

D'après les indications fournies par les parquets des quatre colonies sur les motifs présumés de ces divers suicides, 9 doivent être attribués à l'ivresse ou à l'aliénation mentale, 7 au désespoir causé par des souffrances physiques, 2 à la crainte de châtiments mérités par suite de vols commis à l'égard des maîtres, et 1 au chagrin d'avoir échoué dans un projet d'évasion.

# ANNEXES.

## 13ᵉ SÉRIE.

### NOUVELLES INSTRUCTIONS
#### POUR LES TOURNÉES DE PATRONAGE
##### ET FORMULES POUR LES RAPPORTS.

CRÉATION DE NOUVELLES JUSTICES DE PAIX.

# NOUVELLES INSTRUCTIONS

POUR LES TOURNÉES DE PATRONAGE ET FORMULES POUR LES RAPPORTS.
CRÉATION DE NOUVELLES JUSTICES DE PAIX.

A. Nouvelles instructions pour les tournées de patronage et formules pour les rapports.

1° *Circulaire ministérielle du 30 octobre 1846 adressée aux gouverneurs de la Martinique, de la Guadeloupe, de la Guyane française et de Bourbon, et portant envoi d'un nouveau cadre pour les tableaux d'inspection des habitations coloniales.*

Monsieur le Gouverneur, les dispositions de la loi du 18 juillet 1845 sur le régime des esclaves, et les ordonnances royales rendues pour son exécution, en imposant aux maîtres et aux administrations coloniales des obligations nouvelles ou plus précises que par le passé, ont élargi le cercle des investigations des magistrats chargés de l'exercice du patronage, et rendu désormais insuffisantes les indications que la circulaire ministérielle du 4 décembre 1840 avait prescrit de consigner dans les tableaux à joindre au compte rendu de chaque tournée d'inspection. J'ai fait, en conséquence, établir et imprimer, pour remplacer ces tableaux, un nouveau cadre dans lequel pourront être comprises toutes les données sommaires qu'il est nécessaire d'y faire figurer, au moins pour les premiers temps qui suivront la mise à exécution de la loi de 1845 et des actes qui en forment le développement.

Ce nouveau modèle, dont je vous envoie...exemplaires, se compose de six tableaux distincts, réunis en un seul cahier, et correspondant aux divisions suivantes, savoir :

1° Nourriture et vêtements ;
2° Soins en santé et en maladie, hôpitaux ;
3° Cases et jardins ;
4° Travail ;
5° Régime disciplinaire ;
6° Instruction religieuse et élémentaire.

Le cahier est terminé par un résumé récapitulatif.

Chacun des six tableaux se subdivise, suivant l'exigence de la matière, en un plus ou moins grand nombre de colonnes; mais, malgré leur multiplicité, ces colonnes exigeront peu de travail pour être remplies, attendu le soin que l'on a pris de rédiger la demande du renseignement à consigner dans chacune d'elles, de telle façon qu'il puisse toujours y être répondu soit par un chiffre, soit par un mot; quant au *résumé récapitulatif*, il n'est autre chose que le report, dans une sorte de relevé synoptique placé à la fin du cahier, des totaux des différents chiffres inscrits dans les colonnes susceptibles de recevoir des indications numériques, chiffres dont l'addition est, d'ailleurs, rendue facile par la disposition typographique des tableaux eux-mêmes.

Le sixième et dernier tableau est consacré à l'instruction religieuse et élémentaire des esclaves; il présentera le relevé sommaire des informations que l'article 6 de l'ordonnance du 5 janvier 1840 prescrit de consigner dans les rapports de tournées, en ce qui regarde l'*instruction religieuse* et le mariage des esclaves, ainsi que les informations complémentaires exigées par les prescriptions de l'ordonnance du 18 mai 1846 concernant le même objet. Mais il est bien entendu qu'en se procurant sous ce rapport, soit sur les habitations, soit officieusement, au besoin, auprès de MM. les curés ou desservants des paroisses, les renseignements qui leur seront nécessaires, MM. les magistrats chargés du patronage des esclaves, quels que soient les résultats constatés par eux, devront s'abstenir soigneusement, dans leurs tournées, de tout acte et de toute parole ayant trait à la manière dont le clergé remplit son ministère, et qu'ils éviteront scrupuleusement de s'immiscer en quoi que ce soit dans la mission spirituelle des prêtres de la colonie.

Je vous prie de vouloir bien inviter M. le procureur général de...... à transmettre à chacun de MM. les magistrats chargés du patronage des esclaves les instructions qui lui paraîtront nécessaires pour l'exécution des dispositions qui précèdent.

Je ne me suis pas dissimulé que la production périodique d'un travail aussi étendu devait imposer à MM. les membres des parquets un surcroît d'occupations, lorsque déjà leur service m'est signalé de toutes parts comme étant devenu très-actif et très-pénible depuis la mise à exécution de la loi du 18 juillet 1845. Mais, indépendamment de la haute nécessité qui commande la rédaction de leurs rapports en cette forme, il faut considérer aussi

Que, par sa forme beaucoup plus méthodique, le cadre nouveau facilitera plus qu'il ne compliquera le travail, en sorte que le surcroît des écritures sera plus sensible que celui de la rédaction;

Que le concours des juges de paix dans les tournées sera un grand allégement pour les procureurs du Roi et les substituts.

Et qu'enfin le Gouvernement examine en ce moment, avec le désir de les accueillir favorablement, les propositions parvenues des diverses colonies pour l'accroissement du personnel des parquets.

Je crois donc pouvoir compter sur une exactitude générale et constante dans la préparation et la transmission des documents dont je vous envoie le modèle, et je recommande ce soin à toute votre sollicitude.

Recevez, etc.

*Le Vice-Amiral, Pair de France,*
*Ministre Secrétaire d'État de la marine et des colonies,*
B<sup>on</sup> DE MACKAU.

2° *Cadre imprimé des six tableaux destinés à constater les résultats sommaires des tournées périodiques d'inspection faites sur les habitations coloniales, en exécution de l'ordonnance royale du 5 janvier 1840, par les magistrats chargés du patronage des esclaves.*

### INDICATIONS COMMUNES AUX SIX TABLEAUX.

1° Numéro d'ordre des habitations visitées.

2° Date de l'inspection.

3° Nom de la commune où sont situées les habitations.

4° Noms des propriétaires et des géreurs.

5° Nature de la culture.

6° Nombre d'esclaves recensés . . . . . { Enfants . . . . . . . . . . . / Adultes . . . . . . . . . . . / Vieillards et infirmes . . }  . . . . . . . . . . . . . . .

### 1ᵉʳ TABLEAU. — NOURRITURE ET VÊTEMENTS.

1° Nombre d'esclaves recevant en nature la ration réglementaire.

2° Les distributions de vivres ont-elles lieu conformément aux ordonnances et règlements?

3° Y a-t-il réclamations sur la quantité des vivres?

4° Nombre d'esclaves qui reçoivent la ration par jour.

5° Concession d'un jour par semaine en remplacement de la nourriture . . . . . . . . {
  Nombre d'esclaves disposant d'un jour par semaine.
  Nombre d'esclaves ayant obtenu une extension du temps à eux réservé en compensation de la nourriture de leurs enfants.
  Nombre d'esclaves disposant d'un jour par semaine, et qui louent leur travail . . . . { à leurs maîtres. / à d'autres propriétaires.
  Nombre d'esclaves auxquels la disposition d'un jour par semaine a été refusée ou retirée . . . . . . . . . . . . . . . { par décision du juge de paix. / sur la demande de leurs maîtres.
}

6° Vêtements . . . . { Les vêtements dûs aux esclaves sont-ils exactement distribués? / L'obligation de tenir les esclaves vêtus est-elle exécutée?

7° Observations.

### 2ᵉ TABLEAU. — SOINS EN SANTÉ ET EN MALADIE. — HÔPITAUX.

1° Nombre d'esclaves traités comme malades depuis la dernière tournée d'inspection.

2° Nombre d'esclaves soignés........ { dans l'intérieur de la maison du maître.
dans leurs cases.
à l'hôpital de l'habitation.

3° Les dimensions, le mobilier et l'installation des salles d'hôpitaux sont-ils conformes aux ordonnances et règlements?

4° Nombre de visites du médecin depuis la dernière tournée d'inspection.

5° Le registre des visites médicales est-il bien et régulièrement tenu?

6° La caisse des médicaments est-elle bien entretenue?

7° Nombre des esclaves infirmes ou trop âgés que l'administration aurait à recueillir par suite de l'abandon de leurs maîtres.

8° Observations.

### 3ᵉ TABLEAU. — CASES ET JARDINS.

1° Le logement et le mobilier sont-ils exactement fournis à tous les esclaves et ainsi qu'il est prescrit par les ordonnances et les règlements?

2° Cases........ { Nombre de cases en bois.
Nombre de cases en maçonnerie.
Nombre de cases en bon état.
Nombre de cases en mauvais état.
Quelle est la situation des cases?

3° Jardins....... { Les jardins sont-ils bien entretenus?
Nature des cultures.
Espèce et quantité d'animaux domestiques élevés par les esclaves.
Quelle est la surface cultivable des jardins livrés aux esclaves?
Combien de jardins cultivés { individuellement?
par les esclaves......... { en commun?

4° Observations.

### 4ᵉ TABLEAU. — TRAVAIL.

1° Le travail a-t-il lieu entre le lever et le coucher du soleil, ou de six heures du matin à six heures du soir?

2° Quelle est la durée totale................ { du travail ordinaire?
du travail extraordinaire?

3° Combien y a-t-il sur l'habitation de travailleurs employés à la tâche?

4° Travail salarié { Nombre d'esclaves loués au dehors de l'habitation.
Nombre de créoles libres loués pour les travaux de l'habitation.
Nombre d'immigrants employés sur l'habitation.
Combien de noirs de l'habitation louent leur travail aux heures disponibles?
Total.
Quel est le taux des salaires?

5° Nombre d'escla- { Enfants.
ves exempts de travail { Vieillards.
pour cause d'âge, d'in- { Malades, infirmes et invalides.
mités, de grossesse, { Femmes enceintes ou nourrices.
etc............ { Total.

6° Combien d'esclaves sont attachés au petit atelier ?

7° Travail du di- } Combien de fois a-t-il eu lieu depuis la dernière inspection ?
manche autorisé par } Sur quels motifs ?
les maires ....... }

8° Observations.

### 5° TABLEAU. — RÉGIME DISCIPLINAIRE.

1° Nombre d'escla- { refus ou absence de travail.
ves punis par le maî- { désobéissance.
tre, depuis la dernière { injures envers son maître ou la famille de son maître.
tournée d'inspection, { rixes et voies de fait entre esclaves.
pour............ { ivresse.
{ faits contraires aux mœurs.
{ dégâts et larcins.
{ marronnages de 8 jours et au-dessous déclarés par le maître.
{ Total.

2° Nombre d'escla- { de la peine de la prison.... { Hommes.
ves que le maître a { { Femmes.
punis........... { de la peine du fouet....... { Nombre d'esclaves.
{ { Nombre de coups de fouet.
{ de la peine des entraves.... { Hommes.
{ { Femmes.

3° Nombre d'esclaves présents à l'atelier de discipline du canton.

4° Nombre d'esclaves déférés aux tribunaux.

5° La salle de police de l'habitation est-elle en bon état et comme le prescrivent les réglements ?

6° L'emploi des fers, chaînes et liens est-il complétement aboli ?

7° Le registre des punitions est-il tenu régulièrement ?

8° Nombre de { admises.
plaintes portées par { repoussées et ayant entraîné le châtiment de l'esclave.
les esclaves contre { repoussées sans avoir entraîné le châtiment de l'esclave.
leurs maîtres et les
géreurs..........

9° Nombre { 1° En état de marronnage;
d'esclaves. { 2° Évadés à l'étranger.
10. Observations.

6ᵉ TABLEAU. — INSTRUCTION RELIGIEUSE ET ÉLÉMENTAIRE.

1° Instruction religieuse.
{
La prière se fait-elle exactement matin et soir?
Quel est le nombre des esclaves qui assistent les dimanches et fêtes aux offices et aux instructions religieuses qui les suivent?
L'instruction religieuse dans la semaine se fait-elle exactement sur chaque habitation?
Quel est l'état de l'instruction parmi les esclaves?
Combien y a-t-il de femmes et de filles qui assistent au catéchisme fait par les sœurs?
}

2° Instruction élémentaire. { Combien d'esclaves reçoivent l'instruction élémentaire, {
dans les écoles tenues par les frères?
dans les écoles tenues par les sœurs?
dans les écoles tenues par des laïques?
sur l'habitation même?
TOTAL.
}

3° Combien d'enfants sont envoyés dans les salles d'asile?
4° Observations.

## RÉSUMÉ RÉCAPITULATIF.

NOMBRE D'HABITATIONS VISITÉES..........................
NOMBRE D'ESCLAVES..........................

### 1° NOURRITURE ET VÊTEMENTS.

Nombre d'esclaves................ { recevant la ration en nature....
disposant d'un jour par semaine pour leur nourriture....... }

### 2° SOINS EN SANTÉ ET EN MALADIE.

Nombre d'esclaves malades..........................
Nombre d'habitations sur lesquelles l'hô- { est bien tenu...............
pital........................ { est mal tenu............... }

### 3° CASES ET JARDINS.

Nombre de cases................ { en bon état...............
en mauvais état........... }

Etendue totale des jardins cultivés par les esclaves ....................

Nombre d'animaux domestiques élevés par les esclaves ................. 
- Taureaux, bœufs et vaches ...
- Chevaux ................
- Anes ...................
- Moutons et cabris .........
- Cochons .................

### 4° TRAVAIL.

Moyenne de la durée du travail .......
- ordinaire .................
- extraordinaire .............

Nombre de travailleurs employés à la tâche .........................

Nombre de travailleurs loués .........
- Esclaves ..................
- Libres, créoles ............
- Immigrants ...............

Taux moyen des salaires ..........................................

Nombre d'esclaves exemptés du travail.
- Sexe masculin ............
- Sexe féminin .............

### 5° RÉGIME DISCIPLINAIRE.

Nombre d'esclaves punis par leurs maîtres ........................
- de la prison ...............
- du fouet .................
- des entraves ..............

Nombre de coups de fouets infligés .................................

Nombre d'esclaves présents à l'atelier de discipline du canton ..........

Nombre d'esclaves déférés aux tribunaux .............................

Nombre de plaintes judiciaires portées par les esclaves ..............
- admises ..................
- repoussées ...............

Nombre d'esclaves ................
- marrons ..................
- fugitifs hors de la colonie .....

### 6° INSTRUCTION RELIGIEUSE ET ÉLÉMENTAIRE.

Nombre d'habitations où la prière se fait.
- régulièrement ............
- irrégulièrement ...........

Nombre d'esclaves qui assistent aux offices du dimanche ................

Nombre de femmes et de filles assistant au catéchisme des sœurs ..........

Nombre d'esclaves recevant l'instruction élémentaire ....................

Nombre d'enfants esclaves envoyés dans les salles d'asile ................

## B. CRÉATION DE NOUVELLES JUSTICES DE PAIX.

### 1° MARTINIQUE.

*Ordonnance du Roi du 18 octobre 1846.*

LOUIS-PHILIPPE, Roi des Français :

Vu l'article 15 de la loi du 18 juillet 1845 sur le régime des esclaves ;

Vu l'ordonnance organique du 24 septembre 1828, en ce qui concerne la constitution et la répartition des tribunaux de paix à la Martinique ;

Vu notre ordonnance du 5 janvier 1840, concernant le patronage des esclaves ;

Les délégués de la colonie consultés, conformément à l'article 17 de la loi ci-dessus visée ;

Sur le rapport de notre ministre secrétaire d'État de la marine et des colonies,

Nous avons ordonné et ordonnons ce qui suit :

#### ARTICLE PREMIER.

Le nombre des justices de paix de la colonie de la Martinique est porté de *quatre* à *huit*.

Ces justices de paix auront les circonscriptions indiquées par le tableau annexé à la présente ordonnance.

#### ART. 2.

Les juges de paix seront appelés à concourir aux tournées et aux inspections prescrites pour le patronage des esclaves par notre ordonnance du 5 janvier 1840 ; ils participeront à ce service en exécution et dans la limite des délégations spéciales qui leur seront respectivement données par le procureur général, ou, en son nom, par les procureurs du Roi.

#### ART. 3.

Notre ministre secrétaire d'État de la marine et des colonies est chargé de l'exécution de la présente ordonnance, qui sera insérée au Bulletin des lois.

Donné à Saint-Cloud, le 18 octobre 1846.

LOUIS-PHILIPPE.

Par le Roi :

*Le Vice-Amiral, Pair de France,*
*Ministre Secrétaire d'État de la marine et des colonies,*

Bᵒⁿ DE MACKAU.

TABLEAU indiquant le nombre, le chef-lieu et la circonscription des cantons de justice de paix, à la Martinique.

| ARRONDISSEMENTS DE PREMIÈRE INSTANCE. | COMMUNES CHEFS-LIEUX DE CANTONS. | AUTRES COMMUNES COMPRISES DANS CHAQUE RESSORT. |
|---|---|---|
| SAINT-PIERRE. | Saint-Pierre (Fort) | Banlieue du Fort. Prêcheur. Morne-Rouge. |
| | Saint-Pierre (Mouillage) | Banlieue du Mouillage. Carbet. Case-Pilote. |
| | Grand'Anse | Macouba. Basse-Pointe. Marigot. |
| | Trinité | Sainte-Marie. Robert. Gros-Morne. |
| FORT-ROYAL. | Fort-Royal | Banlieue de Fort-Royal. Lamentin. |
| | Saint-Esprit | Trou-au-Chat. François. Rivière Salée (grand et petit Bourg). |
| | Anses-d'Arlet | Trois-Ilets. Diamant. Sainte-Luce. |
| | Marin | Vauclin. Sainte-Anne. Rivière-Pilote. |

Approuvé pour demeurer annexé à notre ordonnance, en date de ce jour 18 octobre 1846.

LOUIS-PHILIPPE.

Par le Roi :

*Le Vice-Amiral, Pair de France,
Ministre Secrétaire d'État de la marine et des colonies,*

B<sup>on</sup> DE MACKAU.

## 2° GUADELOUPE.

*Ordonnance du Roi du 26 septembre 1846.*

LOUIS-PHILIPPE, Roi des Français :

Vu l'article 15 de la loi du 18 juillet 1845, sur le régime des esclaves ;

Vu l'ordonnance organique du 24 septembre 1828, en ce qui concerne la constitution et la répartition des tribunaux de paix à la Guadeloupe ;

Vu notre ordonnance du 5 janvier 1840 concernant le patronage des esclaves ;

Les délégués de la colonie entendus, conformément à l'article 17 de la loi précitée ;

Sur le rapport de notre ministre secrétaire d'État de la marine et des colonies,

Avons ordonné et ordonnons ce qui suit :

#### ARTICLE PREMIER.

Le nombre des justices de paix de la colonie de la Guadeloupe et dépendances est porté de 6 à 10.

Ces justices de paix auront les circonscriptions indiquées dans le tableau annexé à la présente ordonnance.

#### ART. 2.

Les juges de paix seront appelés à concourir aux tournées et aux inspections prescrites pour le patronage des esclaves par notre ordonnance du 5 janvier 1840 ; ils participeront à ce service en exécution et dans la limite des délégations spéciales qui leur seront respectivement données par le procureur général, ou, en son nom, par les procureurs du Roi.

#### ART. 3.

Notre ministre secrétaire d'État de la marine et des colonies est chargé de l'exécution de la présente ordonnance, qui sera insérée au Bulletin des Lois.

Donné à Saint-Cloud, le 26 septembre 1846.

LOUIS-PHILIPPE.

Par le Roi :

*Le Vice-Amiral, Pair de France,*
*Ministre Secrétaire d'État de la marine et des colonies,*

B<sup>on</sup> DE MACKAU.

TABLEAU indiquant le nombre, le chef-lieu et la circonscription des cantons de justice de paix, à la Guadeloupe et dépendances.

| ARRONDISSEMENTS DE PREMIÈRE INSTANCE. | COMMUNES CHEFS-LIEUX DE CANTONS. | AUTRES COMMUNES COMPRISES DANS CHAQUE RESSORT. |
|---|---|---|
| BASSE-TERRE | Basse-Terre | Banlieue de la Basse Terre. Basse-Terre (extrà muros). Gourbeyre. Vieux-Fort. Les Saintes. Le Baillif. |
| | Capesterre | Goyave. Trois-Rivières. |
| | Pointe-Noire | Deshaies. Bouillante. Vieux-Habitants. |
| | Marigot (Ile Saint-Martin) | Toute la partie française de l'île. |
| POINTE-À-PITRE | Pointe-à-Pitre | Les Abîmes. Le Gozier. Le Morne-à-l'Eau. |
| | Lamentin | Baie-Mahaut. Petit-Bourg. Sainte-Rose. |
| | Port-Louis | Petit-Canal. Anse-Bertrand. |
| | Le Moule | Saint-François. Saint-Anne. La désirade. |
| MARIE-GALANTE | Joinville | Joinville (extrà muros). |
| | Capesterre | Vieux-Fort-Saint-Louis. |

APPROUVÉ pour demeurer annexé à notre ordonnance, en date de ce jour 26 septembre 1846.

LOUIS-PHILIPPE.

Par le Roi :

*Le Vice-Amiral, Pair de France, Ministre Secrétaire d'État de la marine et des colonies,*

B<sup>on</sup> DE MACKAU.

## 3° GUYANE FRANÇAISE.

*Ordonnance du Roi du 2 décembre 1846.*

LOUIS-PHILIPPE, Roi des Français,

Vu l'article 15 de la loi du 18 juillet 1845 sur le régime des esclaves;

Vu le titre II, chapitre 1er, de l'ordonnance royale du 21 décembre 1828, concernant l'organisation de l'ordre judiciaire à la Guyane française,

Vu nos ordonnances spéciales des 31 octobre 1832 et 19 mai 1842, portant institution de tribunaux de paix à Sinnamary et à Approuague,

Vu notre ordonnance du 5 janvier 1840 sur le patronage des esclaves;

Le conseil des délégués des colonies entendu, conformément à l'article 17 de la loi du 18 juillet ci-dessus visée;

Sur le rapport de notre ministre de la marine et des colonies,

Avons ordonné et ordonnons ce qui suit:

### ARTICLE PREMIER.

Le nombre des tribunaux de paix de la Guyane française est porté de trois à six.

### ART. 2.

Indépendamment de leurs attributions civiles et de police, telles qu'elles sont déterminées par les ordonnances du 21 décembre 1828, 31 octobre 1832 et 19 mai 1842, les juges de paix de la Guyane sont appelés à concourir aux tournées et aux inspections prescrites pour le patronage des esclaves par notre ordonnance du 5 janvier 1840.

Ils participeront à ce service en exécution et dans la limite des délégations spéciale qui leur seront respectivement données par le procureur général ou, au nom de celui-ci, par le procureur du Roi.

### ART. 3.

Les juges de paix de la Guyane exerceront leurs attributions dans des limites distinctes, suivant qu'il s'agira de matières ordinaires ou de la discipline et du patronage des esclaves.

Leur juridiction respective, sous l'un et l'autre rapport, est déterminée par le tableau annexé à la présente ordonnance.

Néanmoins et eu égard à la difficulté des communications, les habitants des quartiers de l'île de Cayenne, du Tour-de-l'Ile, de Tonnégrande, de Macouria et de Mont-Sinery, bien que placés dans les ressorts de Roura et de Kourou, quant aux faits intéressant la discipline et le patronage des esclaves, conserveront la faculté de saisir de ces faits la justice de paix de Cayenne.

ART. 4.

Notre ministre secrétaire d'État de la marine et des colonies est chargé de l'exécution de la présente ordonnance, qui sera insérée au Bulletin des lois.

Donné à Saint-Cloud, le 2 décembre 1846.

LOUIS-PHILIPPE.

Par le Roi :
Le Vice-Amiral, Pair de France,
Ministre Secrétaire d'État de la marine et des colonies.
B<sup>on</sup> DE MACKAU.

*Tableau indiquant le nombre, le chef-lieu et la circonscription des cantons de justice de paix, à la Guyane française.*

| ARRONDISSEMENT de PREMIÈRE INSTANCE. | COMMUNES OU QUARTIERS, chefs-lieux de canton. | JURIDICTION DE CHAQUE RESSORT ||
| --- | --- | --- | --- |
| | | EN MATIÈRE CIVILE et de police. | en MATIÈRE DISCIPLINAIRE et de patronage d'esclaves |
| CAYENNE | Ville de Cayenne | Ville de Cayenne. Ile de Cayenne. Tour de l'Ile. Tonnégrande. Mont-Sinéry. Macouria. | Ville de Cayenne. |
| | Roura | Roura | Roura. Tonnégrande. Tour de l'Ile. Ile de Cayenne. |
| | Kourou | Kourou | Kourou. Macouria. Mont-Sinéry. |
| | Sinnamary | Sinnamary. Iracoubo. Mana. | Sinnamary. Iracoubo. Mana. |
| | Approuague | Approuague. Kaw. | Approuague. Kaw. |
| | Oyapock | Oyapock | Oyapock. |

Approuvé pour demeurer annexé à notre ordonnance en date de ce jour, 2 décembre 1846.

LOUIS-PHILIPPE.

Par le Roi :
Le Vice-Amiral, Pair de France,
Ministre Secrétaire d'État de la marine et des colonies,
B<sup>on</sup> DE MACKAU.

## 4° BOURBON.

*Ordonnance du Roi du 23 août 1846.*

LOUIS-PHILIPPE, Roi des Français :

Vu l'article 15 de la loi du 18 juillet 1845 sur le régime des esclaves;

Vu l'article 9 de l'ordonnance royale du 30 septembre 1827 concernant l'organisation judiciaire de la colonie de Bourbon;

Vu notre ordonnance du 5 janvier 1840 sur le patronage des noirs;

Les délégués de Bourbon entendus, conformément à l'article 17 de la loi du 18 juillet ci-dessus visée;

Sur le rapport de notre ministre de la marine et des colonies,

Nous avons ordonné et ordonnons ce qui suit :

### ARTICLE PREMIER.

Le nombre des justices de paix de la colonie de Bourbon est porté de six à huit.

La circonscription respective de ces justices de paix est déterminée par le tableau annexé à la présente ordonnance.

### ART. 2.

Les juges de paix sont appelés à concourir aux tournées et aux inspections prescrites pour le patronage des esclaves par notre ordonnance du 5 janvier 1840; ils participeront à ce service en exécution et dans la limite des délégations spéciales qui leur seront respectivement données par le procureur général ou, au nom de celui-ci, par les procureurs du Roi.

### ART. 3.

Notre ministre secrétaire d'État de la marine et des colonies est chargé de l'exécution de la présente ordonnance, qui sera insérée au Bulletin des lois.

Donné à Neuilly, le 23 août 1846.

LOUIS-PHILIPPE.

Par le Roi :

*Le Vice-Amiral, Pair de France,*
*Ministre Secrétaire d'État de la marine et des colonies,*

B<sup>on</sup> DE MACKAU.

*Tableau indiquant le nombre, le chef-lieu et la circonscription des cantons de justice de paix, à Bourbon.*

| ARRONDISSEMENTS DE PREMIÈRE INSTANCE. | COMMUNES CHEFS-LIEUX DE CANTON. | AUTRES COMMUNES COMPRISES dans chaque ressort. |
|---|---|---|
| Arrondissement de Saint-Denis. | Saint-Denis............................<br>Sainte-Suzanne......................<br>Saint-André...........................<br>Saint-Benoît.......................... | Banlieue de St-Denis.<br>Sainte-Marie.<br>Salazie.<br>Sainte-Rose. |
| Arrondissement de Saint-Paul. | Saint-Paul.............................<br>Saint-Louis............................<br>Saint-Pierre...........................<br>Saint-Joseph ........................ | La Possession.<br>Saint-Leu.<br>Banlieue de St-Pierre.<br>Saint-Philippe. |

Approuvé pour demeurer annexé à notre ordonnance en date de ce jour, 23 août 1846.

LOUIS-PHILIPPE.

Par le Roi :

*Le Vice-Amiral, Pair de France,*
*Ministre Secrétaire d'État de la marine et des colonies,*

Bᵒⁿ DE MACKAU.

# ANNEXES.

## 14ᵉ SÉRIE.

AFFRANCHISSEMENT DES NOIRS DU DOMAINE COLONIAL.

# AFFRANCHISSEMENT DES NOIRS DU DOMAINE COLONIAL.

*1° Rapport au Roi.*

Neuilly, le 21 juillet 1846.

Sire,

Le Gouvernement a pris vis-à-vis des Chambres l'engagement de réaliser, dans un délai de cinq années, la libération des esclaves du domaine colonial. Il s'est mis d'accord avec l'une et l'autre sur les bases de cette opération, et il a été reconnu qu'elle devait avoir lieu, en compensant aux caisses coloniales, moyennant une allocation équivalente fournie par le trésor public, le revenu des noirs d'habitations domaniales qui leur avait été affecté par l'ordonnance royale du 21 août 1825.

Ainsi que j'ai déjà eu l'honneur de le dire à Votre Majesté dans le rapport sur l'exécution des lois des 18 et 19 juillet 1845, que j'ai mis sous ses yeux le 31 mars dernier, les libérations pour les noirs affectés aux habitations domaniales ne pourront commencer que l'année prochaine, la question financière qui s'y rattache n'ayant pu être résolue que par le budget de l'exercice 1847. Mais, pour les noirs du domaine attachés aux divers services non ruraux (noirs qui sont en ce moment au nombre de 496 (1), et constituent une propriété domaniale essentiellement mobilière), les affranchissements peuvent commencer dès 1846, attendu que les Chambres ont voté, sur la demande du Gouvernement, les subsides nécessaires pour tenir compte aux caisses coloniales de l'intérêt du capital représenté par cette catégorie d'esclaves.

Dans cette prévision, j'avais, dès la fin de l'année dernière, provoqué les propositions de MM. les Gouverneurs de la Martinique, de la Guadeloupe, de la Guyane française et de Bourbon, et ces propositions me sont successivement parvenues. Je suis donc pleinement en mesure aujourd'hui de soumettre à l'approbation de Votre Majesté une première série de libérations.

J'avais recommandé à MM. les Gouverneurs de ne me désigner pour la libération que les individus qui, par leurs antécédents et par leur conduite présente, offriraient des garanties de travail, d'ordre, de moralité et d'esprit religieux, et qui fussent d'ailleurs en état de subvenir par eux-mêmes à leurs besoins. Ces fonctionnaires ont, autant que

---

(1) 47 à la Martinique,
 84 à la Guadeloupe,
 227 à la Guyane française,
 138 à Bourbon.

 496

possible, tenu compte de ces conditions dans les choix qu'ils m'ont soumis, et il en résulte une liste générale de 126 individus qui sont présentés comme pouvant être dès à présent affranchis.

Savoir:

    4 à la Martinique;
    22 à la Guadeloupe;
    63 à la Guyane française;
    37 à Bourbon.

  Total 126.

J'ai l'honneur de soumettre à la signature de Votre Majesté une ordonnance destinée à prononcer la libération de ces 126 esclaves. Je joins à l'appui, à titre consultatif, une liste nominative indiquant leur âge, leurs professions et les motifs sur lesquels est basée, pour chacun d'eux, la proposition d'affranchissement qui les concerne.

Je ne dois pas omettre de rappeler ici à Votre Majesté qu'aux termes de l'article 5, § 5, de la loi du 18 juillet 1845, concernant le régime des esclaves, tous esclaves, affranchis par voie de rachat ou autrement, sont tenus, pendant cinq années, de justifier d'un engagement de travail. Je ne manquerai pas de faire observer à MM. les Gouverneurs que cette clause est applicable aux noirs du domaine appelés à la liberté par le Roi, aussi bien qu'aux esclaves affranchis par des particuliers ou par l'emploi de leur propre pécule.

Je suis, avec le plus profond respect, Sire, de Votre Majesté, le très-humble, très-obéissant et très-fidèle serviteur,

             B<sup>on</sup> DE MACKAU.

2° *Ordonnance du Roi portant affranchissement de 126 noirs du domaine colonial.*

          Au Palais de Neuilly, le 21 juillet 1846.

LOUIS-PHILIPPE, Roi des Français:

Vu l'article 5 de la loi du 3 juillet 1846, portant allocation des crédits extraordinaires et supplémentaires et l'état H annexé à ladite loi;

Sur le rapport de notre ministre secrétaire d'État de la marine et des colonies,

Nous avons ordonné et ordonnons ce qui suit:

### ARTICLE PREMIER.

Sont déclarés libres, et seront inscrits en cette qualité sur les registres de l'État civil des colonies, où ils sont domiciliés, sous les noms et prénoms qui leur seront définitivement attribués par les Gouverneurs, en exécution de l'ordonnance royale du 29 avril 1836, les noirs appartenant au domaine et dénommés, au nombre de 126, dans l'état annexé à la présente ordonnance.

ART. 2.

Notre ministre secrétaire d'État au département de la marine et des colonies est chargé de l'exécution de la présente ordonnance, qui sera insérée au Bulletin des lois.

Donné à Neuilly, le 21 juillet 1846.

LOUIS-PHILIPPE.

Par le Roi :

*Le Vice-Amiral, Pair de France, Ministre Secrétaire d'État de la marine et des colonies,*

B<sup>on</sup>. DE MACKAU.

---

3° État nominatif des cent vingt-six noirs du domaine, aux colonies, déclarés libres par l'ordonnance royale du 21 juillet 1846.

---

### MARTINIQUE.

DENIS, âgé de 39 ans, cuisinier ;
PIERRE DIFFÉ, âgé de 44 ans, conducteur de la chaîne de police ;
MAURICE, manœuvre ;
MODESTE, âgé de 60 ans, manœuvre.

### GUADELOUPE.

MONTOUT, âgé de 49 ans, domestique ;
CHARLES, dit CENIS, âgé de 29 ans, *idem* ;
BAPTISTE, âgé de 44 ans, *idem;*
SIMON, dit MOCO, âgé de 38 ans, *idem* ;
JEAN-JACQUES dit MOCO, âgé de 34 ans, voilier ;
DÉSIR, âgé de 45 ans, domestique ;
ÉTIENNE, dit BASSON, âgé de 45 ans, cuisinier ;
DÉMON, âgé de 40 ans, domestique ;
NINA, dite MADELEINE, âgée de 47 ans, blanchisseuse ;
MAURILLE, âgée d'un mois, fille de la précédente ;
JEANNE-MARIE, âgée de 24 ans, blanchisseuse ;
HERMINIÉ, âgé de 3 ans, fils de la précédente ;
ÉMILIA, âgée de 3 ans, fille de la même ;
BARTHÉLEMY, âgé de 19 ans, tonnelier ;
CLAIRE, âgée de 29 ans, blanchisseuse ;
EUGÈNE, âgé de 6 ans, fils de la précédente ;
ERNEST, âgé de 3 ans, *idem ;*
JEAN-LOUIS, âgé de 1 an, *idem;*

Saint-Pierre, âgé de 39 ans, cultivateur;
Estelle, âgée de 31 ans, cultivatrice;
Joséphine, âgée de 1 an, fille de la précédente;
Joseph dit Poutrel, âgé de 58 ans, commandeur.

## GUYANE FRANÇAISE.

Antoinette-Marie, âgée de 25 ans, couturière;
Cédaige (Jules-François), âgé de 17 mois, fils de la précédente;
Stanislas, âgé de 33 ans, commandeur;
Canon, âgé de 48 ans, manœuvre;
César 2e, âgé de 45 ans, maçon;
Cidalis, âgé de 39 ans, charpentier;
Faublas-Joseph, âgé de 31 ans, forgeron;
Raymond, âgé de 33 ans, menuisier;
Romulus, âgé de 50 ans, manœuvre;
Lafleur, âgé de 49 ans, cabrouétier;
Narcisse, âgé de 43 ans, *idem*;
Michel 4e, âgé de 55 ans, commandeur;
Grégoire, âgé de 36 ans, terrassier;
Victorieux, âgé de 34 ans, *idem*;
Magdelon, âgée de 55 ans (invalide);
Noel dit Arcade, âgé de 12 ans, fils de Victorieux et de Magdelon;
Octave, âgé de 2 ans, fils des mêmes;
Marie-Catherine, âgée de 11 ans, fille des mêmes;
Justine, âgée de 9 ans, *idem*;
Florinde, âgée de 7 ans, *idem*;
Étienne 2e, âgé de 39 ans, canotier;
Marthe, âgée de 39 ans, blanchisseuse, mariée au précédent;
Stéphan, âgé de 8 ans, fils d'Étienne 2e et de Marthe;
Amazone, âgée de 12 ans, fille des mêmes;
Étienne 3e, âgé de 49 ans, commandeur;
Michel, âgé de 59 ans, *idem*;
Julien-Victor, âgé de 42 ans, canotier;
Compère, âgé de 41 ans, charpentier;
Janvier 1er, âgé de 40 ans, calfat;
Polony, âgé de 44 ans, charpentier;
Jeanne 1re, âgé de 42 ans, gardienne d'enfants;
Léo, âgé de 11 ans, fils de Polony et de Jeanne;
Lucien, âgé de 8 ans, fils des mêmes;
Eulogie, âgée de 5 ans, fille des mêmes;
Éléonore, âgée de 3 ans, *idem*;
Stanis, âgé de 35 ans, infirmier;

Walaf, âgé de 40 ans, infirmier;
Valentin, âgé de 56 ans (invalide);
Jonquille, âgée de 41 ans, blanchisseuse, mariée au précédent;
Minerve, âgée de 9 ans, fille de Valentin et de Jonquille;
Mathieu, âgé de 41 ans, cuisinier;
Antoinette 3e, âgée de 34 ans, domestique, mariée au précédent;
Simonine, âgée de 2 ans, fille des précédents;
Léoncine, âgée de 7 ans, *idem;*
Romes, âgé de 57 ans, domestique;
Occory, âgé de 37 ans, manœuvre;
Linval, âgé de 50 ans, *idem;*
Pierre, âgé de 50 ans, commandeur;
Ulysse, âgé de 46 ans, conducteur de galériens;
Victor-Monjoly, âgé de 31 ans, couseur;
Arcasse, âgée de 36 ans, blanchisseuse;
Monique, âgée de 28 ans, *idem;*
Véronique, âgée de 31 ans, *idem;*
Anne-Marie, âgée de 41 ans, *idem;*
Marie-Rozette, dite Gribouille, âgée de 25 ans, couturière;
Zoé-Aline, âgée de 19 ans, *idem;*
Claudine, âgée de 55 ans (invalide)
Rosine, âgée de 27 ans, cuisinière;
Indienne, âgée de 50 ans (invalide);
Mariette 2e, âgée de 32 ans, domestique;
Élise, âgée de 7 ans, fille de la précédente;
Nisus, âgé de 12 ans, fils de Marie, affranchie;
Marie-Clotilde, âgée de 9 ans, fille de la même.

BOURBON.

Jérôme, âgé de 50 ans, jardinier;
Catherine, âgée de 44 ans, domestique;
Martin, âgé de 28 ans, *idem;*
Isabelle, âgée de 25 ans, *idem;*
Brillant, âgé de 49 ans, ouvrier du port;
Olive, âgée de 38 ans, mariée au précédent;
Amédée, âgé de 46 ans, commandeur;
Mélinte, âgée de 37 ans, blanchisseuse;
Lorrain, âgé de 2 ans, fils de la précédente;
Germain, âgé de 46 ans, gardien de vigie;
Vincent, âgé de 42 ans, appareilleur;
Antoine, âgé de 40 ans, maçon;
J. B. Aubert, âgé de 45 ans, maître voilier;

Françoise, âgée de 48 ans (sans profession désignée);
Justin, dit Toulon, âgé de 48 ans, canotier;
Alexis, âgé de 44 ans, gardien de vigie;
René, âgé de 47 ans, maçon du génie;
Annecy, âgée de 43 ans, domestique, mariée au précédent;
Founatelly, âgé de 8 ans, fils des précédents;
Cipahis, âgé de 43 ans, maçon;
Gonja, âgé de 50 ans, gardien de vigie;
Pierre, âgé de 47 ans, maçon;
César, âgé de 45 ans, employé à la police;
Charles, âgé de 44 ans, charpentier;
Passepartout, âgé de 43 ans, manœuvre;
Bricole, âgé de 51 ans, courrier à la poste;
La Tulippe, âgé de 54 ans, bouvier;
Toulon, âgé de 43 ans, noir, de confiance au magasin général;
Augustin, âgé de 51 ans (sans profession désignée);
La Flamme, âgé de 51 ans, *idem*;
Brutus, âgé de 47 ans, maçon;
Louis-Adolphe, âgé de 30 ans, employé à la police;
Lindor, âgé de 48 ans, manœuvre;
Marie, âgée de 37 ans, blanchisseuse
Alphonsine, âgée de ....., fille de la précédente;
J. Georges, âgé de 29 ans, domestique;
Geneviève, âgée de 36 ans (sans profession désignée).

Approuvé pour être annexé à notre ordonnance du 21 juillet 1846.

LOUIS-PHILIPPE.

Par le Roi :

*Le Vice-Amiral, Pair de France, Ministre Secrétaire d'État de la marine et des colonies,*

B<sup>on</sup> de Mackau.

4° RELEVÉ NOMINATIF des 126 noirs du domaine colonial proposés pour être affranchis en 1846, avec l'indication des motifs fournis à l'appui des propositions de libération.

| N°s D'ORDRE. | NOMS ET PRÉNOMS. | SEXE. | AGE à l'époque de la proposition. | PROFESSIONS. | MOTIFS DE LA PROPOSITION. |
|---|---|---|---|---|---|
| | | | MARTINIQUE. | | |
| 1 | Denis.......... | Homme. | 39 ans. | Cuisinier....... | Marié en 1827 à la nommée Henriette, négresse du domaine colonial, qui a été affranchie en 1838 avec ses quatre enfants; sa nombreuse famille l'empêche de réaliser un pécule. |
| 2 | Pierre Diffé..... | Idem. | 44 ans. | Conducteur de la chaîne de police. | Assidu dans son service. |
| 3 | Maurice........ | Idem. | Sans indication d'âge. | Manœuvre...... | Paraît aimer le travail. |
| 4 | Modeste........ | Idem. | 60 ans. | Idem........... | Bonne conduite. |
| | | | GUADELOUPE. | | |
| 1 | Montout........ | Homme. | 49 ans. | Domestique..... | Le meilleur sujet de l'atelier colonial; probe, fidèle, obéissant et intelligent; assiste aux offices. |
| 2 | Charles, dit Cenis. | Idem. | 29 ans. | Idem........... | Très-bon sujet, présentant toutes les garanties de moralité, d'ordre et de travail; il assiste aux offices. |
| 3 | Baptiste........ | Idem. | 44 ans. | Idem........... | Exact; marié, ayant de l'ordre; assiste aux offices. |
| 4 | Simon, dit Moco.. | Idem. | 38 ans. | Idem........... | Bon sujet, probe, laborieux et doux de caractère; bon ouvrier; assiste aux offices. |
| 5 | Jean-Jacq., dit Moco | Idem. | 34 ans. | Voilier........ | Actif, industrieux, paisible et respectueux, ayant de l'ordre; assiste aux offices. |
| 6 | Désir.......... | Idem. | 45 ans. | Domestique..... | Bon sujet, probe et laborieux. |
| 7 | Étienne, dit Bosson. | Idem. | Idem. | Cuisinier...... | Actif et dévoué. |
| 8 | Démon.......... | Idem. | 40 ans. | Domestique..... | Probe, laborieux et intelligent; assiste aux offices; il a racheté son fils en obtenant son affranchissement d'un tiers. |
| 9 | Nina, dite Madeleine | Femme. | 47 ans. | Blanchisseuse.... | Mère de trois enfants; laborieuse. |
| 10 | Maurille........ | Fille. | 1 mois. | ............... | Fille de la précédente. |
| 11 | Jeanne-Marie..... | Femme. | 24 ans. | Blanchisseuse.... | Bon sujet; mère de deux enfants, ayant une bonne instruction religieuse. |
| 12 | Herminié........ | Garçon. | 3 ans. | ............... | Fils de la précédente. |

( 294 )

| N.º D'ORDRE. | NOMS ET PRÉNOMS. | SEXE. | AGE À L'ÉPOQUE de la proposition. | PROFESSIONS. | MOTIFS DE LA PROPOSITION. |
|---|---|---|---|---|---|
| | | | GUADELOUPE. (Suite.) | | |
| 13 | Émilia............ | Fille. | 3 ans. | ................ | Fils de Jeanne-Marie. |
| 14 | Barthélemy...... | Homme. | 19 ans. | Tonnelier........ | Actif, paisible et respectueux. |
| 15 | Claire.......... | Femme. | 29 ans. | Blanchisseuse..... | Mère de trois enfants; laborieuse. |
| 16 | Eugène.......... | Garçon. | 6 ans. | ................ | Fils de la précédente. |
| 17 | Ernest.......... | Idem. | 3 ans. | ................ | Idem. |
| 18 | Jean-Louis....... | Idem. | 1 an. | ................ | Idem. |
| 19 | Saint-Pierre...... | Homme. | 39 ans. | Cultivateur....... | Présentant toutes garanties de moralité et de travail; a une bonne instruction religieuse. |
| 20 | Estelle.......... | Femme. | 31 ans. | Cultivatrice...... | Laborieuse. |
| 21 | Joséphine........ | Fille. | 1 an. | ................ | Fille de la précédente. |
| 22 | Joseph, dit Poutrel. | Homme. | 58 ans. | Commandeur..... | Bon sujet, probe et laborieux. |
| | | | GUYANE FRANÇAISE. | | |
| 1 | Antoinette-Marie.. | Femme. | 25 ans. | Couturière...... | Par un décret colonial du 11 juin 1845, l'échange de cette négresse contre un autre esclave appartenant à sa mère avait été autorisé et son affranchissement, ainsi que celui de son enfant Cédaige devait s'en suivre; mais on n'a point soumis ce décret à la sanction du Roi, afin de comprendre les deux affaires dans le travail général de libération des noirs du domaine. |
| 2 | Cédaige (Jules-François).......... | Garçon. | 17 mois. | ................ | Fils de la précédente. |
| 3 | Stanislas......... | Homme. | 33 ans. | Commandeur.... | Conduite régulière. |
| 4 | Canon........... | Idem. | 48 ans. | Manœuvre....... | Bon sujet. |
| 5 | César 2ᵉ......... | Idem. | 45 ans. | Maçon.......... | Bonne conduite, vit en famille, pratique ses devoirs religieux. |
| 6 | Cidalis.......... | Idem. | 39 ans. | Charpentier...... | Très-bon sujet. |
| 7 | Faublas (Joseph).. | Idem. | 31 ans. | Forgeron........ | Bon sujet. |
| 8 | Raymond........ | Idem. | 33 ans. | Menuisier....... | Très-bon sujet. |
| 9 | Romulus......... | Idem. | 50 ans. | Manœuvre....... | Bon sujet; vit en famille. |
| 10 | Lafleur.......... | Idem. | 49 ans. | Cabrouétier...... | Bon sujet; a sauvé un enfant; vit en famille. |

| N.° D'ORDRE. | NOMS ET PRÉNOMS. | SEXE. | AGE À L'ÉPOQUE de la proposition. | PROFESSIONS. | MOTIFS DE LA PROPOSITION. |
|---|---|---|---|---|---|
| | | | GUYANE FRANÇAISE. (Suite.) | | |
| 11 | Narcisse......... | Homme. | 43 ans. | Cabrouétier...... | Bon sujet ; vit dans sa famille. |
| 12 | Michel 4°....... | Idem. | 55 ans. | Commandeur..... | Idem. |
| 13 | Grégoire......... | Idem. | 36 ans. | Terrassier....... | Bon sujet. |
| 14 | Victorieux....... | Idem. | 34 ans. | Idem........... | Très-bon sujet, nègre de confiance, vit dans sa famille, marié à une femme invalide ; a six enfants. |
| 15 | Magdelon....... | Femme. | 35 ans. | Invalide........ | Ces deux propositions sont la conséquence de celle qui précède. |
| 16 | Noël, dit Arcade.. | Garçon. | 12 ans. | .............. | |
| 17 | Octave.......... | Idem. | 2 ans. | .............. | Idem. |
| 18 | Marie-Catherine... | Fille. | 11 ans. | .............. | Idem. |
| 19 | Justine.......... | Idem. | 9 ans. | .............. | Idem. |
| 20 | Florinde......... | Idem. | 7 ans. | .............. | Idem. |
| 21 | Étienne 2°...... | Homme. | 39 ans. | Canotier........ | Bon sujet ; vit dans sa famille, pratique ses devoirs religieux. |
| 22 | Marthe.......... | Femme. | 39 ans. | Blanchisseuse.... | Très-bon sujet ; ayant de l'ordre, pratique ses devoirs religieux. |
| 23 | Stéphan......... | Garçon. | 8 ans. | .............. | Sa mère Marthe est proposée pour l'affranchissement. |
| 24 | Amazone........ | Fille. | 12 ans. | .............. | Idem. |
| 25 | Étienne 3°...... | Homme. | 49 ans. | Commandeur..... | Bon sujet. |
| 26 | Michel.......... | Idem. | 59 ans. | Idem........... | Idem. |
| 27 | Julien-Victor..... | Idem. | 42 ans. | Canotier........ | Marié avec une femme libre. |
| 28 | Compère........ | Idem. | 41 ans. | Charpentier..... | Très-bon sujet. |
| 29 | Janvier 1.er..... | Idem. | 40 ans. | Calfat.......... | Bon sujet. |
| 30 | Polony.......... | Idem. | 44 ans. | Charpentier..... | Bon sujet ; vit dans sa famille ; a huit enfants ; disposé à recevoir de l'instruction religieuse. |
| 31 | Jeanne 1.re...... | Femme. | 42 ans. | Gardienne d'enfants | Bon sujet ; assiste aux prières. |
| 32 | Léo............ | Garçon. | 11 ans. | .............. | Son père Polony est proposé pour l'affranchissement. |
| 33 | Lucien.......... | Idem. | 8 ans. | .............. | Idem. |

| N.º D'ORDRE. | NOMS ET PRÉNOMS. | SEXE. | AGE À L'ÉPOQUE de la proposition. | PROFESSIONS. | MOTIFS DE LA PROPOSITION. |
|---|---|---|---|---|---|
| | | | GUYANE FRANÇAISE. (Suite.) | | |
| 34 | Eulogie........ | Fille. | 5 ans. | ............... | Son père Polony est proposé pour l'affranchissement. |
| 35 | Éléonore........ | Idem. | 3 ans. | ............... | Idem. |
| 36 | Stanis........ | Homme. | 35 ans. | Infirmier........ | Très-bon sujet; a 4 à 500 francs d'économies; bonne instruction religieuse. |
| 37 | Walaf........ | Idem. | 40 ans. | Idem........... | Bon sujet; il vit en ménage; a des habitudes d'ordre; suit les instructions religieuses. |
| 38 | Valentin........ | Homme. | 56 ans. | Invalide........ | Assiste aux prières. |
| 39 | Jonquille........ | Femme. | 41 ans. | Blanchisseuse.... | Bonne conduite; vit en ménage; soigne bien ses enfants et sa mère; suit les instructions religieuses. |
| 40 | Minerve........ | Fille. | 9 ans. | ............... | Sa mère Jonquille est proposée pour l'affranchissement. |
| 41 | Mathieu........ | Homme. | 41 ans. | Cuisinier........ | Bon sujet; vit en famille. |
| 42 | Antoinette 3.ᵉ..... | Femme. | 34 ans. | Domestique...... | Très-bonne conduite, ayant de l'ordre et de la religion. |
| 43 | Simonine........ | Fille. | 2 ans. | ............... | Son père, Mathieu, est proposé pour l'affranchissement. |
| 44 | Léoncine........ | Idem. | 4 mois. | ............... | Idem. |
| 45 | Roméo........ | Homme. | 57 ans. | Domestique...... | Sa libération a été demandée par son fils, libre, qui possède une petite propriété. |
| 46 | Occory........ | Idem. | 37 ans. | Manœuvre...... | Très-bon sujet; très-fidèle; grand esprit d'ordre; a 400 francs d'économies. |
| 47 | Linval........ | Idem. | 50 ans. | Idem........... | Bon sujet; très-industrieux, marié avec une femme libre. |
| 48 | Pierre........ | Idem. | Idem. | Commandeur..... | Bon sujet. |
| 49 | Ulysse........ | Idem. | 46 ans. | Conducteur de galériens........ | Très-bon sujet; marié avec une femme libre. |
| 50 | Victor Monjoly.... | Idem. | 31 ans. | Couseur........ | Très-bon sujet. |
| 51 | Arcasse........ | Femme. | 36 ans. | Blanchisseuse..... | Bonne conduite; suit les instructions religieuses. |
| 52 | Monique........ | Idem. | 28 ans. | Idem........... | Proposée par suite de l'affranchissement de son enfant mineur de 14 ans; assiste aux prières. |
| 53 | Véronique........ | Idem. | 31 ans. | Idem........... | Bon sujet; pratique ses devoirs religieux. |
| 54 | Anne-Marie...... | Idem. | 41 ans. | Idem........... | Industrieuse; ayant de l'ordre, assiste aux prières. |

| N.º D'ORDRE. | NOMS ET PRÉNOMS. | SEXE. | AGE à l'époque de la proposition. | PROFESSIONS. | MOTIFS DE LA PROPOSITION. |
|---|---|---|---|---|---|
| | GUYANE FRANÇAISE. (Suite.) | | | | |
| 55 | Marie-Rosette, dite Gribouille | Femme. | 25 ans. | Couturière | Très-industrieuse; assiste aux prières; sa mère a été affranchie avant que Rosette eût atteint ses 14 ans. |
| 56 | Zoë-Aline | Idem. | 19 ans. | Idem | Assiste aux prières. |
| 57 | Claudine | Idem. | 55 ans. | Invalide | Assiste aux prières; son mari est proposé pour l'affranchissement. |
| 58 | Rosine | Idem. | 27 ans. | Cuisinière | Soigne très-bien ses enfants; a de la religion. |
| 59 | Indienne | Idem. | 50 ans. | Invalide | Assiste aux prières; son mari est proposé pour l'affranchissement. |
| 60 | Mariette 2ᵉ | Idem. | 32 ans. | Domestique | Bon sujet. |
| 61 | Élise | Fille. | 7 ans. | | Sa mère Mariette est proposée pour l'affranchissement. |
| 62 | Nisus | Garçon. | 12 ans. | | Sa mère Marie est déjà affranchie. |
| 63 | Marie-Clotilde | Fille. | 9 ans. | | Idem. |
| | BOURBON. | | | | |
| 1 | Jérôme | Homme. | 50 ans. | Jardinier | Marié; d'une conduite régulière; obéissant; très-pieux. |
| 2 | Catherine | Femme. | 44 ans. | Domestique | Mariée au précédent; très-pieuse. |
| 3 | Martin | Homme. | 28 ans. | Idem | Marié; excellent sujet, pieuse. |
| 4 | Isabelle | Femme. | 25 ans. | Idem | Mariée au précédent; bonne conduite, pieuse. |
| 5 | Brillant | Homme. | 49 ans. | Ouvrier du port | Marié; a de l'ordre, de la conduite et de la piété. |
| 6 | Olive | Femme. | 38 ans. | | Mariée au précédent; pieuse. |
| 7 | Amédée | Homme. | 46 ans. | Commandeur | Très-bonne conduite; travailleur, intelligent, pieux. |
| 8 | Mélinte | Femme. | 37 ans. | Blanchisseuse | Mariée au précédent; bon sujet, pieuse. |
| 9 | Lorrain | Garçon. | 2 ans. | | Fils de la précédente. |
| 10 | Germain | Homme. | 46 ans. | Gardien de vigie | Bon sujet, pieux. |
| 11 | Vincent | Idem. | 42 ans. | Appareilleur | Intelligent et actif. |
| 12 | Antoine | Idem. | 40 ans. | Maçon | Bon travailleur. |
| 13 | J.-B. Aubert | Idem. | 45 ans. | Maître voilier | Marié; bonne conduite. |

RÉGIME DES ESCLAVES.

( 298 )

| N.º D'ORDRE. | NOMS ET PRÉNOMS. | SEXE. | AGE À L'ÉPOQUE de la proposition. | PROFESSIONS. | MOTIFS DE LA PROPOSITION. |
|---|---|---|---|---|---|
| | | | BOURBON. (Suite.) | | |
| 14 | Françoise......... | Femme. | 48 ans. | Sans profession... | Bon sujet. |
| 15 | Justin dit Toulon.. | Homme. | Idem. | Canotier......... | Bonne conduite; le meilleur des noirs attachés au service du port de Saint-Denis. |
| 16 | Alexis.......... | Idem. | 44 ans. | Gardien de vigie.. | Bonne conduite. |
| 17 | René........... | Idem. | 47 ans. | Maçon du génie... | Marié; intelligent et pieux. |
| 18 | Annecy......... | Femme. | 43 ans. | Domestique...... | Mariée au précédent; pieuse. |
| 19 | Formatelly....... | Garçon. | 8 ans. | ............... | Fils de René et d'Annecy. |
| 20 | Cipahis......... | Homme. | 43 ans. | Maçon.......... | Assez bon travailleur. |
| 21 | Gouja........... | Idem. | 50 ans. | Gardien de vigie.. | Bon sujet. |
| 22 | Pierre.......... | Idem. | 47 ans. | Maçon.......... | Bon sujet. |
| 23 | César........... | Idem. | 45 ans. | Employé à la police. | Excellent sujet, d'une conduite régulière. |
| 24 | Charles......... | Idem. | 44 ans. | Charpentier...... | Bon sujet. |
| 25 | Passe-Partout..... | Idem. | 43 ans. | Manœuvre....... | Rangé; assez bon travailleur. |
| 26 | Bricole.......... | Idem. | 51 ans. | Courrier à la poste. | Bonne conduite. |
| 27 | La Tulipe........ | Idem. | 54 ans. | Bouvier......... | Bonne conduite; économe, actif, marié. |
| 28 | Toulon.......... | Idem. | 43 ans. | Noir de confiance au magasin général....... | Bonne conduite. |
| 29 | Augustin........ | Idem. | 51 ans. | Sans profession... | Idem. |
| 30 | Laflamme....... | Idem. | Idem. | Idem........... | Bon sujet. |
| 31 | Brutus.......... | Idem. | 47 ans. | Maçon.......... | Va se marier; bonne conduite; assiste quelquefois aux offices. |
| 32 | Louis-Adolphe.... | Idem. | 30 ans. | Employé à la police. | Bon sujet. |
| 33 | Lindor.......... | Idem. | 48 ans. | Manœuvre....... | Bon travailleur. |
| 34 | Marie........... | Femme. | 37 ans. | Blanchisseuse.... | Bon sujet. |
| 35 | Alphonsine...... | Fille. | Sans indication d'âge. | ............... | Fille de la précédente. |
| 36 | J.-Georges....... | Homme. | 69 ans. | Domestique...... | Bonne conduite; doux et honnête. |
| 37 | Geneviève....... | Femme. | 36 ans. | Sans profession... | Bon sujet; va se marier. |

## 5.º TABLEAU RÉCAPITULATIF.

| INDICATION des COLONIES. | INDIVIDUS PROPOSÉS POUR L'AFFRANCHISSEMENT. | | | | | | | | TOTAL. | | | TOTAL GÉNÉRAL. |
|---|---|---|---|---|---|---|---|---|---|---|---|---|
| | au-dessous de 14 ans. | | de 14 à 30 ans. | | de 31 à 60 ans. | | au-dessous de 60 ans. | | | | | |
| | Hommes. | Femmes. | Hommes. | Femmes. | Hommes. | Femmes. | Hommes. | Femmes. | Hommes. | Femmes. | Enfants. | |
| Martinique............ | " | " | 1 | " | 3 | " | " | " | " | " | " | 4 |
| Guadeloupe.......... | 5 | 3 | 2 | 1 | 9 | 2 | " | " | 11 | 3 | 8 | 22 |
| Guyane française...... | 7 | 11 | " | 4 | 29 | 12 | " | " | 29 | 16 | 18 | 63 |
| Bourbon............. | 2 | 1 | 3 | 1 | 23 | 8 | " | " | 26 | 9 | 2 | 37 |
| Totaux...... | 14 | 15 | 6 | 6 | 64 | 22 | " | " | 70 | 28 | 28 | 126 |

# TABLE DES MATIÈRES.

## RAPPORT AU ROI.

|   | Pages. |
|---|---|
| § 1ᵉʳ. Effets généraux de la loi du 18 juillet 1845................................ | 2 |
| § 2. Ordonnance sur la nourriture et l'entretien des esclaves...................... | 4 |
| § 3. Ordonnance sur le régime disciplinaire..................................... | 6 |
| § 4. Ordonnance sur l'instruction religieuse et élémentaire des esclaves. — Ordonnance et décret sur les mariages............................................. | 10 |
| § 5. Décrets coloniaux. — Terrains à mettre à la disposition des esclaves. — Règlements sur le travail ordinaire et extraordinaire. — Minimum du salaire................ | 17 |
| § 6. Pécule des esclaves. — Rachats forcés. — Affranchissements. — Engagements de travail. — Concours des fonds de l'État au rachat des esclaves. | |
|     1° Pécule des esclaves.................................................. | 18 |
|     2° Rachats forcés. — Rachats amiables. — Affranchissements................. | 20 |
|     3° Engagements de travail............................................... | 25 |
|     4° Emploi des fonds destinés à concourir au rachat des esclaves............. | 26 |
| § 7. Application des pénalités pour sévices. — Résultat de la composition spéciale des cours d'assises dans certains cas déterminés.................................... | 30 |
| § 8. Création de nouvelles justices de paix. — Extension du patronage............... | 33 |
| § 9. Répression du vagabondage. — Création d'ateliers de travail. — Formation d'établissements agricoles................................................................ | 34 |
| § 10. Affranchissement des esclaves du domaine................................... | 36 |
| § 11. Travailleurs européens. — Introduction d'émigrants dans les colonies. — Colonisation de la Guyane....................................................... | 37 |

# ANNEXES.

## 1<sup>re</sup> SÉRIE.

### LOIS DES 18 ET 19 JUILLET 1845.

| | Pages. |
|---|---|
| A. Loi du 18 juillet 1845, relative au régime des esclaves dans les colonies............ | 45 |
| B. Loi du 19 juillet 1845, qui ouvre un crédit de 930,000 francs pour subvenir à l'introduction des cultivateurs européens dans les colonies, à la formation d'établissements agricoles, etc.................................................................................. | 50 |

## 2<sup>e</sup> SÉRIE.

### CORRESPONDANCE GÉNÉRALE DES GOUVERNEURS ET DES PROCUREURS GÉNÉRAUX SUR L'EXÉCUTION DE LA LOI ET DES ORDONNANCES ET SUR LA SITUATION DES COLONIES.

#### 1° MARTINIQUE.

| | |
|---|---|
| Lettres du gouverneur................................................................ | 55 |
| Extrait du discours prononcé par le gouverneur, à l'ouverture de la session du conseil colonial, le 14 mai 1846............................................................. | 55 |
| Adresse du conseil colonial, en date du 19 mai 1846............................. | 56 |
| Réponse du gouverneur............................................................... | 57 |
| Suite des lettres du gouverneur..................................................... | 57 |
| Rapport du procureur général, en date du 10 octobre 1846..................... | 58 |
| Rapport du procureur du Roi de Saint-Pierre, du 3 novembre 1846.............. | 59 |
| Rapport du procureur du Roi de Saint-Pierre, du 18 novembre 1846............. | 60 |
| Suite des lettres du gouverneur..................................................... | 61 |
| Rapport du procureur général, en date du 26 janvier 1847...................... | 63 |

#### 2° GUADELOUPE.

| | |
|---|---|
| Lettre du gouverneur, du 10 avril 1846............................................. | 63 |
| Extrait du discours prononcé par le gouverneur, à l'ouverture de la session du conseil colonial, le 25 mai 1846............................................................. | 64 |
| Extrait de l'adresse votée par le conseil colonial, dans sa séance du 2 juin 1846......... | 64 |
| Réponse du gouverneur............................................................... | 65 |
| Suite des lettres du gouverneur..................................................... | 65 |
| Discours prononcé par le gouverneur, à l'ouverture de la session extraordinaire du conseil colonial, le 17 août 1846................................................................ | 66 |

| | Pages. |
|---|---|
| Adresse votée par le conseil colonial, dans sa séance du 28 octobre 1846............. | 66 |
| Réponse du gouverneur................................................. | 68 |
| Suite des lettres du gouverneur............................................. | 68 |

### 3° GUYANE FRANÇAISE.

| | |
|---|---|
| Lettre du gouverneur intérimaire, en date du 19 février 1846..................... | 69 |
| Extrait du discours prononcé par le gouverneur, à l'ouverture de la session du conseil colonial, le 30 mai 1846................................................. | 70 |
| Extrait de l'adresse du conseil colonial, du 6 juin 1846......................... | 71 |
| Réponse du gouverneur................................................. | 72 |
| Lettres du gouverneur.................................................. | 73 |
| Discours prononcé par le gouverneur, à l'ouverture de la session du conseil colonial, le 7 octobre 1846......................................................... | 75 |
| Adresse votée par le conseil colonial le 19 octobre 1846......................... | 76 |
| Réponse du gouverneur................................................. | 77 |
| Lettres du gouverneur.................................................. | 77 |

### 4° BOURBON.

| | |
|---|---|
| Lettre du gouverneur de Bourbon, du 30 novembre 1845........................ | 78 |
| Extrait du discours prononcé par le gouverneur de Bourbon, à l'ouverture de la session du conseil colonial, le 22 décembre 1845....................................... | 78 |
| Extrait de l'adresse votée par le conseil colonial le 29 décembre 1845................ | 79 |
| Extrait de la réponse du gouverneur à l'adresse du conseil colonial.................. | 80 |
| Lettres du gouverneur.................................................. | 81 |

## 3° SÉRIE.

### NOURRITURE ET ENTRETIEN DES ESCLAVES.

| | |
|---|---|
| A. Ordonnance du Roi du 5 juin 1846, concernant la nourriture et l'entretien des esclaves........................................................... | 85 |
| B. Circulaire ministérielle du 13 juin 1846, adressée aux gouverneurs de la Martinique, de la Guadeloupe, de la Guyane française et de Bourbon, relativement à l'exécution de l'ordonnance royale du même mois, concernant la nourriture et l'entretien des esclaves, la concession d'un jour par semaine, etc.................................. | 88 |
| C. Arrêtés du gouverneur de la Martinique, concernant la nourriture, l'entretien et le logement des esclaves, ainsi que les soins à leur donner en cas de maladie : | |
| 1° Arrêté du 1ᵉʳ octobre 1846, concernant la nourriture des esclaves............. | 92 |
| 2° Arrêté du 2 octobre 1846, fixant les époques de distribution des vêtements aux esclaves | 94 |

|   |   | Pages. |
|---|---|---|
| 3° Arrêté du 1" octobre 1846, concernant le logement des esclaves sur les habitations | | 95 |
| 4° Arrêté du 1" octobre 1846, déterminant la composition des caisses de médicaments qui doivent être entretenues par les propriétaires d'habitations, conformément à l'article 8 (§ 5) de l'ordonnance royale du 5 juin 1846.................... | | 97 |
| 5° Arrêté du 2 octobre 1846, prescrivant des mesures de police pour que les esclaves restent vêtus, tant aux champs que sur les habitations, aussi bien que dans les villes et bourgs.................................................. | | 98 |

D. Arrêté du gouverneur de la Guadeloupe, en date du 2 octobre 1846, concernant la nourriture, l'entretien et le logement des esclaves, ainsi que les soins à leur donner en cas de maladie.................................................. 99

E. Arrêtés du gouverneur de la Guyane française, en date du 10 décembre 1846, concernant la nourriture, l'entretien et le logement des esclaves, ainsi que les soins à leur donner en cas de maladie :

    1° Arrêté qui fixe les quantités de substances alimentaires à délivrer aux esclaves pour leur nourriture...................................................... 103

    2° Arrêté fixant la nomenclature des meubles et ustensiles de ménage de chaque esclave âgé de plus de quatorze ans.......................................... 105

    3° Arrêté fixant les époques de distribution des vêtements à fournir aux esclaves.... 106

    4° Arrêté portant composition des caisses de médicaments à entretenir sur les habitations................................................................ 107

F. Extraits de la correspondance des gouverneurs :

    1° Rapport du procureur général de la Martinique, en date du 26 janvier 1847.... 109

    2° Rapport du premier substitut du procureur général de la Guadeloupe, en date du 11 janvier 1847............................................................ 110

# 4° SÉRIE.

## RÉGIME DISCIPLINAIRE.

A. Ordonnance du Roi du 4 juin 1846, concernant le régime disciplinaire des esclaves... 115

B. Circulaire ministérielle du 13 juin 1846, adressée aux gouverneurs de la Martinique, de la Guadeloupe, de la Guyane française et de Bourbon, au sujet de l'exécution de l'ordonnance royale du 4 du même mois, concernant le régime disciplinaire des esclaves. 117

C. Règlements sur les dimensions et l'installation des salles de police sur les habitations :

    1° Arrêté du gouverneur de la Martinique, du 1" septembre 1846............... 122

    2° Arrêté du gouverneur de la Guadeloupe, du 29 août 1844.................. 124

    3° Arrêté du gouverneur de la Guyane française, du 22 septembre 1846.......... 126

D. Ateliers de discipline :

    Arrêté du gouverneur de la Guyane française, du 14 décembre 1846, concernant le régime des ateliers disciplinaires.......................................... 127

|   |   |
|---|---|
| F. Extraits de la correspondance des gouverneurs et des procureurs généraux : | Pages. |
| 1° Rapport du premier substitut du procureur général de la Guadeloupe, du 11 janvier 1847........ | 132 |
| 2° Lettres du gouverneur de la Guyane française........ | 133 |
| 3° Lettre du gouverneur de Bourbon, du 13 octobre 1846........ | 134 |

## 5ᵉ SÉRIE.

### INSTRUCTION RELIGIEUSE ET ÉLÉMENTAIRE.

A. Ordonnance royale du 18 mai 1846 et instructions ministérielles sur son exécution :
    1° Ordonnance du Roi concernant l'instruction religieuse et élémentaire des esclaves. 139
    2° Circulaire ministérielle portant notification de l'ordonnance du 18 mai, sur l'enseignement religieux et élémentaire des esclaves, et instructions sur l'exécution de cet acte. 141
    3° Circulaire ministérielle du 18 septembre 1846, invitant les administrations coloniales à fournir périodiquement des tableaux concernant l'enseignement religieux et élémentaire des esclaves........ 148
    4° Sommaire des indications réclamées par cette circulaire........ 150

B. Instruction religieuse :
    1° Extrait d'une lettre du gouverneur de la Martinique, en date du 26 août 1846... 152
    2° Extrait d'une lettre du même gouverneur, en date du 19 novembre 1846........ 152
    3° Extrait d'une lettre du gouverneur de la Guyane française, du 20 juillet 1846. 153

C. Règlements pour l'exécution de l'ordonnance du 18 mai 1846, en ce qui concerne l'instruction élémentaire des jeunes esclaves :
    1° Arrêté du gouverneur de la Martinique, du 2 octobre 1846........ 153
    2° Arrêté du gouverneur de la Guadeloupe, du 2 octobre 1846........ 154
    3° Arrêté du gouverneur de la Guyane française, du 14 décembre 1846........ 157
    4° Lettre du maire de la commune du Gozier (Guadeloupe), du 10 février 1847.. 158

## 6ᵉ SÉRIE.

### DOCUMENTS FINANCIERS A L'APPUI DU COMPTE RENDU DE L'EMPLOI DES FONDS ALLOUÉS EN 1844, 1845 ET 1846, POUR L'INSTRUCTION RELIGIEUSE ET ÉLÉMENTAIRE DES ESCLAVES.

    1° Tableau comparatif des crédits alloués et des dépenses effectuées dans les quatre colonies pendant la période 1844, 1845 et 1846, pour le service de la moralisation des noirs........ 161
    2° Tableau indiquant le nombre des prêtres et des frères et sœurs d'école employés dans les quatre colonies pendant la période 1844, 1845 et 1846........ 162

*Développement des deux tableaux précédents.*

### A. MARTINIQUE.

Pages.

1° État des dépenses effectuées au compte du service général, dans l'intérêt de l'instruction religieuse et élémentaire des noirs, pendant l'année 1844 :

    *Tableau* n° *1.* — Clergé............................................................ 163
    *Tableau* n° 2. — Chapelles....................................................... 164
    *Tableau* n° 3. — Instruction élémentaire. (Personnel.)...................... 165
    *Tableau* n° 4. — Instruction élémentaire. (Matériel.)........................ 166
    *Tableau* n° 5. — Dépenses accessoirement supportées par la colonie et les communes.
    Récapitulation................................................................... 166

2° État des dépenses effectuées au compte du service général, dans l'intérêt de l'instruction religieuse et élémentaire des noirs, pendant l'année 1845 :

    *Tableau* n° *1.* — Clergé............................................................ 167
    *Tableau* n° 2. — Chapelles....................................................... 168
    *Tableau* n° 3. — Instruction élémentaire. (Personnel.)...................... 168
    *Tableau* n° 4. — Instruction élémentaire. (Matériel.)........................ 169
    *Tableau* n° 5. — Dépenses accessoirement supportées par la colonie et les communes. 170
    Récapitulation................................................................... 170

3° État des dépenses effectuées au compte du service général, dans l'intérêt de l'instruction religieuse et élémentaire des noirs, pendant l'année 1846 :

    *Tableau* n° *1.* — Clergé............................................................ 171
    *Tableau* n° 2. — Chapelles....................................................... 172
    *Tableau* n° 3. — Instruction élémentaire. (Personnel.)...................... 173
    *Tableau* n° 4. — Instruction élémentaire. (Matériel.)........................ 174
    *Tableau* n° 5. — Dépenses accessoirement supportées par la colonie et les communes. 175
    Récapitulation................................................................... 175

### B. GUADELOUPE.

1° État des dépenses effectuées au compte du service général, dans l'intérêt de l'instruction religieuse et élémentaire des noirs, pendant l'année 1844 :

    *Tableau* n° *1.* — Clergé............................................................ 176
    *Tableau* n° 2. — Chapelles....................................................... 177
    *Tableau* n° 3. — Instruction élémentaire. (Personnel.).............. 178 et 179
    *Tableau* n° 4. — Instruction élémentaire. (Matériel.)........................ 178
    Récapitulation................................................................... 179

2° État des dépenses effectuées au compte du service général, dans l'intérêt de l'instruction religieuse et élémentaire des noirs, pendant l'année 1845 :

*Tableau n° 1.* — Clergé................................................. 180 et 181
*Tableau n° 2.* — Chapelles............................................. 180 et 181
*Tableau n° 3.* — Instruction élémentaire. (Personnel.)............. 182 et 183
*Tableau n° 4.* — Instruction élémentaire. (Matériel.).............. 182
Récapitulation............................................................ 183

3° État des dépenses effectuées au compte du service général, dans l'intérêt de l'instruction religieuse et élémentaire des noirs, pendant l'année 1846 :

*Tableau n° 1.* — Clergé................................................. 184 et 185
*Tableau n° 2.* — Chapelles............................................. 184 et 185
*Tableau n° 3.* — Instruction élémentaire. (Personnel.)............. 186 et 187
*Tableau n° 4.* — Instruction élémentaire. (Matériel.).............. 186
Récapitulation............................................................ 187

#### C. GUYANE FRANÇAISE.

1° Situation des fonds de chapelle au 15 septembre 1846................ 188
2° Situation des fonds destinés au loyer et à l'ameublement des écoles des frères de Ploërmel et des sœurs institutrices dans les quartiers, au 15 septembre 1846............... 190

## 7ᵉ SÉRIE.

### DÉCRETS COLONIAUX SUR LES TERRAINS A METTRE A LA DISPOSITION DES ESCLAVES.

A. Projet de décret transmis aux gouverneurs des colonies par la circulaire ministérielle du 13 juin 1846, pour l'exécution de l'article 2 de la loi du 18 juillet 1845......... 193
B. Décret voté par le conseil colonial de la Martinique................. 195
C. Décret voté par le conseil colonial de la Guadeloupe................ 196
D. Décret voté par le conseil colonial de la Guyane française......... 198

## 8ᵉ SÉRIE.

### DÉCRETS COLONIAUX SUR LE TRAVAIL ORDINAIRE DES ESCLAVES.

#### A. PROJET DE DÉCRET ET INSTRUCTIONS DU DÉPARTEMENT DE LA MARINE.

1° Projet de décret transmis par le ministre aux gouverneurs des colonies............. 203
2° Instructions ministérielles du 13 juin 1846, jointes au projet de décret............. 205

### B. MARTINIQUE.

Décret voté par le conseil colonial.................................................. 210

### C. GUADELOUPE.

Décret voté par le conseil colonial.................................................. 212

### D. GUYANE FRANÇAISE.

1° Décret voté par le conseil colonial................................................ 214
2° Arrêté du 14 juillet 1846, réglant le mode du travail à la tâche, en exécution de l'article 3, § 2, de la loi du 18 juillet 1845.................................................. 216

## 9ᵉ SÉRIE.

### DÉCRETS COLONIAUX SUR LE TRAVAIL EXTRAORDINAIRE DES ESCLAVES.

#### A. MARTINIQUE.

Décret voté par le conseil colonial.................................................. 223

#### B. GUADELOUPE.

Décret voté par le conseil colonial.................................................. 224

#### C. GUYANE FRANÇAISE.

1° Décret portant fixation du mode à employer pour déterminer les époques de la récolte et de la fabrication et des travaux continus.................................................. 225
2° Arrêté rendu pour l'application du décret ci-dessus.................................................. 225

#### D. BOURBON.

Décret voté par le conseil colonial.................................................. 227

## 10ᵉ SÉRIE.

### DÉCRETS COLONIAUX SUR LE MINIMUM DU SALAIRE A ALLOUER AUX ESCLAVES DANS LES CAS DE TRAVAIL FACULTATIF.

A. Décret voté par le conseil colonial de la Martinique.................................................. 231
B. Décret voté par le conseil colonial de la Guadeloupe.................................................. 231
C. Décret voté par le conseil colonial de la Guyane française.................................................. 232
D. Décret voté par le conseil colonial de Bourbon.................................................. 233

## 11ᵉ SÉRIE.

### PÉCULE. — RACHATS FORCÉS.

Pages.
A. Martinique. — Tableau présentant l'emploi des fonds de rachat............ 236 et 237
B. Guadeloupe. — Tableau présentant l'emploi des fonds de rachat................ 246
C. Guyane. — Tableau présentant l'emploi des fonds de rachat.................. 259

## 12ᵉ SÉRIE.

### RÉPRESSION DES SÉVICES. — APPLICATION DES PÉNALITÉS PRÉVUES PAR LA LOI DU 18 JUILLET 1845.

1° Martinique................................................................. 263
2° Guadeloupe................................................................ 264
3° Guyane française.......................................................... 265
4° Bourbon................................................................... 265
5° Récapitulation pour les quatre colonies.................................... 265
6° Relevé des suicides d'esclaves qui ont eu lieu dans les quatre colonies depuis la promulgation de la loi du 18 juillet 1845................................. 266

## 13ᵉ SÉRIE.

### NOUVELLES INSTRUCTIONS POUR LES TOURNÉES DE PATRONAGE ET FORMULES POUR LES RAPPORTS. — CRÉATION DE NOUVELLES JUSTICES DE PAIX.

A. NOUVELLES INSTRUCTIONS POUR LES TOURNÉES DE PATRONAGE ET FORMULES POUR LES RAPPORTS.

1° Circulaire ministérielle du 30 octobre 1846, adressée aux gouverneurs des colonies, et portant envoi d'un nouveau cadre pour les tableaux d'inspection des habitations coloniales................................................................... 269
2° Cadre imprimé des six tableaux destinés à constater les résultats sommaires des tournées périodiques faites sur les habitations par les magistrats chargés du patronage des esclaves :

    Indications communes aux six tableaux.................................. 271
    1ᵉʳ tableau. — Nourriture et vêtements................................. 271
    2ᵉ tableau. — Soins en santé et en maladie. — Hôpitaux................. 271
    3ᵉ tableau. — Cases et jardins......................................... 272
    4ᵉ tableau. — Travail................................................. 272
    5ᵉ tableau. — Régime disciplinaire.................................... 273

6ᵉ tableau. — Instruction religieuse et élémentaire............................ 274
Résumé récapitulatif................................................................ 274

### B. CRÉATION DE NOUVELLES JUSTICES DE PAIX.

1° Martinique........................................................................ 276
2° Guadeloupe....................................................................... 278
3° Guyane française................................................................. 280
4° Bourbon........................................................................... 282

## 14ᵉ SÉRIE.

### AFFRANCHISSEMENT DES NOIRS DU DOMAINE COLONIAL.

1° Rapport au Roi, en date du 21 juillet 1846................................... 287
2° Ordonnance du Roi, de même date, portant affranchissement de cent vingt-six noirs du domaine colonial................................................................. 288
3° État nominatif des cent vingt-six noirs du domaine, aux colonies, déclarés libres par l'ordonnance royale du 21 juillet 1846.................................................. 289
4° Relevé nominatif des cent vingt-six noirs du domaine colonial proposés pour être affranchis en 1846, avec indication des motifs fournis à l'appui des propositions de libération. 293

FIN DE LA TABLE.

www.ingramcontent.com/pod-product-compliance
Lightning Source LLC
Chambersburg PA
CBHW071512160426
43196CB00010B/1492